元脱脱等撰

宋史

第三八册

卷四四六至卷四六〇（傳）

中華書局

宋史卷四百四十六

列傳第二百五

忠義一

康保裔　馬遂　董元亨　曹覲孔宗旦　趙師旦　蘇緘　秦傳序
詹良臣江仲明　李若水　劉韐　傅察　楊震父宗閔　張克戩
張確　朱昭　史抗　孫益

士大夫忠義之氣，至於五季，變化殆盡。宋之初興，范質、王溥，猶有餘憾，況其他哉！藝祖首褒韓通，次表衞融，足示意嚮。厥後西北疆埸之臣，勇於死敵，往往無懼。眞、仁之世，田錫、王禹偁、范仲淹、歐陽脩、唐介諸賢，以直言讜論倡于朝，於是中外搢紳知以名節相高，廉恥相尙，盡去五季之陋矣。故靖康之變，志士投袂，起而勤王，臨難不屈，所在有之。及宋之亡，忠節相望，班班可書，匡直輔翼之功，蓋非一日之積也。

奉詔修三史，集儒臣議凡例，前代忠義之士，咸得直書而無諱焉。然死節、死事，宜有別矣：若敵王所愾，勇往無前，或銜命出疆，或授職守土，或寓官閑居，感激赴義，雖所處不同，論其捐軀徇節，之死靡二，則皆爲忠義之上者也；若勝負不常，陷身俘獲，或慷慨就死，或審義自裁，斯爲次矣；若蒼黃遇難，霣命亂兵，雖疑傷勇，終異苟免，況於國破家亡，主辱臣死，功雖無成，志有足尚者乎！若夫世變淪胥，毀跡冥遯，能以貞厲保厥初心，抑又其次歟！至於布衣危言，嬰鱗觸諱，志在衞國，遑恤厥躬，及夫鄉曲之英，方外之傑，賈勇蹈義，厥死惟鈞。以類附從，定爲等差，作忠義傳。

康保裔，河南洛陽人。祖志忠，後唐長興中，討王都戰沒。父再遇，爲龍捷指揮使，從太祖征李筠，又死於兵。保裔在周屢立戰功，爲東班押班，及再遇陣沒，詔以保裔代父職，從石守信破澤州。明年，攻河東之廣陽，獲千餘人。開寶中，又從諸將破契丹于石嶺關，累遷日騎都虞候，轉龍衞指揮使，領登州刺史。端拱初，授淄州團練使，徙定州、天雄軍駐泊部署。尋知代州，移深州，又徙高陽關副都部署，就加侍衞馬軍都虞候，領涼州觀察使。眞宗卽位，召還，以其母老勤養，賜以上尊酒茶米。俄領彰國軍節度，出爲幷代都部署，徙知天雄軍，幷代列狀請留，詔褒之，復爲高陽關都部署。

契丹兵大入，諸將與戰于河間，保裔選精銳赴之，會暮，約詰朝合戰。遲明，契丹圍之數重，左右勸易甲馳突以出，保裔曰：「臨難無苟免。」遂決戰。二日，殺傷甚衆，蹴踐塵深二尺，兵盡矢絕，援不至，遂沒焉。

時車駕駐大名，聞之震悼，廢朝二日，贈侍中，以其子繼英爲六宅使、順州刺史，繼彬爲洛苑使，繼明爲內園副使，幼子繼宗爲西頭供奉官，孫惟一爲將作監主簿。繼英等奉告命，謝曰：「臣父不能決勝而死，陛下不以罪其孥幸矣，臣等顧蒙非常之恩！」因悲涕伏地不能起。上惻然曰：「爾父死王事，贈賞之典，所宜加厚。」顧謂左右曰：「保裔父、祖死疆場，身復戰沒，世有忠節，深可嘉也。」保裔有母年八十四，遣使勞問，賜白金五十兩，封爲陳國太夫人，其妻已亡，亦追封河東郡夫人。

保裔謹厚好禮，喜賓客，善騎射，弋飛走無不中。嘗握矢三十，引滿以射，筈鏑相連而墜，人服其妙。屢經戰陣，身被七十創。貸公錢數十萬勞軍，沒後，親吏鬻器玩以償，上知之，乃復厚賜焉。

繼英仕至左衞大將軍、貴州團練使，嚴於馭軍，厚於撫宗族，其卒也，家無餘財。

方保裔及契丹血戰，而援兵不至，惟張凝以高陽關路鈐轄領先鋒，李重貴以高陽關行營副都部署李衆策應，遇契丹兵交戰，保裔爲敵所覆，重貴與凝赴援，腹背受敵，自申至寅力戰，敵乃退。當時諸將多失部分，獨重貴、凝全軍還屯，凝議上將士功狀，重貴喟然曰：「大將陷沒，而吾曹計功，何面目也。」上聞而嘉之。重貴仕至知鄭州，領播州防禦使，改左羽林軍大將軍致仕。凝加殿前都虞候，卒，贈彰德軍節度使。

馬遂，開封人。初隸龍衞軍，補散直，改三班奉職，爲北京指使。聞王則叛，中夜叱咤，晨起詣留守賈昌朝請擊賊。昌朝因使持榜入貝州招降，則盛服見之，遂諭以禍福，輒不答。遂將殺則，而無兵仗自隨。時張得一在側，欲其助己，目得一，得一不動。遂奮起，投杯抵則，扼其喉，毆之流血，而左右卒無助之者。賊黨攢刃聚譟至，斷一臂，猶詈則曰：「妖賊，恨不斬汝萬段！」賊縛遂廳事前，支解之。則倉猝被毆駭，傷病數日乃起。

事聞，仁宗歎息久之，贈宮苑使，封其妻爲旌忠縣君，賜冠帔，官其子五人。後得殺遂者驍捷卒石慶，使其子剖心而祭之。

董元亨，深州束鹿人。累官至國子博士，通判貝州。王則據城叛，是日冬至，元亨方與州將張得一朝謁天慶觀，夜漏未盡，變起倉猝，衆莫知所爲。元亨促馬馳還，坐廳事，賊黨十餘人擐甲露刃，排闥而入，左右皆奔潰。賊脅元亨曰：「大王遣我來索軍資庫鑰。」元亨據案叱之曰：「大王誰也，妖賊乃敢弄兵乎！我有死耳，鑰不可得也。」賊將郝用繼來，索愈急，曰：「庫帑，今日大王所有也，可不上鑰乎！」元亨厲聲張目罵賊，用遂殺之，賊爭入，擕鑰而去。事聞，仁宗曰：「守法之臣也。」贈太常少卿，錄其子孫三人。賊平，獲郝用，斬以祭元亨。

曹覲字仲賓，曹修禮子也。叔修古卒，無子，天章閣待制杜杞〔一〕爲言于朝，授覲建州司戶參軍，爲修古後。皇祐中，以太子中舍知封州。儂智高叛，攻陷邕管，趨廣州。行至封州，州人未嘗知兵，士卒纔百人，不任戰鬥，又無城隍以守，或勸覲遁去，覲正色叱之曰：「吾守臣也，有死而已，敢言避賊者斬。」麾都監陳曄引兵迎擊賊，封川令率鄉丁、弓手繼進。賊衆數百倍，曄兵敗走，鄉丁亦潰，覲率從卒決戰不勝，被執。賊戒勿殺，捽使拜，且誘之曰：「從我，得美官，付汝兵柄，以女妻汝。」覲不肯拜，且詈曰：「人臣惟北面拜天子，我豈從爾苟生邪！速殺我，幸矣。」賊猶惜不殺，徙置舟中，覲不食者兩日，探懷中印章授其從卒曰：「我且死，若求間道以此上官。」賊知其無降意，害之。至死詬賊聲不絕，投屍江中，時年三十五。事聞，贈太常少卿，錄其子四人，妻劉避賊死於林峒，追封彭城郡君，加賜冠帔。又贈修古尙書工部侍郎，封修古妻陳潁川郡君。

當智高之反，乘嶺南無備，州縣吏往往望風竄匿，故賊所向輒下，獨覲與孔宗旦、趙師旦能以死守。後田瑜安撫廣南，爲覲立廟封州。

孔宗旦，魯人，爲邕州司戶參軍。儂智高未反時，州有白氣出庭中，江水溢，宗旦以爲兵象，度智高必反，以書告知州陳珙，珙不聽。後智高破橫州，卽載其親往桂州，曰：「吾有官守，不得去，無爲俱死也。」既而州破被執，賊欲任以事，宗旦叱賊，且大罵，遂被害。始，宗旦官京東，與李師道、徐程、尙同等四人爲監司耳目，號爲「四瞪」，人多惡之，其後立節如此。知袁州祖無擇以其事聞，贈太子中允。

趙師旦字潛叔，樞密副使稹之從子。美容儀，身長六尺。少年頗涉書史，尤刻意刑名之學。用稹蔭，試將作監主簿，累遷寧海軍節度推官。知江山縣，斷治出己，吏不能得民一錢，棄物道上，人無敢取。以薦者改大理寺丞、知彭城縣，遷太子右贊善大夫，移知康州。

儂智高破邕州，順流東下，師旦使人覘賊，還報曰：「諸州守皆棄城走矣！」師旦叱曰：「汝亦欲吾走矣。」乃大索，得諜者三人，斬以徇。而賊已薄城下，師旦止有兵三百，開門迎戰，殺數十人。會暮，賊稍却，師旦語其妻，取州印佩之，使負其子以匿，曰：「明日賊必大至，吾知不敵，然不可以去，爾留，死無益也。」遂與監押馬貴部士卒固守州城。召貴食，貴不能食，師旦獨飽如平時；至夜，貴臥不安席，師旦即臥內大鼾。遲明，賊攻城愈急，左右請少避，師旦曰：「戰死與戮死何如？」衆皆曰：「願爲國家死。」至城破無一人逃者。矢盡，與貴俱還，據堂而坐。智高麾兵鼓譟爭入，脅師旦，師旦大罵曰：「餓獠，朝廷負若何事，乃敢反邪！天子發一校兵，汝無遺類矣。」智高怒，幷貴害之。賊既去，州人爲立廟。事平，贈光祿少卿，賜其母王長安縣太君冠帔，錄其子弟幷從子三人。師旦遇害時，年四十二。柩過江山，江山之人迎師旦喪，哭祭於路，絡繹數百里不絕。

同時有王從政者，以東頭供奉官、閤門祇候，與儂智高戰于太平場，被執，罵賊不已，至以沸湯沃之，終不屈而死。贈信州刺史，錄其孫二人。

蘇緘字宣甫，泉州晉江人。舉進士，調廣州南海主簿。州領蕃舶，每商至，則擇官閱實其貲，商皆豪家大姓，習以客禮見主者，緘以選往，商樊氏輒升階就席，緘詰而杖之。樊訴于州，州召責緘，緘曰：「主簿雖卑，邑官也，商雖富，部民也，邑官杖部民，有何不可？」州不能詰。再調陽武尉，劇盜李囊橐于民，賊曹莫能捕。緘訪得其處，萃衆大索，火旁舍以迫之。李從中逸出，緘馳馬逐，斬其首送府。府尹賈昌朝驚曰：「儒者乃爾輕生邪！」累遷秘書丞，知英州。

儂智高圍廣，緘曰：「廣，吾都府也，且去州近，今城危在旦暮而不往救，非義也。」即募士數千人，委印於提點刑獄鮑軻，夜行赴難，去廣二十里止營。廣人黃師宓陷賊中，爲之謀主，緘擒斬其父。羣不逞並緣爲盜，復捕殺六十餘人，招其詿誤者六千八百人，使復業。賊勢沮，將解去，緘分兵先扼其歸路，布槎木亙四十里。賊至不得前，乃遶出數舍渡江，由連、賀而西。緘與賊戰，摧傷甚衆，盡得其所略物。

時諸將皆罷，獨緘有功，仁宗喜，換爲供備庫副使、廣東都監，管押兩路兵甲，遣中使賜朝衣、金帶。襲賊至邕，大將陳曙以失律誅，緘亦貶房州司馬。復著作佐郎，監越州稅十餘年，始還副使。知廉州，屋多茅竹，戍卒楊禧醉焚營，延燒民廬，因乘以爲竊，緘戮之於市，又坐謫潭州都監。未幾，知鼎州。

熙寧初，進如京使、廣東鈐轄。四年，交阯謀入寇，以緘爲皇城使知邕州。緘伺得實，以書抵知桂州沈起，起不以爲意。及劉彝代起，緘致書於彝，請罷所行事。彝不聽，反移文責緘沮議，令勿得輒言。八年，蠻遂入寇，衆號八萬，陷欽、廉，破邕四砦。緘聞其至，閱州兵得二千八百，召僚吏與郡人之材者，授以方略，勒部隊，使分地自守。民驚震四出，緘悉出官帑及私藏示之曰：「吾兵械既具，蓄聚不乏，今賊已薄城，宜固守以遲外援。若一人舉足，則羣心搖矣，幸聽吾言，敢越佚則孥戮汝。」有大校翟績潛出，斬以徇，由是上下脅息。緘子子元爲桂州司戶，因公事攜妻子來省，欲還而寇至。緘念人不可戶曉，必以郡守家出城，乃獨遣子元，留其妻子。選勇士拏舟逆戰，斬蠻酋二。

邕既受圍，緘晝夜行勞士卒，發神臂弓射賊，所殪甚衆。緘初求救於劉彝，彝遣將張守節救之，逗遛不進。緘又以蠟書告急於提點刑獄宋球，球得書驚泣，督守節。守節皇恐，遽移屯大夾嶺，回保崑崙關，猝遇賊，不及陣，舉軍皆覆。蠻獲北軍，知其善攻城，啗以利，使爲雲梯，又爲攻濠洞子，蒙以華布〔三〕，緘悉焚之。蠻計已窮，將引去，而知外援不至，或教賊囊土傅城者，頃刻高數丈，蟻附而登，城遂陷。緘猶領傷卒馳騎戰愈厲，而力不敵，乃曰：「吾義不死賊手。」亟還州治，殺其家三十六人，藏于坎，縱火自焚。蠻至，求尸皆不得，屠郡民五萬餘人，率百人爲一積，凡五百八十餘積，隳三州城以塡江。邕被圍四十二日，糧盡泉涸，人吸漚麻水以濟渴，多病下痢，相枕藉以死，然訖無一叛者。

緘憤沈起、劉彝致寇，又不救患，欲上疏論之。屬道梗不通，乃榜其罪于市，冀朝廷得聞焉。神宗聞緘死，嗟悼，贈奉國軍節度使，謚曰忠勇，賜都城甲第五〔三〕、鄉里上田十頃，聽其家自擇。以子元爲西頭供奉官、閤門祗候，召對，謂曰：「邕管賴卿父守禦，儻如欽、廉卽破，則賊乘勝奔突，桂、象皆不得保矣。昔張巡、許遠以睢陽蔽遮江、淮，較之卿父，不能過也。」改授殿中丞，通判邕州。次子子明、子正，孫廣淵、直溫，與緘同死，皆褒贈焉。起與彝皆坐謫官。緘沒後，交人謀寇桂州，行數舍，其衆見大兵從北來，呼曰：「蘇皇城〔四〕領兵來報怨。」懼而引歸。邕人爲緘立祠，元祐中賜額懷忠。

秦傳序，江寧人。淳化五年，充夔峽巡檢使。李順之亂，賊衆奄至，傅夔州〔五〕城下，傳序督士卒晝夜拒戰，嬰城既久，危蹙日甚，長吏皆奔竄投賊。傳序謂士卒曰：「吾爲監軍，盡死節以守城，吾之職也，安可苟免乎！」城中乏食，傳序出囊橐服玩，盡市酒肉以犒士卒，慰勉之，衆皆感泣力戰。傳序度力不能拒，乃爲蠟書遣人間道上言：「臣盡死力，誓不降賊。」城壞，傳序赴火死。

傳序家寄荆湖間，子奭溯峽求父屍，溺死。人以爲父死於忠，子死於孝。奏至，太宗嗟惻久之，錄傳序次子煦爲殿直，以錢十萬賜其家。煦卒，復以煦弟昉爲三班奉職。

詹良臣字元公，睦州分水人。舉進士不第，以恩得官，調縉雲縣尉。方臘起，其黨洪再犯處州，守貳俱棄城遁。又有他盜霍成富者，用臘年號，剽掠縉雲。良臣曰：「捕盜，尉職也，縱不勝，敢愛死乎？」率弓兵數十人出禦之，爲所執。成富誘使降，良臣曰：「汝輩不知求生，顧欲降我邪！昔年李順反於蜀，王倫反於淮南，王則反於貝州，身首橫分，妻子與同惡，無少長皆誅死，旦暮官軍至，汝肉飼狗鼠矣。」賊怒，臠其肉，使自啖之。良臣吐且罵，至死不絕聲，見者掩面流涕，時年七十二。徽宗聞而傷之，贈通直郎，官其子孫二人。

江仲明，台州人。宣和寇亂，載老母逃山澗中，猝遇寇于東城之岡，逼使就降，仲明義不辱，奮起駡賊，卒死之，丞相呂頤浩誄以文。

有蔣煜者，州之仙居人，有文學。寇欲妻以女，煜拒之，脅以拜，亦不從，寇曰：「吾戮汝矣！」煜伸頸就刃，詈聲不絕而死。

李若水字清卿，洺州曲周人，元名若冰。上舍登第，調元城尉、平陽府司錄。試學官第一，濟南教授，除太學博士。蔡京晚復相，子絛用事，李邦彥不平，欲謝病去。若水爲言：「大臣以道事君，不可則止，胡不取決上前，使去就之義，暴於天下。顧可默默託疾而退，使天下有伴食之譏邪？」又言：「積蠹已久，致理惟難。建裁損而邦用未豐，省科徭而民力猶困，權貴抑而益横，仕流濫而莫澄。正宜置驛求賢，解榻待士，采其寸長遠見，以興治功。」凡十數端，皆深中時病，邦彥不悅。

靖康元年，爲太學博士。開府儀同三司高俅死，故事，天子當挂服舉哀，若水言：「俅以幸臣躐躋顯位，敗壞軍政，金人長驅，其罪當與童貫等。得全首領以沒，尙當追削官秩，示與衆棄；而有司循常習故，欲加縟禮，非所以靖公議也。」章再上，乃止。

欽宗將遣使至金國，議以賦入贖三鎭，詔舉可使者，若水在選中。召對，賜今名，遷著作佐郎。爲使，見粘罕于雲中。纔歸，兵已南下，復假徽猷閣學士，副馮澥以往。甫次中牟，守河兵相驚以金兵至，左右謀取間道去，澥問「何如」？若水曰：「戍卒畏敵而潰，奈何效之，今正有死耳。」令敢言退者斬，衆乃定。

既行，疊具奏，言和議必不可諧，宜申飭守備。至懷州，遇館伴蕭慶，挾與俱還。及都門，拘之于沖虛觀，獨令慶、澥入。既所議多不從，粘罕急攻城，若水入見帝，道其語，帝命何㮚行。㮚還，言二人欲與上皇相見，帝曰：「朕當往。」明日幸金營，過信而歸。擢若水禮部尚書，固辭。帝曰：「學士與尚書同班，何必辭。」請不已，改吏部侍郎。

二年，金人再邀帝出郊，帝殊有難色，若水以爲無他慮，扈從以行。金人計中變，逼帝易服，若水抱持而哭，詆金人爲狗輩。金人曳出，擊之敗面，氣結仆地，衆皆散，留鐵騎數十守視。粘罕令曰：「必使李侍郎無恙。」若水絕不食，或勉之曰：「事無可爲者，公昨雖言，國相無怒心，今日順從，明日富貴矣。」若水歎曰：「天無二日，若水寧有二主哉！」其僕亦來慰解曰：「公父母春秋高，若少屈，冀得一歸覲。」若水叱之曰：「吾不復顧家矣！忠臣事君，有死無二。然吾親老，汝歸勿遽言，令兄弟徐言之可也。」

後旬日，粘罕召計事，且問不肯立異姓狀。若水曰：「上皇爲生靈計，罪己內禪，主上仁孝慈儉，未有過行，豈宜輕議廢立？」粘罕指宋朝失信，若水曰：「若以失信爲過，公其尤也。」歷數其五事曰：「汝爲封豕長蛇，眞一劇賊，滅亡無日矣。」粘罕令擁之去，反顧罵益甚。至郊壇下，謂其僕謝寧曰：「我爲國死，職耳，奈併累若屬何！」又罵不絕口，監軍者撾破其脣，噀血罵愈切，至以刃裂頸斷舌而死，年三十五。

寧得歸，具言其狀。高宗卽位，下詔曰：「若水忠義之節，無與比倫，達於朕聞，爲之涕泣。」特贈觀文殿學士，謚曰忠愍。死後有自北方逃歸者云：「金人相與言，『遼國之亡，死義者十數，南朝惟李侍郎一人』。臨死無怖色，爲歌詩卒，曰：『矯首問天兮，天卒無言，忠臣效死兮，死亦何愆？』聞者悲之。」

劉韐字仲偃，建州崇安人。第進士，調豐城尉、隴城令。王厚鎭熙州，辟狄道令，提舉陝西平貨司。河、湟兵屯多，食不繼，韐延致酋長，出金帛從易粟，就以餉軍，公私便之。遂爲轉運使，擢中大夫、集英殿修撰。

劉法死，夏人攻震武，韐攝帥鄜延，出奇兵擣之，解其圍。夏人來言，願納款謝罪，皆以爲詐。韐曰：「兵興累年，中國尙不支，況小邦乎？彼雖新勝，其衆亦疲，懼吾再舉，故款附以圖自安，此情實也。」密疏以聞，詔許之。夏使愆期不至，諸將言夏果詐，請會兵乘之。韐曰：「越境約會，容有他故。」會再請者至，韐戒曰：「朝廷方事討伐，吾爲汝請，毋若異時邀歲幣，軼疆埸，以取威怒。」夏人聽命，西邊自是遂安。

韐求東歸，拜徽猷閣待制，提舉崇福宮。起知越州，鑑湖爲民侵耕，官因收其租，歲二萬斛。政和間，涸以爲田，衍至六倍，隸中宮應奉，租太重而督索嚴，多逃去。前勒鄰伍取償，民告病，韐請而蠲之。方臘陷衢、婺，越大震，官吏悉遁，或具舟請行。韐曰：「吾爲郡守，當與城存亡。」不爲動，益厲戰守備。寇至城下，擊敗之，拜述古殿直學士，召爲河北、河東宣撫參謀官。

時邊臣言，燕民思內附，童貫、蔡攸方出師，而种師道之軍潰。韐意謂報不實，見師道計事。師道曰：「契丹兵勢尚盛，而燕人未有應者，恐邊臣誕謾誤國事。」韐卽馳白貫、攸，請班師。又論燕薊不可得，正使得之，屯兵遺餉，經費無藝，必重困中國。還次莫州，會郭藥師以涿州降，戎車再駕，以韐議異，徙知眞定府。藥師入朝，韐密奏乞留之，不報。徙知建州，改福州，加延康殿學士。或言其過闕時，見御史中丞有所請，遂罷。起知荆南，河北盜起，復以守眞定。首賊柴宏本富室，不堪征斂，聚衆剽奪，殺巡尉，統制官亦戰死。韐單騎赴鎭，遣招之，宏至服罪。韐飲之酒，奏以官，縱其黨還田里，一路遂平。藥師請馬，詔盡以河北戰馬與之，不足，又賦諸民。韐曰：「空內郡馹駿，付一降將，非計也。」奏止之。金人已謀南牧，朝廷方從之求雲中地。韐諜得實，急以聞，且陰治城守以待變。是冬，金兵抵城下，知有備，留兵其旁，長驅內嚮。及還，治梯衝設圍，示欲攻擊，韐發強弩射之，金人知不可脅，乃退。自金兵之來，諸郡皆塞門，民坐困，韐獨縱樵牧如平日，以時啓閉。欽宗善之，拜資政殿學士。

時已許割地賂金人，而議者乘士民之憤，復議追蹕，𤅮以亟戰爲非。是時，諸將救太原，种師中、姚古敗。以𤅮爲宣撫副使，至遼州，招集糾募，得兵四萬人，與解潛、折可求約期俱進，兩人又繼敗。初，𤅮遣別將賈瓊自代州出敵背，且許義軍以爵祿，得首領數十。旣復五臺，而潛、可求敗聞，遂不果進。太原陷，召入覲，爲京城四壁守禦使，宰相沮罷之。

京城不守，始遣使金營，金人命僕射韓正館之僧舍。正曰：「國相知君，今用君矣。」𤅮曰：「偷生以事二姓，有死，不爲也。」正曰：「軍中議立異姓，欲以君爲正代，得以家屬行，與其徒死，不若北去取富貴。」𤅮仰天大呼曰：「有是乎！」歸書片紙曰：「金人不以予爲有罪，而以予爲可用。夫貞女不事二夫，忠臣不事兩君；況主憂臣辱，主辱臣死，以順爲正者，妾婦之道，此予所以必死也。」使親信持歸報諸子。卽沐浴更衣，酌巵酒而縊。燕人歎其忠，瘞之寺西岡上，遍題窗壁，識其處。凡八十日乃就殮，顏色如生。建炎元年，贈資政殿大學士，後謚曰忠顯。

𤅮莊重寬厚，與人交，若有畏者；至臨大事則毅然不可回奪。初在西州爲童貫所知，故首尾預其軍事，及以忠死，論者不復短其前失云。子子羽、孫珙，自有傳。

傅察字公晦，孟州濟源人，中書侍郎堯俞從孫也。年十八，登進士第。蔡京在相位，聞其名，遣子鯈往見，將妻以女，拒弗答。調青州司法參軍，歷永平、淄川丞，入爲太常博士，遷兵部、吏部員外郎。

宣和七年十月，接伴金國賀正旦使。是時，金將渝盟，而朝廷未之知也。察至燕，聞金人入寇，或勸毋遽行。察曰：「受使以出，聞難而止，若君命何。」遂至韓城鎮。使人不來，居數日，金數十騎馳入館，強之上馬，行次境上，察覺有變，不肯進，曰：「迓使人，故例止此。」金人輒易其馭者，擁之東北去，行百里許，遇所謂二太子斡離不者領兵至驛道，使拜。察曰：「吾若奉使大國，見國主當致敬，今來迎客而脅我至此！又止令見太子，太子雖貴人，臣也，當以賓禮見，何拜爲？」斡離不怒曰：「吾興師南向，何使之稱？凡汝國得失，爲我道之，否則死。」察曰：「主上仁聖，與大國講好，信使往來，項背相望，未有失德。太子干盟而動，意欲何爲？還朝當具奏。」斡離不曰：「爾尚欲還朝邪！」左右促使拜，白刃如林，或捽之伏地，衣袂顛倒，愈植立不顧，反覆論辨。斡離不曰：「爾今不拜，後日雖欲拜，可得邪！」麾令去。

察知不免，謂官屬侯彥等曰：「我死必矣，我父母素愛我，聞之必大戚。若萬一脫，幸記吾言，告吾親，使知我死國，少紓其亡窮之悲也。」衆皆泣。是夕隔絕，不復見。金兵至燕，彥等密訪存亡，曰：「使臣不拜太子，昨郭藥師戰勝有喜色，太子慮其刼取，且銜往忿，殺之矣。」將官武漢英識其屍，焚之，裹其骨，命虎翼卒沙立負以歸。立至涿州，金人得而縶諸土室，凡兩月。伺守者怠，毀垣出，歸以骨付其家。副使蔣噩及彥輩歸，皆能道傺不屈狀，贈徽猷閣待制。

傺自幼嗜學，同輩或邀與娛嬉，不肯就。爲文溫麗有典裁。平居恂恂然，無喜慍色，遇事若無所可否，非其意，崒然不可犯。恬於勢利，在京師，故人鼎貴，罕至其門，間一見，寒溫談笑而已。及倉卒徇義，犖犖如此，聞者哀而壯之，時年三十七。乾道中，賜謚曰忠肅。

楊震字子發，代州崞人。以弓馬絕倫爲安邊巡檢。河東軍征臧底河，敵據山爲城，下瞰官軍，諸將合兵城下，震率壯士拔劍先登，斬數百級，衆乘勝平之，上功第一。從折可存討方臘，自浙東轉擊至三界鎮，斬首八千級。追襲至黃巖，賊帥呂師囊扼斷頭之險拒守，下石肆擊，累日不得進。可存問計，震請以輕兵緣山背上，憑高鼓譟發矢石，賊驚走，已復縱火自衞。震身被重鎧，與麾下履火突入，生得師囊，及殺首領三十人，進秩五等。還知麟州建寧砦。

初，契丹之亡，其將小鞠鞻西奔，招合雜羌十餘萬，破豐州，攻麟府諸城郭。震父宗閔領本道兵馬屢摧敗之，俘其父母妻子。靖康元年十月，太原陷，鞠鞻驅幽薊叛卒與夏人奚人圍建寧，扣壁語震曰：「汝父奪我居，破我兵，掩我骨肉，我忍死到今，急舉城降，當全汝軀命。」時城中守兵不滿百，震與戰士約，斬一級賞若干，官帑竭，繼以家人服珥，吏士感激自奮。越旬，矢盡力乏，城不守，與子居中、執中力戰沒，闔門俱喪，唯長子存中從征河北獨免。明年，宗閔亦死事于長安。

震時年四十四。建炎二年，詔贈武經郎。存中貴，請于朝，謚曰恭毅。

張克戩字德祥，侍中耆曾孫也。第進士，歷河間令，知吳縣。吳爲浙劇邑，民喜爭，大姓怙勢持官府。爲令者踵故抑首，務爲不生事，幸得去而已。克戩一裁以法，姦猾屏氣，使者以狀聞，召拜衞尉丞。初，克戩從弟克公爲御史，劾蔡京。京再輔政，修怨於張氏，以微事黜克戩。踰年，起知祥符縣，司開封戶曹，提舉京東常平，入辭，留爲庫部員外郞。

宣和七年八月，知汾州。十二月，金兵犯河東，圍太原。太原距汾二百里，遣將銀朱孛堇來攻，縱兵四掠，克戩畢力扞禦。燕人先內附在城下者數十，陰結黨欲爲內應，悉收斬之。數選勁卒撓敵營，出不意焚其柵，敵懼引去，論功加直祕閣。

靖康元年六月，金兵復逼城。朝廷命經略使張孝純之子灝、都統制張思正、轉運使李宗來援，思正誅求無藝，民不堪命。克戩引誼開曉，皆願自奮。宣撫使李綱表其守城之勞，連進直龍圖閣、右文殿修撰。太原不守，思正紿云出戰，遂率灝、宗奔慈、隰，於是人無固志。戍將龐世堅中夜斬關出，通判韓琥相繼亡，克戩召令兵民曰：「太原既陷，吾固知亡矣。然義不忍負國家、辱父祖，願與此城終始以明吾節，諸君其自爲謀。」皆泣不能仰視，同辭而對曰：「公父母也，願盡死聽命。」乃益厲兵儆守。賊至，身帥將士擐甲登陴，雖屢却敵而援師訖不至。

金兵破平遙，平遙爲汾大邑，久與賊抗，既先陷，又脅降介休、孝義諸縣，據州南二十村，作攻城器具，兩遣使持書諭克戩，焚不啓。具述危苦之狀，募士間道言之朝，不報。十月朔，金益萬騎來攻愈急，有十人唱爲降語，斬以徇。諸酋列城下，克戩臨罵極口，砲中一酋，立斃。度不得免，手草遺表及與妻子遺書，縋州兵持抵京師。明日，金兵從西北隅入，殺都監賈亶，克戩猶帥衆巷戰，金人募生致之。克戩歸索朝服，焚香南向拜舞，自引決，一家死者八人。金將奉其屍禮葬于後園，羅拜設祭，爲立廟。事聞，詔贈延康殿學士，贈銀三百兩、絹五百匹，表揭門閭。紹興中，謚忠確。

張確字子固，邠州宜祿人。元祐中，擢進士第。徽宗即位，應詔上書言十事，乞誅大姦，退小人，進賢能，開禁錮，起老成，擢忠鯁，息邊事，修文德，廣言路，容直諫，遂列于上籍。

宣和二年，召至京師。青溪盜起，確言：「此皆王民，但庸人擾之耳。願下哀痛之詔，省不急之務，租賦之外，一切寢罷，敢以花石淫巧供上者死。撫綏脅附，毋以多殺爲功，旬浹之間，可以殄滅。」忤王黼意，通判杭州，攝睦州事。有自賊中逃歸者，悉宥之，訪得虛實以告，諸將用其言。盜平，知坊、汾二州。

宣和七年，徙解州，又徙隆德府。金兵圍太原，忻、代降，平陽兵叛。確表言：「河東天下根本，安危所係，無河東，豈特秦不可守，汴亦不可都矣。敵既得叛卒，勢必南下，潞城百年不修築，將兵又皆戍邊。臣生長西州，頗諳武事，若得秦兵十萬人，猶足以抗敵，不然，唯有一死報陛下耳。」書累上不報。明年二月，金兵至，知城中無備，諭使降。確乘城拒守，或獻謀欲自東城潰圍出，且探確意。確怒叱曰：「確守土臣，當以死報國，頭可斷，腰不可屈。」

乃戰而死。

欽宗聞之悲悼，優贈述古殿直學士，召見其子窋，慰撫之曰：「卿父今之巡、遠也，得其死所矣，復何恨。使爲將爲守者皆如卿父，朕顧有今日邪！」斂容嘆息者久之。

朱昭字彥明，府谷人。以效用進，累官秉義郎，浮湛班行，不自表異。宣和末，爲震威城〔六〕兵馬監押，攝知城事。金兵內侵，夏人乘虛盡取河外諸城鎮。震威距府州三百里，最爲孤絕。昭率老幼嬰城，敵攻之力，昭募驍銳兵卒千餘人，與約曰：「賊知城中虛實，有輕我心，若出不意攻之，可一鼓而潰。」於是夜縋兵出，薄其營，果驚亂，城上鼓譟乘之，殺獲甚衆。

夏人設木鵝梯衝以臨城，飛矢雨激，卒不能施，然晝夜進攻不止。其酋悟兒思齊介冑來，以氈盾自蔽，邀昭計事。昭常服登陴，披襟問曰：「彼何人，乃爾不武！欲見我，我在此，將有何事？」思齊却盾而前，數宋朝失信，曰：「大金約我夾攻京師，爲城下之盟，畫河爲界；太原旦暮且下，麟府諸壘悉已歸我，公何恃而不降？」昭曰：「上皇知姦邪誤國，改過不吝，已行內禪，今天子聖政一新矣，汝獨未知邪？」乃取傳禪詔赦宣讀之，衆愕眙，服其勇辯。

是時，諸城降者多，昭故人從旁語曰：「天下事已矣，忠安所施？」昭叱曰：「汝輩背義偷生，不異犬彘，尙敢以言誘我乎？我唯有死耳！」因大罵引弓射之，衆走。凡被圍四日，城多圮壞，昭以智補禦，皆合法，然不可復支。昭退坐廳事，召諸校謂曰：「城且破，妻子不可爲賊汚，幸先戕我家而背城死戰，勝則東嚮圖大功，不勝則暴骨境內，大丈夫一生之事畢矣。」衆未應。昭幼子戲階下，遽起手刃之，長子驚視，又殺之，徑領數卒屠其家人，舁屍納井中。部將賈宗望母適過前，昭起呼曰：「媼，鄉人也，吾不欲刃，請自入井。」媼從之，遂併覆以土。將士將妻孥者，又皆盡殺之。昭謂衆曰：「我與汝曹俱無累矣！」

部落子有陰與賊通者，告之曰：「朱昭與其徒各殺其家人，將出戰，人雖少，皆死士也。」賊大懼，以利啗守兵，得登城。昭勒衆于通衢接戰，自暮達旦，屍塡街不可行。昭躍馬從缺城出，馬蹶墜塹，賊讙曰：「得朱將軍矣！」欲生致之。昭瞋目仗劍，無一敢前，旋中矢而死，年四十六。

史抗，濟源人。宣和末，爲代州沿邊安撫副使，金人圍代急，抗夜呼其二子稽古、稽哲謂曰：「吾昔語用事者，『鴈門控制一道，宜擇帥增戍以謀未形之患，若使橫流，則無所措矣』。言雖切，皆不吾省。今重圍既固，外援不至，吾用六壬術占之，明日城必陷，吾將死事，汝輩亦勿以妻子爲念而負國也。能聽吾言，當令家屬自裁，然後同赴義。」二子泣曰：「唯吾父命。」明日，城果破，父子三人突圍力戰，死于城隅。

孫益，不知其所以進。宣和末，以福州觀察使知朔寧府，被命救太原。時敵勢張甚，或言不若引兵北擣雲中，彼之將士室家在焉，所謂攻其所必救也。益曰：「此策固善，奈違君命。」因躍馬冒圍至城下，張孝純不肯啓門，遂死之。

益天資忠勇，每傾貲以賞戰士，能得人死力。小鞠轆爲邊患，遣將致討，益子在行間，師無功，益謂子必死。朝廷聞之，恤錄其孤甚厚。其子遣信至益所報平安，益怒其子不能死，以狀自列，盡上還官所賜，而斬其持書來者。

初，益在朔寧，察郡人孫谷可用，奏爲掾屬，待之異於常僚。益出師，屬以後事。益死，敵騎來攻，且別命郡守。衆議欲開關迎之，谷爭弗得，嘆曰：「吾身已許國，又不忍負孫公之託，諸人不見容，是吾死所也。」或舉刃脅之，無懾容，遂見殺。

校勘記

〔一〕杜杞 「杞」，原作「祀」。按杜杞本書卷三〇〇有傳，今改。

〔二〕又爲攻濠洞子蒙以華布 「子」字原脫，據太平治蹟統類卷一七補。「華布」，太平治蹟統類卷一七作「牛皮」，長編卷二七二作「生皮」。

〔三〕賜都城甲第五 長編卷二七三作「賜京城甲第一區」。

〔四〕蘇皇城 原作「蘇城隍」，長編卷二七二作「蘇皇城」。按上文說蘇緘以皇城使知邕州，應是此名的由來，長編是，據改。

〔五〕夔州 長編卷三六、太平治蹟統類卷三都說秦傳序戍守和戰死地都在開州，不是夔州，開州屬夔州路。此誤。

〔六〕震威城 原作「震武城」，據東都事略卷一一一朱昭傳、本書卷四八六夏國傳改，下同。

宋史卷四百四十七

列傳第二百六

忠義二

霍安國 李涓 李邈 劉翊 徐揆 陳遘 趙不試 趙令嵗

唐重 郭忠孝 程迪 徐徽言 向子韶 楊邦乂

霍安國，不知何許人，燕山之復，以直祕閣爲轉運判官。宣和末，知懷州。靖康元年，路允迪奉使至懷，表其治狀，加直龍圖閣。歲中，進右文、集英殿修撰，徙知隆德府，未行復留。金騎再至，遂被圍，安國扞禦不遺力，鼎、澧兵亦至，相與共守。拜徽猷閣待制，然竟以閏十一月城陷。將官王美投壕死。粘罕引安國以下分爲四行，使夷官問不降者爲誰，安國曰：「守臣安國也。」問餘人，通判州事直徽猷閣林淵，兵馬鈐轄、濟州防禦使張彭年，都監趙士詝、張諶、于潛，鼎、澧將沈敦、張行中及隊將五人，同辭對曰：「淵等與知州一體，皆不肯降。」酋令引於東北鄉，望其國拜降，皆不屈，乃解衣面縛，殺十三人而釋其餘。安國一門無噍類。明年，贈延康殿學士。

李涓字浩然，駙馬都尉遵勗曾孫也。以蔭爲殿直，召試中書，易文階，至通直郎，知鄂州崇陽縣。靖康元年，京城被圍，羽檄召天下兵。鄂部縣七，當發二千九百人，皆未集，涓獨以所募六百鋭然請行。或謂：「盍徐之，以須他邑。」涓曰：「事急矣，當持一信報天子，爲東南倡。」而募士多市人，不能軍，涓出家錢買牛酒激犒之。令曰：「吾固知無益，然世受國恩，唯直死耳。若曹知法乎，『失將者死』，鈞之一死，死國留名，男兒不朽事也。」衆皆泣。

即日，引而東，北過淮，蒲圻、嘉魚二縣之兵始至，合而前。至蔡，天大雪，蔡人忽譟而奔，曰：「敵至矣。」卽結陣以待。少焉，游騎果集。涓馳馬先犯其鋒，下皆步卒，蒙鹵盾徑進，頗殺其騎，且走。涓乘勝追北十餘里，大與敵遇，飛矢蝟集，二縣兵亟舍去。涓創甚，猶血戰，大呼叱左右負己，遂死焉，年五十三。士卒死者六七。上官有忌涓者，脅亡卒誣已遁。明年，金兵去，蔡人以其屍歸。朝廷錄其忠，贈朝奉郎，官其三子。

李邈字彥思，臨江軍清江人，唐宗室宰相適之之後。少有才略，精悍敏決，見事風生。以父任爲太廟齋郎。初調安州司理，監潤州酒務。用薦改京官，監在京竹木務，擢提轄環慶路粮草，通判河間府。

以迕蔡京、童貫，換右列，由承議郎換莊宅副使，知信安軍，遷知霸州，爲遼國賀正副使。還，貫將連金人夾攻契丹，呼邈至私第，以語動之，使附己。邈言契丹人未厭其主，貫懼邈有異議，卽奏不俟對，令復任。邈上書言：「契丹不可滅，苟誤幾事，願誅臣以謝邊吏。」都轉運使沈積中摭邈罪五十有三條，鞫治一無所得，乃以建神霄宮不如詔，免官。

久之，監在京染院，進都大提舉京西汴河隄岸。盜起浙東，改江、淮、兩浙制置司管當公事，改知嚴州，代還。貫欲以西師入燕，邈復語貫曰：「方臘小醜，一呼屠七州四十餘縣，竭數路之力而後能平之，殆天以此警公也，何可遽移之北乎？」因密教貫陰佐契丹以圖金人，貫不能用，乃乞致仕。貫收復燕山，奏邈知涿州，改易州，皆辭不赴。嘆曰：「國家禍亂自玆始矣！」

金人犯京師，詔趣入見，邈慨然復起就道。既至，會姚平仲戰不利，京師震動，上不以時賜對，問禦敵奈何？邈言：「勝負兵家之常勢，陛下無過憂，第古未有和戰不定而能成功者。」因言：「种師道宿將，有重名，二敵所畏。朝廷自主和議，而盡以諸道兵畀師道，視敵爲進退。將在軍中，君命有所不受，使見可擊而進，勝固社稷之福；不勝，亦足使敵知吾將帥有以國爲任者。」上稱善，而耿南仲方主和議，不合，乃換右文殿修撰、京畿轉運使，辭不拜。

金人猶駐毛駝岡，乃以邈爲京城西壁守禦使。邈言：「姚平仲敗績，而敵猶不敢留，是畏我也。不以种師道再戰，已失機會；尚可尾其行，及河半渡擊之，猶足爲後戒。」議復格。三上章致仕，不允。改主管馬軍公事、權樞密副都承旨，出爲河北西路制置使。以措置山西塘濼、屯田、弓箭手事，邈論塘濼不可爲，奪制置使，下遷提舉保甲，仍領措置司。又論不已，再奪觀察使，則金兵將及境矣。遂復舊官，守眞定。後二日，落階，拜青州觀察使，仍知府事。

邈始視事，兵不滿二千，錢不滿二百萬，自度無以拒敵，乃諭民出財，共爲死守。民恃邈爲固，不數日，得錢十三萬貫、粟十一萬石，募民爲勇敢亦數千人。而新集之兵皆無鬥志，金人至，邈乞師于宣撫副使劉韐，且間道走蠟書上聞，皆不報。城被圍，且戰且守，相持四旬。城破，邈巷戰不克，將赴井，左右持之不得入。斡離不脅邈拜，不拜，以火燎其鬚眉及兩髀，亦不顧，乃拘于燕山府。

金人問曰：「集民兵擊我，謂我爲賊，何也？」邈曰：「汝負盟，所至掠吾金帛子女，何諱吾言敵？」不能屈。久之，欲以邈知滄州，笑而不答。且說之曰：「天下強弱之勢安有常，特吾中國適逢其隙耳。汝不以此時歸二帝及兩河地，歲取重幣如契丹，以爲長利，強尙可恃乎？」金人諱其言，命邈被髮左衽，邈憤，詆毁甚力，金人撾其口，猶吮血噀之。翼日，自去髮爲浮屠，金人大怒，遂遇害。將死，顏色不變，南向再拜，端坐就戮，燕人爲之流涕。高宗贈昭化軍節度使〔二〕，謚曰忠壯。

劉翊〔三〕，靖康元年，以吉州防禦使爲眞定府路都鈐轄。金人攻廣信、保州不克，遂越中山而攻眞定。翊率衆晝夜搏戰城上。金兵初攻北壁，翊拒之，乃僞徙攻東城，宣撫使李邈復趣翊往應；越再宿，潛移攻具還薄北城，衆攀堞而上，城遂陷。邈就執，翊猶集左右巷戰，已而稍亡去，翊顧其弟曰：「我大將也，其可受賊戮乎！」挺身潰圍欲出，諸門已爲敵所守，乃之孫氏山亭中，解絛自縊死。

徐揆，衢州人。遊京師，入太學。靖康元年，試開封府進士，爲舉首，未及大比而遭國難。欽宗詣金營不歸，揆帥諸生扣南薰門，以書抵二酋，請車駕還闕。其略曰：「昔楚莊王入陳，欲以爲縣，申叔時諫，復封之。後世君子，莫不多叔時之善諫，楚子之從諫，千百歲之下，猶想其風采。本朝失信大國，背盟致討，元帥之職也；郡城失守，社稷幾亡而存，元帥之德也；兵不血刃，市不易肆，生靈幾死而活，元帥之仁也；雖楚子存陳之功，未能有過。我皇帝親屈萬乘，兩造轅門，越在草莽，國中喁喁，跂望屬車之塵者屢矣。道路之言，乃謂以金銀未足，故天子未返，揆竊惑之。今國家帑藏既空，編民一妾婦之飾，一器用之微，無不輸之公上。商賈絕迹，不來京邑，區區豈足以償需索之數。有存社稷之德，活生靈之仁，而以金帛之故，留質君父。是猶愛人之子弟，而辱其父祖，與不愛無擇，元帥必不爲也。願推惻隱之心，存始終之惠，反其君父，班師振旅，緩以時日，使求之四方，然後遣使人奉獻，則楚封陳之功不足道也。」二酋見書，使以馬載揆至軍詰難，揆厲聲抗論，爲所殺。建炎二年，追錄死節，詔贈宣教郎，而官其後。

陳遘字亨伯，其先自江寧徙永州。登進士第。知莘縣，爲治有績，魏尹蔣之奇、馮京、許將交薦之。知雍丘縣，徽宗將以爲御史，而遭父祐甫憂。畢喪，爲廣西轉運判官。蔡京啓蠻徭地，建平、從、允三州，遵言：「蠻人幸安靜，輕擾以兆釁，不可。」京惡之，以他事罷歸。

旋知商州、興元府，入爲駕部、金部員外郎。張商英得政，用爲左司員外郎。俄擢給事中，會商英免相，蔡嶷攝封駁，力沮止之，遵懼，請外。以直祕閣爲河北轉運使，加直龍圖閣，徙陝西。召還京師，而蔡京復相，再使河北，徙淮南。帝將易置發運使，命選諸道計臣有閱閱者，執政以遵言，京曰：「職卑不可用，願更選。」帝曰：「可除集英殿修撰使往。」京乃不敢言。遂爲副使，未幾，升爲使。朝廷方督綱餉，運渠壅澀，遵使決呂城、陳公兩塘達于渠。漕路甫通，而朱勔花石綱塞道，官舟不得行。遵捕繫其人，而上章自劾。帝爲黜勔人，進遵徽猷閣待制。

宣和二年冬，方臘亂，詔以屬遵。遵言：「臘始起青溪，衆不及千，今脅從已過萬，又有蘇州石生、歸安陸行兒，皆聚黨應之。東南兵弱勢單，士不習戰，必未能滅賊。願發京畿兵、鼎澧槍盾手，兼程以來，庶幾蜂起愚民，不至滋蔓。」帝悉行其言。

加龍圖閣直學士，經制七路，治于杭。時縣官用度百出，遵創議度公私出納，量增其贏，號「經制錢」。其後總制使翁彥國倣其式，號「總制錢」。於是天下至今有「經總制錢」名，自兩人始也。

又言：「妖賊陵暴州縣，唯搜求官吏，恣行殺戮。往往斷截支體，探取肺肝，或熬以鼎油，或射以勁矢，備極慘毒，不償怨心。蓋貪汙嗜利之人，倚法侵牟騷動，不知藝極。積有不平之氣，結於民心，一旦乘勢如此，可爲悲痛！此風不除，必更生事。臣願采摭官吏姦贓尙仍舊習者，按治以聞，乞重置于理。」許之。

又進學士，凡所施置，以御筆先下。於是劾越州王仲薿糾市民造金茶器，減直買軍糧券，而以私錢取之，仲薿坐黜。杭經巨寇後，河渠堙窒，邦人以水潦爲病。前守數請于朝，皆以勞費輟役。遘以冬月檄眞、揚、潤、楚諸郡，凡守牐綱卒，悉集治所。先是，當閉牐，羣卒無以食，率凍餓不自聊。聞命，相率呼舞以來者二千人，用其力治河，不兩月畢，杭人利焉。

徙河北都轉運使，進延康殿學士，歷知中山、眞定、河間府。欽宗立，加資政殿學士，積官至光祿大夫。復爲眞定，又徙中山。金人再至，遘冒圍入城，堅壁拒守。詔康王領天下大元帥，命遘爲兵馬元帥。受圍半年，外無援師。京都既陷，割兩河求和。遘弟光祿卿適至中山，臨城諭旨，遘遙語之曰：「主辱臣死。吾兄弟平居以名義自處，寧當賣國家爲囚孥乎？」適泣曰：「兄但盡力，勿以弟爲念。」

遘呼總管使盡括城中兵擊賊，總管辭，遂斬以徇。又呼步將沙振往。振素有勇名，亦固辭，遘固遣之。振怒且懼，潛衷刃入府。遘妾定奴責其輒入，振立殺之，遂害遘於堂，及其子錫幷僕妾十七人。長子鉅以官淮南獲免。振出，帳下卒譟而前曰：「大敵臨城，汝安得殺吾父？」執而捽裂之，身首無餘。城中無主，乃開門出降。金人入見其屍曰：「南朝忠臣也。」歛而葬諸鐵柱寺。建炎初，贈特進。

遘性孝友，爲人寬厚長者。任部刺史二十年，每出行郡邑，必焚香祈天，願不逢貪濁吏。嘗薦王安中、呂頤浩、張愨、謝克家、何鑄，後皆至公輔，世以爲知人。

適由開封少尹、衞尉少卿至光祿卿。是役也，金人執之以北。後十年，死於雲中。

趙不試，太宗六世孫。宣和末，通判相州，尋權州事兼主管眞定府路經略安撫公事。建炎元年，知相州。初，汪伯彥既去相，金人執其子似，遣來割地，似至相，不試固守不下。明年，金人大入。州久被圍，軍民無固志，不試謂之曰：「今城中食乏，外援不至。不試，宗子也，義不降，計將安出？」衆不應。不試知事不可爲，遂登城與金人約勿殺，許之。既啓門，乃納其家井中，然後以身赴井，命提轄官實以土。州人皆免於死。

趙令峸，燕懿王玄孫，安定郡王令衿兄也。初名令裨。建炎初，仕至鄂州通判〔三〕，領兵戍武昌。賊閻瑾犯黃州，縱掠而去。令峸渡江存撫之，黃人乃安。李綱言於上，擢直龍圖閣、知黃州，賜今名。奉詔修城，凡六月而畢。賊張遇過城下，招令峸。度不能拒，出城見之，遇飲以酒，一舉而盡，曰：「固知飲此必死，願勿殺軍民。」遇驚曰：「先以此試公耳。」更取毒酒沃地，地裂有聲，乃引軍去。未幾，丁進、李成兵迭至，俱擊卻之。叛將孔彥舟又引兵圍城，率民兵固守，凡六日乃解。

三年，以內艱去，詔起復〔四〕。時金人聞孟太后在南昌，欲邀之，徑犯黃州。令峸已還在道，郡卒得金人木笴鑿頭箭〔五〕，浮江告急。令峸疾趨，夜半入城。金人力攻，翼日城陷。金人欲降之，大罵不屈，酌以酒，揮之不肯飲，又衣以戰袍，曰：「我豈當服！」金人曰：「趙使君何堅執膝？」曰：「但當拜祖宗，豈能拜犬彘！」金人怒鞭之，流血被面，罵不絕口而死。事聞，贈徽猷閣待制，謚曰愍忠。州人乞立廟，從之。初，城破，都監王達〔六〕、判官吳源、巡檢劉卓，皆以不屈死焉。

唐重字聖任，眉州彭山人。少有大志。大觀三年進士。徽宗親策士，問以制禮作樂，重對曰：「事親從兄，爲仁義禮樂之實。陛下以神考爲父，哲宗爲兄，盍亦推原仁義之實而已，何以制作爲？」授蜀州司理參軍，改成都府府學教授，知懷安軍金堂縣，授辟雍錄。

先是，朝廷以拓土爲功，邊帥爭興利以徼賞，凡蜀東西、夔峽路及荆湖、廣南，皆誘近邊蕃夷獻其地之不可耕者，謂之納土，因置州縣，所至騷然。重以其利害白之宰相，因是薦之，召對。遷吏部員外郎、左司郎官、起居舍人。

金人入京師，重言：「開邊之禍，起於童貫，故金人以貫爲禍首。若斬貫首，遣人傳送于金，尚可緩兵。」或獻議遠避，重聞衞士語，以告于朝，始定守城之計。擢右諫議大夫。時宰執各主和戰二議，重上疏乞命其廷辨得失。金人要求金帛，中書侍郎王孝迪下令，有匿金銀者死，許人告。重曰：「如此，則子得以告父，弟得以告兄，奴婢得以告主矣，豈初政所宜？」即與御史抗論，乃止。又累疏乞斬蔡京父子以謝天下。尋遷中書舍人，詞命多所繳奏。又言：「近世不次用人，其間致身宰輔，有未嘗一日出國門者。乞先補外，以爲之唱。」上開納，而宰相執奏以爲不可。明日，臺諫皆得罪，重落職知同州。

金人已陷晉、絳，將及同。重度不能守，乃開門縱州人使出，自以殘兵數百守城，以示必死。金人疑有備，不復渡河而返。降詔獎諭，擢天章閣待制。先是，陝西宣撫使范致虛提五路兵勤王，至陝州。重遺致虛書，言：「中都倚秦兵爲爪牙，諸夏恃京師爲根本。今京城圍久，人無鬭志，若五路之師逡巡未進，則所以爲爪牙者不足恃，而根本搖矣。然潰卒爲梗，關中公私之積已盡；又聞西夏侵掠鄜延，爲腹背患。今莫若移檄蜀帥及川峽四路，共資關中守禦之備，合秦、蜀以衞王室。」致虛銳於出師，由澠池屯千秋鎭，爲金將所敗，軍皆潰，退保潼關，而五路之力益耗矣。重募人間道走京城歸報。二帝既北行，重即移檄川、秦十路帥臣，各備禮物往軍前迎奉。

未幾，高宗卽位，重上疏論今急務有四，大患有五。所謂急務者，以車駕西幸爲先，次則建藩鎭、封宗子，通夏國之好，繼青唐之後，使相掎角，以緩敵勢。所謂大患者，法令滋彰，朝綱委靡，軍政敗壞，國用竭，民心離。欲救此者，宜守祖宗成憲，登用忠直，大正賞刑，誠今日之急務。

長安謀帥，劉岑自河東使還，上亦詢可守關中者，岑以重對，乃以天章閣直學士知京兆府，尋兼京兆府路經略制置使。

重前在同州，凡三疏上大元帥府，乞早臨關中以符衆望。且畫三策：一謂鎭撫關中以固根本，然後營屯於漢中，開國於西蜀，此爲策之上；若駐節南陽，控楚、吳、越、齊、趙、魏之師，以臨秦、晉之墟，視敵強弱爲進退，選宗親賢明者開府於關中，此爲策之次；儻因都城，再治城池汴、洛之境，據成皋、崤函之險，悉嚴防守，此策之下；若引兵南度，則國勢微弱，人心離散，此最無策。暨至永興，又六上疏，皆以車駕幸關中爲請。并條奏關中防河事宜，大意謂：虢、陝殘破，解州、河中已陷，同、華州沿河與金人對壘，邊面亙六百餘里。本路無可戰之兵，乞增以五路兵馬十萬以上，委漕臣儲偫以守關中。

章凡七八上，朝廷未有所處。重復上疏曰：「關中百二之勢，控制陝西六路，捍蔽川峽四路。今蒲、解失守，與敵爲鄰，關中固，則可保秦、蜀十路無虞。緣逐路帥守、監司各有占護，不相通融。昨范致虛會合勤王之師，非不竭力，而將帥各自爲謀，不聽節制。乞選宗親賢明者充京兆牧，或置元帥府，令總管秦、蜀十道兵馬以便宜從事，應帥守、監司並聽節制。緩急則合諸道之兵以衞社稷，不惟可以禦敵，亦可以救郡縣瓦解之失。」又乞節制五路兵，俱不報。金將婁宿渡河陷韓城縣，時京兆餘兵皆爲經制使錢蓋調赴行在。重度勢不可支，以書別其父克臣〔七〕曰：「忠孝不兩立，義不苟生以辱吾父。」克臣報之曰：「汝能以身徇國，吾含笑入地矣〔八〕。」及金人入境，重遺書轉運使李唐孺曰：「重平生忠義，不敢辭難。始意迎車駕入關，居建瓴之勢，庶可以臨東方。今車駕南幸矣，關陝又無重兵，雖竭智力何所施，一死報上不足惜。」

及金兵圍城，城中兵不滿千，固守踰旬，外援不至。而經制副使傅亮以精銳數百奪門出降，城陷，重以親兵百人血戰。諸將扶重去，重曰：「死吾職也。」戰不已，衆潰，重中流矢死。初，唐儒以其書聞，俄以死節報。上哀悼之，贈資政殿學士，後謚恭愍。

郭忠孝字立之，河南人，簽書樞密院事逵之子。受易、中庸於程頤。少以父任補右班殿直，遷右侍禁。登進士第，換文資，授將作監主簿。年踰三十，不忍去親側，多仕于河南筦庫間。宣和間，爲河東路提舉。解梁、猗氏與河東接壤，盜販鹽者數百爲羣，歲起大獄，轉相告引，抵罪者衆。忠孝止治其首，餘悉寬貸。宰相王黼怒之，坐廢格鹽法免。

靖康初，召爲軍器少監。入對，以和議爲非是，力陳追擊之策，謂：「兵家忌深入，金人自燕薊興兵，踰河朔，犯都城，其鋒不可當，今銳氣且衰，又顧子女玉帛之獲，故議和以款我師。今諸道之師集矣，宜乘其惰擊之，若不能擊其歸，他日安能禦其來。」上命與宰相吳敏、樞密李綱議，忠孝復條上戰守利害、士馬分合之策十餘事。主和者衆，卒不用其策。改永興軍路提點刑獄，措置保甲。初，議者請擇保甲十萬刺爲義勇，分隸河朔諸郡。忠孝曰：「保甲歲久，死亡者衆，擇三萬人守都城可也，河朔騎兵之地，非保甲所宜。」上從之。忠孝亟走關陝，得勝兵三萬，分隸十將，擇一將統之。繼遣兵趨澤、潞，聽宣撫司節制。

金人再犯京師，永興帥范致虛率諸軍繇淆、澠入援，忠孝曰：「金人深入，而河東無守備，願分兵走太行，扼其歸路，彼必來戰，城下之圍可緩。」致虛以爲然。檄河中守席益、馮翊守唐重與忠孝同出河東，爲牽制之舉，大軍盡出函谷。忠孝獨以蒲、解軍三千至猗氏，遇金人，破之。踰絳州，破太平砦，斬首數百級。攻平陽，入其郛。會大軍失利澠、潏間，乃引還。

及金人犯永興，兵寡，或勸忠孝以監司出巡，可以避禍。忠孝不答，與經略唐重分城而守。忠孝主西壁，唐重主東壁。金人陳城下，忠孝募人以神臂弓射之，敵不得前。已而攻陷城東南隅，忠孝與重及副總管楊宗閔、轉運副使桑景詢、判官曾謂、經略主管機宜文字王尙、提舉軍馬武功大夫程迪〔九〕俱死之。朝廷贈忠孝大中大夫。子𤩽，別有傳。

程迪字惠老，開封人。父博古，部鄜延兵戰死永樂。迪以門蔭得官。宣和中，從楊惟中征方臘有功，加武功大夫、榮州團練使、瀘南潼川府路走馬承受公事。

諸使合薦迪忠義謀略，可任將帥，召赴行在。經略制置使唐重以敵迫近，留迪提舉軍馬，措置民兵以爲備。金人已自同州渡河，或勸迪還蜀，迪思有以報國，不從。乃詣种氏諸豪，謀率衆保險，俟其勢稍衰，出奇擊之。轉運使桑景詢知其謀，以告唐重，揭牓許民擇險自固。會前河東經制使傅亮建議當守不當避，重從之，以亮爲制置副使，去者悉還。

既而金兵益迫，重乃以迪提舉永興路軍馬，措置民兵，令迪行視南山諸谷，將運金帛徙治其中。因召士豪，集民兵以補軍籍。會應募者衆，亮語重曰：「人心如此，假以旬日，守備且具，奈何望風棄去。」重大然之，卽檄諸司聽亮節制。金人近城，迪又欲選兵迎戰，使老稚得趣險，尙可以活十萬人。亮執議城守，金人四面急攻，外無援兵，迪率諸司及統制偏裨以下東鄉會盟：「危急必以死相應，誓不與敵俱生。」慷慨嗚咽，同盟皆感泣。

城破，乃自亮所分地始。亮先出降，衆潰。迪率其徒行徇于衆曰：「敵讎我矣，降亦死，戰亦死！」努力與鬭，憤怒大呼，口流血，士皆感奮，多所斬殺。迪冒飛矢，持短兵接戰數十合，身被創幾徧，絕而復蘇，猶厲聲叱戰不已，遂死之。麾下士舁置空室中，比屋皆燼，室獨不火，及斂，容色如生。詔贈明州觀察使，謚恭愍。子昌諤。

徐徽言字彥猷，衢之西安人。少爲諸生，汎涉書傳。負氣豪舉，有奇志，喜談功名事。大觀二年，詔求材武士，韓忠彥、范純粹、劉仲武以徽言應詔，召見崇德殿，賜武舉絕倫及第。

歷保德軍監押，以邊功加閤門祗候、平陽府軍馬鈐轄，權知保德軍。改總領河西軍馬，以討西夏功，累遷秉義郎〔一〇〕。宣和四年，將伐燕，命太原帥張孝純招河西帳族，遣徽言入其地。帳族拒而射之，徽言迎戰破之，遂定天德、雲內兩城。宣撫使童貫嫉其功，檄太原不得違節度。復棄去。孝純先定朔、武二州，亦不能守。改知火山軍兼統制河西軍馬，徙赴石州。

靖康初，遷武翼郎、閤門宣贊舍人。金人圍太原，分兵絕饟道，自隰、石以北，命令不通者累月。徽言以三十人渡河〔一一〕，一戰破之。遷武經郎、知晉寧軍兼嵐石路沿邊安撫使。

金人再犯京師，陝西制置使范致虛糾合五路兵赴難，檄徽言守河西。欽宗割兩河以紓禍，同知樞密院事聶昌出河東，爲金人所刼，以便宜割河西三州隸西夏。晉寧軍民大恐，曰：「棄麟、府、豐，晉寧豈能獨存！」徽言曰：「此使人矯詔耳。三郡在河西，設有詔，猶當執奏，況無之耶！」遂率兵復取三州，夏人所置守長皆出降，徽言慰遣之。又幷取嵐、石等州，敎戈舡卒乘羊皮渾脫亂流以掩敵。

金人益備克胡砦、吳堡津，遣守領爲九州都統〔一二〕，與晉寧對壘。徽言出奇兵襲逐之。時河東郡縣淪沒，遺民日徯王師之至。徽言陰結汾、晉土豪數十萬，約復故地則奏官爲守長，聽世襲。條其事以聞，俟報可，即身率精甲擣太原，徑取鴈門，留兵戍守；且曰：「定全晉則形勝爲我有，中原當指期克復，投機一時，會不可失。」奏上，詔徽言聽王庶節制，議遂格。

金人忌徽言，欲速拔晉寧以除患。建炎二年冬，自蒲津涉河圍之。先是徽言移府州，約折可求夾攻金人。可求降，金將婁宿挾至城下以招徽言。徽言故與可求爲姻，迺登陴以大義譙數之。可求仰曰：「君於我胡大無情？」徽言攝弓厲言曰：「爾於國家不有情，我尙於爾何情？寧惟我無情，此矢尤無情。」一發中之，可求走，因出兵縱擊，遂斬婁宿孛堇之子。當是時，環河東皆已陷，獨晉寧屹然孤墉，橫當強敵，勢相百不抗。徽言堅壁持久，撫摩疲傷，遣沒人泅河，召民之逃伏山谷者幾萬衆，浮筏西渡，與金人鏖河上，大小數十戰，所俘殺過當。晉寧號天下險，徽言廣外城，東壓河，下塹不測，譙堞雄固，備械甚整。命諸將畫隅分守，敵至則自致死力，以勁兵往來爲游援。

金進攻數敗，不得志，圍之益急。晉寧俗不井飲，寄汲于河。金人載茭石湮壅支流，城中水乏絕，儲偫寖罄，鎧仗空敝，人人惴憂，知殞亡無日。徽言能得衆心，奮枵餓傷夷之餘，裒折槊斷刃，以死固守。既自度不支，取砲機、篦格，凡守具悉火之，曰：「無以遺敵。」遣人間道馳書其兄昌言曰：「徽言孤國恩死矣，兄其勉事君。」一夕，裨校李位、石贇〔三〕繫帛書飛笴上，陰約婁宿啓外郭納金兵。徽言與太原路兵馬都監孫昂決戰門中，所格殺甚衆，退嬰牙城以守。金人攻之不已，徽言置妻子室中，積薪自焚。仗劍坐堂上，慷慨語將士：「我天子守土臣，義不見蠛敵手。」因拔佩刀自擬，左右號救持之急，金兵猥至〔四〕，挾徽言以去，然猶憚其威名。

婁宿得徽言所親說徽言：「盍具冠幘見金帥。」徽言斥曰：「朝章，覲君父禮，以入穹廬可乎？汝汙僞官，不卽愧死，顧以爲榮，且爲敵人搖吻作說客邪？不急去，吾力猶能搏殺汝。」婁宿就見徽言，語曰：「二帝北去，爾其爲誰守此？」徽言曰：「吾爲建炎天子守。」婁宿曰：「我兵已南矣，中原事未可知，何自苦爲？」徽言怒曰：「吾恨不屍汝輩歸見天子，將以死報太祖、太宗地下，庸知其他！」婁宿又出金制曰：「能小屈，當使汝世帥延安，舉陝地并有之。」徽言益怒，罵曰：「吾荷國厚恩，死正吾所，此膝詎爲汝輩屈耶？汝當親刃我，不可使餘人見加。」婁宿舉戟向之，覬其懼伏。徽言披衽迎刃，意象自若。飲以酒，持杯擲婁宿曰：「我尚飲汝酒乎？」慢罵不已。金人知不可屈，遂射殺之。粘罕聞其死，怒婁宿曰：「爾羸狠，可專殺義人以逞爾私？」治其罪甚慘。

初，徽言與劉光世束髮雅故。光世被命援太原，次吳堡津，輒頓不進。徽言移書趣行，未聽；又諭以太原危不守，旦暮望救，總管承詔赴急，不宜稽固取方命罪，光世猶前卻。徽言卽露章劾其逗撓，封副與之，光世惶遽引道。

宣撫使張浚與諸使者相繼以死節事聞，高宗撫几震悼，顧謂宰相曰：「徐徽言報國死封疆，臨難不屈，忠貫日月，過於顏眞卿、段秀實遠矣。不有以寵之，何以勸忠，昭示來世。」乃贈晉州觀察使，謚忠壯。再贈彰化軍節度。

孫昂〔三〕亦引刀欲自刺，金人擁至軍前，不屈而死，至是贈成忠郎、團練使。徽言子岡既同死事，而從孫適亦以守安豐死。昂父翊，宣和末知朔寧府，救太原，死于陣。各世著忠義云。

向子韶字和卿，開封人，神宗后再從姪也。年十五入太學，登元符三年進士第。特恩改承事郎，授荆南府節度判官，累官至京東轉運副使。屬郡郭奉世進萬緡羨餘，戶部聶昌請賞之以勸天下。子韶劾奉世，且言近臣首開聚斂之端，寖不可長，士論韙之。以父憂免，起復，知淮寧府。

建炎二年，金人犯淮寧，子韶率諸弟城守，諭士民曰：「汝等墳墓之國，去此何之，吾與汝當死守。」時有東兵四千人，第三將岳景綬欲棄城率軍民走行在，子韶不從，景綬引兵迎敵而死。金人晝夜攻城，子韶親擐甲冑，冒矢石，遣其弟子率赴宗澤乞援兵，未至，城陷。子韶率軍民巷戰，力屈爲所執。金人坐城上，欲降之，酌酒於前，左右抑令屈膝，子韶直立不動，戟手責罵，金人殺之。其弟新知唐州子褒、朝請郎子家〔二六〕等與闔門皆遇害，惟一子鴻六歲得存。事聞，再贈通議大夫，官其家六人，後謚忠毅。初，金人至淮寧府，楊時聞之曰：「子韶必死矣。」蓋知其素守者云。

楊邦乂字晞稷〔二七〕，吉州吉水人。博通古今，以舍選登進士第，遭時多艱，每以節義自許。歷婺源尉、蘄廬建康三郡教授，改秩知溧陽縣。會叛卒周德據府城，殺官吏。邦乂立縣獄囚趙明於庭，欲誅之，因諭之曰：「爾悉里中豪傑，誠能集爾徒爲邑人誅賊，不惟宥爾罪，當上功畀爵。」明即請行，邦乂飲之巵酒，使自去。越翼日，討平之。

建炎三年，金人至江上，高宗如浙西，留右僕射杜充爲御營使，駐箚建康，命劉光世、韓世忠、王𤫊諸將悉聽充節制。充性酷而無謀，士心不附。渡磵沙，充遣陳淬、岳飛等及金人戰于馬家渡。自辰至未，戰數合，勝負未決。𤫊擁兵弗救，淬被擒，𤫊兵遁，充率麾下數千人降。金人濟江，鼓行逼城。時李梲以戶部尚書董軍餉，陳邦光以顯謨閣直學士守建康，皆具降狀，逆之十里亭。金帥完顏宗弼既入城，梲、邦光率官屬迎拜，惟邦乂不屈膝，以血大書衣裾曰：「寧作趙氏鬼，不爲他邦臣。」宗弼不能屈。

翼日，遣人說邦乂，許以舊官。邦乂以首觸柱礎流血，曰：「世豈有不畏死而可以利動者？速殺我。」翼日，宗弼等與棁、邦光宴堂上，立邦乂于庭，邦乂叱棁、邦光曰：「天子以若扞城，敵至不能抗，更與共宴樂，尚有面目見我乎？」有劉團練者，以幅紙書「死活」二字示邦乂曰：「若無多云，欲死趣書『死』字。」邦乂奮筆書「死」字，金人相顧動色，然未敢害也。已而宗弼再引邦乂，邦乂不勝憤，遙望大罵曰：「若女眞圖中原，天寧久假汝，行磔汝萬段，安得汙我！」宗弼大怒，殺之，剖取其心，年四十四。事聞，贈直秘閣，賜田三頃，官爲斂葬，即其地賜廟褒忠，謚忠襄，官其四子。

邦乂少處郡學，目不視非禮，同舍欲隳其守，拉之出，託言故舊家，實倡館也。邦乂初不疑，酒數行，娼女出，邦乂愕然，疾趨還舍，解其衣冠焚之，流涕自責。紹興七年，樞密院言邦乂忠節顯著，上曰：「顏眞卿異代忠臣，朕昨已官其子孫，邦乂爲朕死節，不可不厚褒錄，以爲忠義之勸。」加贈徽猷閣待制，增賜田三頃。

校勘記

〔一〕昭化軍節度使　「昭」原作「招」，據繫年要錄卷二八、本書卷八九地理志改。

〔二〕劉翊　北盟會編卷五七引靖康小雅同；本書卷二三欽宗紀、靖康要錄卷一〇、宋史全文卷一五作「劉⿰立身」。

〔三〕鄂州通判　「通判」原作「通守」，據繫年要錄卷六、北盟會編卷一三三改。

〔四〕起復　「復」原作「服」，據繫年要錄卷二八、北盟會編卷一三三改。

〔五〕木笴鑿頭箭　「頭」字原脫，據繫年要錄卷二八、北盟會編卷一三三補。

〔六〕王逵　原作「王遠」，據繫年要錄卷二八、中興聖政卷六、宋史全文卷一七改。

〔七〕克臣　繫年要錄卷一一同；琬琰集中編卷三三劉岑唐重墓誌銘、劉時舉續宋編年通鑑卷一作「堯臣」。

〔八〕吾含笑入地矣　「吾」字原脫，據繫年要錄卷一一、續宋編年通鑑卷一補。

〔九〕程廸　按本書卷二五高宗紀、繫年要錄卷一二、中興聖政卷三都作「陳廸」；長編卷三二九載永樂死事將官有「程博古」，與本傳所載其父博古，部鄜延兵戰死永樂事合。

〔一〇〕秉義郎　「義」原作「議」。按本書卷一六九職官志，武階中有秉義郎而無秉議郎，據改。

〔一一〕徽言以三十人渡河　「三十人」，范浚香溪先生文集卷二一徐忠壯傳作「三千人」，疑此誤。

〔一二〕遣守領爲九州都統　按同上徐忠壯傳作「用渠帥爲九州都統」，疑此處「守領」爲「都統」之誤。

〔一三〕石賛　原作「石斌」，據繫年要錄卷二〇、王明清揮麈第三錄卷二改。

〔一四〕金兵猥至　「猥」原作「狎」，據香溪先生文集徐忠壯傳改。

〔一五〕孫昂　原作「祁昂」，據上文及繫年要錄卷二〇改。

〔一六〕子家　楊時楊龜山先生集卷三五向子韶墓誌銘作「子袞」。

〔一七〕晞稷　楊萬里誠齋集卷一一八楊公行狀、李幼武皇朝名臣言行續錄卷七楊邦乂條作「希稷」。

宋史卷四百四十八

列傳第二百七

忠義三

曾怘 弟悟 劉汲 鄭驤 呂由誠 郭永 韓浩 朱庭傑 王允功 王蘁 周中 周辛附 歐陽珣 張忠輔 李彥仙 邵雲 呂圓登 宋炎附 趙立 王復 鄭褒附 王忠植 唐琦 李震 陳求道

曾怘字仲常，中書舍人鞏之孫。補太學內舍生，以父任郊社齋郎，累官司農丞、通判溫州，須次于越。

建炎三年，金人陷越，以琶八爲帥，約詰旦城中文武官並詣府，有不至及藏匿、不覺察者，皆死。怘獨不往，爲鄰人糾察逮捕，見琶八，辭氣不屈。且言：「國家何負汝，乃叛盟欺天，恣爲不道。我宋世臣也，恨無尺寸柄以死國，安能貪生事爾狗奴邪？」時金人帳中執兵者皆愕眙相視，琶八曰：「且令出。」左右盡驅其家屬四十口同日殺之越南門外，越人作窖瘞其屍。金人去，忞弟朝散郎恳時知杭州餘杭縣事，制大棺斂其骨，葬之天柱山。事聞，予三資恩澤，官其弟㥁、子𡩋、兄子寯，皆將仕郎。

方遇難時，𡩋甫四歲，與乳母張皆死。夜值小雨，張得蘇，顧見𡩋亦蘇，尙吮其乳，郡卒陳海匿𡩋以歸。後仕至知南安軍。忞從弟悟。

悟字蒙伯，翰林學士肇之孫也。宣和二年進士，靖康間爲亳州士曹。金人破亳州，悟被執，抗辭慢罵，衆刃劘之，屍體無存者，妻孥同日被害。年三十三。

劉汲字直夫，眉州丹稜人〔一〕。紹聖四年進士。爲合州司理、武信軍推官，改宣德郎、知開封府鄢陵縣。奉行神霄宮不如令，以京畿轉運使趙霆奏，徙通判隆德府。時方士林靈素用事，郡人班自改易繫辭爲妖言，以應靈素。汲攝守，下自獄。靈素薦自有道，命轉運使陳知存按驗，掾史懼，欲變獄。汲責數掾史，知存憚之，卒以實聞。

通判河中府，辟開封府推官。自盛章等尹京，果於誅殺，率取特旨以快意，汲白府奏罷之。宰相王黼初領應奉司，汲對客輒詆之，黼聞，奏謫監蓬州稅。欽宗召赴闕，汲奏願得驅馳外服，治兵食以衞京師。時置京西轉運司于鄧州，以汲添差副使。建炎元年，范致虛師至陝，汲貽書勸以一軍自蒲中越河陽，焚金人積聚，絕河橋；一軍自陝路直抵鄭、許，與諸道連衡，敵必解散。致虛以書謝汲而行。

金人再犯京師，諸道不知朝廷動息者三月，馮延緒傳詔撫諭，謂車駕出郊定和議，令諸道罷兵。汲謂副總管高公純曰：「詔書未可遽信。」公純問故，汲曰：「詔下以去年十二月，鄧去京七百里，今始至州何也？安有議和以三月，而敵猶未退乎？此必金人脅朝廷以款勤王之師爾，可速進兵。」公純難之，汲請自行，公純不得已俱至南陽，不進，汲獨馳數十騎赴都城，二帝已北行，汲素服慟哭。尋代公純攝帥事，捐金帛饗士，爲戰守計。詔鄧州備巡幸，汲廣城池，飾行闕，所以待乘輿之具甚備。就加直龍圖閣、知鄧州兼京西路安撫使。

汲奏：「欲復兩河，當先河東，欲復河東，當用陝兵，請先從事河東，以定西河之根本。」於是金人復渡河，諜知鄧州爲行在所，命其將銀朱急攻京西。汲遣副總管侯成林守南陽，金人奄至，殺成林。汲集將吏謂曰：「吾受國恩，恨未得死所，金人來必死，汝有能與吾俱死者乎？」皆流涕曰：「惟命。」民有請涉山作砦以避敵者，汲曰：「是棄城矣。然若屬俱死無益。」乃下令曰：「城中有材武願從軍者聽留，餘從便。」得敢死士四百人。又令曰：「凡仕於此，其聽從其家，寅出午反，違者從軍法。」衆皆感服，無一人失期。

及南陽陷，命將戚鼎將兵三千逆戰，及命靳儀與趙宗印分西、南門犄之。汲自以牙兵四百登陴望，見宗印從間道遁，即自至鼎軍中，麾其衆陣以待，敵至皆死鬭，敵却。俄而儀敗，金人攻之益急，矢下如雨，軍中請汲去，汲不許，曰：「使敵知安撫使在此爲國家致死。」敵大至，汲死之。事聞，贈太中大夫，謚忠介。

鄭驤字潛翁，信之玉山人。登元符三年進士第。知溧陽縣，歲饑，民多逃亡，漕司按籍督逋賦不少貸，驤患之，盡去其籍。使者欲繩以法，驤曰：「著令約二稅爲定數，今不除，則逋愈多，民愈貧，賦愈不辦。」使者不能屈。時議自建康鑿漕渠導太湖以通大江，將破數州民田，調江、浙二十五州丁夫，所費百萬計。朝廷遣官視可否，驤條析利病，力止之。

通判岢嵐軍，改慶陽府。姚古奏爲熙河蘭廓路經略司屬官。錢蓋自渭易熙，奏辟幕下。地震，秦隴金城六城壞，驤爲蓋言六城熙河重地，宜趣繕治，因自請董兵護築益機灘新堡六百步，以控西夏。堡成，以功遷官，賜緋衣銀魚。

唃廝羅氏舊據青唐，置西寧州，董氈入朝，其弟益麻党征走西夏。大觀中，羌人假其名歸附，童貫奏賜姓名趙懷恭，官團練使。至是党征自西寧求歸，貫懼事露，議者希貫意欲絕之。驤謂貫欺君，請辨其僞。貫怒，將厚誣以罪，會敗而止。擢京兆府等路提舉常平。驤按格爲常平總目十卷，頒之所部。時陝右大稔，驤奏乞以所部本息乘時廣糴，得米六十萬斛。

高宗初，以直祕閣知同州兼沿河安撫使。時謀巡近甸金陵、南陽、長安爲駐蹕計，驤言：「南陽、金陵偏方，非興王地；長安四塞，天府之國，可以駐蹕。」會帝東幸揚州，復請自楚、泗、汴、洛以迄陝、華，各募精兵，首尾相應，庶敵勢不得衝決。不報。金將婁宿犯同州及韓城，驤遣兵拒險擊之，師失利，金人乘勝徑至城下，通判以下皆遁去。驤曰：「所謂太守者，守死而已。」翼日城陷，驤赴井死，贈通議大夫、樞密直學士，謚威愍，詔賜廟愍節。

驤在熙河，嘗撫熙寧迄政和攻取建置之迹爲拓邊錄十卷，兵將蕃漢雜事爲別錄八十卷，圖畫西蕃、西夏、回鶻、盧甘諸國人物圖書爲河隴人物志十卷，序贊普迄溪巴溫、董氈世族爲蕃譜系十卷。

呂由誠字子明，御史中丞誨之季子。幼明爽有智略，范鎮、司馬光，父友也，皆器重之。

以父恩補官，調鄧州酒稅，臨事精敏，老吏不能欺。會營兵竊發，聚衆閉城，守貳逃匿，由誠親往招諭，賊斂兵聽命。以功遷秩，尋擢提舉三門、白波輦運，言者謂其資淺，罷之。知合水縣。王中立、种諤征靈州，由誠部運隨軍，天寒食盡，他邑役夫多潰去，唯由誠所部分無失者。改知乘氏縣。丞相呂大防爲山陵使，辟爲屬。通判成都府，知雅、嘉、温、縣四州，復知嘉州，皆有治績。

靖康元年，宰相唐恪薦由誠剛正有家法，宜任臺臣。召至京師，與恪議不合，且憂其蓄縮不足以濟時艱，力辭求退。差知襲慶府，未及出關，金人再入，陷京師，立張邦昌，以兵脅士大夫臣之，由誠微服得免。時羣盜所在蠭起，由誠崎嶇至郡。城圮糧竭，於是晝夜爲備，版築甫就，劇賊李昱擁十萬衆奔至城中，知其有備，陽受元帥府招安而去。康王移軍濟陽，由誠竭力饋餉，軍以不乏。遣官屬王允恭奉表勸進。

時京東諸郡，兵驕多內訌，獨由誠拊循有方，士樂爲用。前後數被攻圍，屹然自立羣盜中，救援皆絕。孔彥舟以鄆兵叛，首犯郡境，攻之累旬不能下，始引去。胡選者衆尤殘暴，攻由誠示必取，由誠夜焚其攻具，直入帳下，賊駭散，不知所爲，忽解圍去。

一日金兵四集，由誠嚴立賞罰，厲以忠義，守兵爭奮，晝夜警備。金人百道攻城，矢石如雨，人無叛志。郡官有迎降者，執而械之。判官趙令佳同心誓守，城陷俱被執，金人欲生降之，由誠不屈，乃殺其子仍於前，由誠不顧，與令佳同遇害。子傒與其家四十口皆被執，無生還者。南北隔絕，其孫紹清留蜀，後自蜀走江、浙訪由誠生死，遇令佳之子子彝于江陰，知令佳與由誠同死被褒典，乃愬于朝，詔贈由誠三官，爲通奉大夫，與二子恩澤。

郭永，大名府元城人。少剛明勇決，身長七尺，鬚髯若神。以祖任爲丹州司法參軍，守武人，爲姦利無所忌，永數引法裁之。守大怒，盛威臨永，永不爲動，則繆爲好言薦之朝。後守欲變具獄，永力爭不能得，袖舉牒還之，拂衣去。

調淸河丞，尋知大谷縣。太原帥率用重臣，每宴饗費千金，取諸縣以給，斂諸大谷者尤亟。永以書抵幕府曰：「非什一而取，皆民膏血也，以資觴豆之費可乎？脫不獲命，令有投劾而歸耳。」府不敢迫。縣有潭出雲雨，歲旱，巫乘此譁民，永杖巫，暴日中，雨立至，縣人刻石紀其異。府遣卒數輩號「警盜」，刺諸縣短長，遊蠹不歸，莫敢迕，永械致之府，府爲幷它縣追還。於是部使者及郡文移有不便於民者，必條利病反復，或遂寢而不行。或謂永：「世方雷同，毋以此賈禍。」永曰：「吾知行吾志而已，皇恤其它。」大谷人安其政，以爲自有令無永比者。旣去數年，復過之，則老稚遮留如永始去。

調東平府司錄參軍，府事無大小，永咸決之。吏有不能辦者，私相靳曰：「爾非郭司錄耶！」通判鄭州。燕山兵起，以永爲其路轉運判官。郭藥師屯邊，怙恩暴甚，與民市不償其直，復敺之，至壞目折支乃已。安撫使王安中莫敢問。永白安中，不治且難制，請見而顯責之；不從，則取其尤者磔之市。乃見藥師曰：「朝廷負將軍乎？」藥師驚曰：「何謂也？」永曰：「前日將軍杖策歸朝廷，上推赤心置將軍腹中，客遇之禮無所不至，而將軍未有尺寸功報上也。今乃倚將軍爲重〔二〕，乃縱部曲戕民不禁，平居尙爾，如緩急何！」藥師雖謝無愧容，永謂安中曰：「它日亂邊者必此人也。」已而安中罷，永亦辭去，移河北西路提舉常平。

會金人趨京師，所過城邑欲立取之。是時天寒，城池皆凍，金卒藉冰梯城，不攻而入。永適在大名，聞之，先弛壕漁之禁，人爭出漁，冰不能合。金人至城下，睥睨久之而去。遷河東提點刑獄〔三〕。

時高宗在揚州，命宗澤守京師，澤厲兵積粟，將復兩河，以大名當衝要，檄永與帥杜充、漕張益謙相掎角。永卽朝夕謀戰守具，因結東平權邦彥爲援，不數日聲振河朔，已沒州縣皆復應官軍，金人亦畏之不敢動。

居亡何，澤卒，充守京師，以張益謙代之，而裴億爲轉運使。益謙、億齷齪小人。會范瓊脅邦彥南去，劉豫舉濟南來寇，大名孤城無援，永率士晝夜乘城，伺間則出兵狙擊。或勸益謙委城遁，永曰：「北門所以蔽遮梁、宋，彼得志則席卷而南，朝廷危矣。借力不敵，猶當死守，徐剉其鋒，待外援之至，奈何棄之？」因募士齎帛書夜縋城出，告急朝廷，乞先爲備。攻圍益急，俘東平、濟南人〔四〕，大呼城下曰：「二郡已降。降者富貴，不降者無噍類。」益謙輩相顧色動，永大言曰：「今日正吾儕報國之時。」又行城撫將士曰：「王師至矣，吾城堅完可守，汝曹努力，敵不足畏也。」衆感泣。質明，大霧四塞，豫以車發斷碑殘礎攻城，樓櫓皆壞，左右蒙盾而立，多碎首者。良久城陷，永坐城樓上，或掖之以歸，諸子環泣請去，永曰：「吾世受國恩，當以死報，然巢傾卵覆，汝輩亦何之？茲命也，奚懼。」

益謙、億率衆迎降，金人曰：「城破始降，何也？」衆以永不從爲辭。金人遣騎召永，永正衣冠南向再拜訖，易幅巾而入，黏罕曰：「沮降者誰？」永熟視曰：「不降者我。」金人奇永狀貌，且素聞其賢，乃自相語，欲以富貴啗永，永瞋目唾曰：「無知犬豕，恨不醢爾以報國家，何說降乎？」怒罵不絕。金人諱其言，麾之使去，永復厲聲曰：「胡不速我死？當率義鬼滅爾曹。」大名人在繫者無不以手加額，爲之出涕，金人怒斷所舉手。乃殺之，一家皆遇害。雖素不與永合者皆面慟，金人去，相與負其屍瘞之。

永博通古今，得錢卽買書，家藏書萬卷，爲文不求人知。見古人立名節者，未嘗不慨然掩卷終日，而尤慕顏眞卿爲人。充之守大名，名稱甚盛，永嘗畫數策見之，它日問其目。曰：「未暇讀也。」永數之曰：「人有志而無才，好名而遺實，驕蹇自用而得名聲，以此當大任，鮮不顚沛者，公等足與爲治乎？」充大慚。靖康元年冬，金人再犯京師，中外阻絕，或以兩宮北狩告永者，永號絕仆地，家人舁歸，不食者數日，聞大元帥府檄書至，始勉彊一餐。其忠義蓋天性然。

紹興初，贈中大夫、資政殿學士，謚勇節，官其族數人。

韓浩，丞相琦孫。以奉直大夫守濰州。建炎二年，金人攻城，浩率衆死守，城陷力戰死。通判朱庭傑身被數箭，亦死。權北海縣丞王允功、司理參軍王薦皆全家陷沒。浩特贈三官，官其家三人。庭傑、允功、薦各官其家一人。

朝議大夫周中世居濰州，率家人乘城拒守，中弟辛家最富，盡散其財以享戰士。城陷，中闔門百口皆死。紹興六年，以周聿請，贈官。

歐陽珣字全美，吉州廬陵人。崇寧五年進士。調忠州學教授、南安軍司錄，知鹽官縣。以薦上京師，遇國難，及出使，加將作監丞。金人犯京師，朝議割河北絳、磁、深三鎮地講和，珣率其友九人上書，極言祖宗之地尺寸不可以與人。及事急，會羣臣議，珣復抗論當與力戰，戰敗而失其地，它日取之直；不戰而割其地，它日取之曲。時宰怒，欲殺珣，迺遣珣奉使割深州，珣至深州城下，慟哭謂城上人曰：「朝廷爲姦臣所誤至此，吾已辦一死來矣，汝等宜勉爲忠義報國。」金人怒，執送燕，焚死之。

張忠輔，宣和末爲將，同崔中、折可與守崞縣。金人來攻，嬰城固守，率士卒以死拒敵。中度不可支，有二心。忠輔宣言于衆曰：「必欲降，請先殺我。」中設伏紿約議事，斬忠輔首擲陴外以示金人。既開城門，可與不屈見殺。可與兄可求建炎中言于朝，官可與之子五人，而忠輔不與，士論惜之。

李彥仙字少嚴，初名孝忠，寧州彭原人，徙鞏州。有大志，所交皆豪俠士。閑騎射。家極邊，每出必陰祭山川形勢，或瞷敵人縱牧，取其善馬以歸。嘗爲种師中部曲，入雲中，獲首級，補校尉。靖康元年，金人犯境，郡縣募兵勤王，遂率士應募，補承節郎。李綱宣撫兩河，上書言綱不知兵，恐誤國。書聞，下有司追捕，乃亡去，易名彥仙。以效用從河東軍，諜金人還，復補校尉。

河東陷，彥仙拔歸，道出陝，以兵事見守臣李彌大，彌大與語，壯之，留爲裨將，戍殽、澠間。金人再犯汴，永興帥范致虛合西兵入援，彥仙遮說曰：「殽、澠道隘難以衆進，不若分兵而前，留其半於陝，可爲後圖。」致虛怒其沮衆，罷遣之。師至千秋鎭〔五〕，果敗，官吏皆遁。

時彥仙爲石壕尉，堅守三觜，民爭依之。下令曰：「尉異縣人，非如汝室墓於是。今尉爲汝守，若不悉力，金人將尸汝於市。」衆皆奮。金人攻三觜，彥仙戰佯北，金人追之，伏發，掩殺千計，分兵四出，下五十餘壘。

初，金人得陝，用降者守之，使招集散亡，彥仙陰遣士厠其間，金人不覺。乃引兵攻其南郭，夜潛師薄東北隅，所納士內應，譟而入，復陝州。乘勝渡河，列栅中條諸山，旁郡邑皆響附，分遣邵雲等下絳、解諸邑。吏行文書，請州印章，彥仙曰：「吾以尉守此，第用吾印。」事聞，上謂輔臣曰：「近知彥仙與金人戰，再三獲捷，朕喜而不寐。」卽命知陝州兼安撫使，遷武節郞、閤門宣贊舍人。彥仙蒐軍實，增陴濬湟，益爲戰守備，盡取家屬以來，曰：「吾以家徇國，與城俱存亡。」聞者感服。邵興在神稷山，以其衆來，願受節制。彥仙辟興統領河北忠義軍馬，屯三門，後賴其力復虢州。

金將烏魯撒拔再攻陝，彥仙極力禦之，金人技窮而去。三年，婁宿悉兵自蒲、解大入，彥仙伏兵中條山擊之，金兵大潰，婁宿僅以身免。授右武大夫、寧州觀察使兼同、虢州制置。彥仙度金人必併力來攻，卽遣人詣宣撫使張浚求三千騎，俟金人攻陝，卽空城度河北趨晉、絳、并、汾，擣其心腹，金人必自救，乃繇嵐、石西渡河，道鄜、延以歸。浚貽書勸彥仙空城清野，據險保聚，俟隙而動。彥仙不從。

婁宿率叛將折可求衆號十萬來攻，分其軍爲十，以正月旦爲始，日輪一軍攻城，聚十軍併攻，期以三旬必拔。彥仙意氣如平常，登譙門，大作技樂，潛使人縋而出，焚其攻具，金人愕而卻。食盡，煑豆以啖其下，而取汁自飲。至是亦盡，告急于浚，浚間道以金幣使犒其軍，檄都統制曲端涇原兵來援。端素疾彥仙出己上，無出兵意。浚幕官謝昇言於浚曰：「金旦暮下陝，則全據大河，且窺蜀矣。」浚乃出師至長安。道阻不得進，裨將邵隆、呂圓登、楊伯孫自外來援，間關傷仆，僅有至者。

彥仙日與金人戰，將士未嘗解甲。婁宿雅奇彥仙才，嘗啗以河南兵馬元帥，彥仙斬其使。至是使人呼曰：「卽降，畀前秩。」彥仙曰：「吾寧爲宋鬼，安用汝富貴爲！」命彊弩一發斃之。設鉤索，日鉤取金人，舂蔪城上。殺傷相當，守陴者傷夷日盡，金益兵急攻，城陷，彥仙率衆巷戰，矢集身如蝟，左臂中刃不斷，戰愈力。金人惜其才，以重賞募人生致之，彥仙易敝衣走渡河，曰：「吾不甘以身受敵人之刃。」既而聞金人縱兵屠掠，曰：「金人所以甘心此城，以我堅守不下故也，我何面目復生乎？」遂投河死，年三十六。金人害其家，惟弟夔、子毅得免。浚承制贈彥仙彰武軍節度使，建廟商州，號忠烈。官其子，給宅一區，田五頃。紹興九年，宣撫使周聿請卽陝州立廟，名義烈。後以商、陝與金人，徙其廟閬州。乾道八年，易謚忠威。

彥仙頎而長面，嚴厲不可犯，以信義治陝，犯令者雖貴不貸。與其下同甘苦，故士樂爲用。有籌略，善應變。嘗略地至靑澗，猝遇金人，衆愕眙，彥仙依山植疑幟，徐據柳林，解甲自如。金人疑有伏，引去，彥仙追襲於隘，蹴死相枕。關以東皆下，陝獨存，金人必欲下陝，然後併力西向。彥仙以孤城扼其衝再踰年，大小二百戰，金人不得西。至城陷，民無貳心，雖婦女亦升屋以瓦擲金人，哭李觀察不絕。金人怒，屠其城，全陝遂沒。裨將邵雲、呂圓登、宋炎、賈何、閻平、趙成皆死，並贈官錄其家。

邵雲，龍門人。金人陷蒲城，雲聚少年數百，壁山谷，時出撓之。會邵隆起兵，雲往從之，約爲兄弟。聞胡夜义者衆彊，乃舉所部聽命。李彥仙嘗假夜义官，夜义意不滿，掠南原而去，彥仙誘殺之。雲欲攻陜，彥仙遣客說以義，遂來歸。累有功，官至武翼郎、閤門宣贊舍人。城破被執，婁宿欲命以千戶長，雲大罵不屈，婁宿怒，釘雲五日而磔之。金人有就視者，猶咀血噴其面，至抉眼擿肝，罵不絕。

呂圓登，夏縣人。嘗爲僧，後以良家子應募，捍金人淆、澠間。彥仙保三觜，圓登歸之，功最多，爲愛將。城垂破，以兵來援，身重創，持彥仙泣曰：「圍久，不知公安否，今得見公，且死無恨。」創身方臥，聞城陷，遽起戰死。

宋炎，陜縣人。蹶張命中，補秉義郎。先，金人圍城，炎射死數百人，比再圍，炎以勁弩數百，發毒矢殺千餘人。城陷，金人聲言求善射者貴之，炎不應，力戰死。

趙立，徐州張益村人。以敢勇隸兵籍。

靖康初，金人大入，盜賊羣起，立數有戰功，爲武衛都虞候。建炎三年，金人攻徐，王復拒守，命立督戰，中六矢，戰益厲。復壯其勇，酌巵酒揮涕勞之。城陷，復與其家皆死，獨子俏先去。州教授鄭褒亦罵敵而死。城始破，立巷戰，奪門以出，金人擊之死，夜半得微雨而蘇，乃殺守者，入城求復屍，慟哭手瘞之。陰結鄉民爲收復計。金人北還，立率殘兵邀擊，斷其歸路，奪舟船金帛以千計，軍聲復振。乃盡結鄉民爲兵，遂復徐州。詔授忠翊郎、權知州事。立奏爲復立廟，每遇歲時及出師，必帥衆泣禱曰：「公爲朝廷死，必能陰祐其遺民也。」齊人聞之歸心焉。

時山東諸郡萃爲盜區，立介居其間，威名流聞。累遷右武大夫、忠州刺史。會金左將軍昌圍楚州急，通守賈敦詩欲以城降，宣撫使杜充命立將所部兵往赴之。且戰且行，連七戰勝而後能達楚。兩頰中流矢，不能言，以手指麾，既入城休士，而後拔鏃。詔以立守楚州。明年正月，金人攻城，立命撤廢屋，城下然火池，壯士持長矛以待。金人登城，鈎取投火中。金人選死士突入，又搏殺之，乃稍引退。五月，兀朮北歸，築高臺六合，以輜重假道于楚，立斬其使。兀朮怒，乃設南北兩屯，絕楚餉道，立引兵出戰，大破之。

會朝廷分鎭，以立爲徐州觀察使、泗州漣水軍鎭撫使兼知楚州。立一日擁六騎出城，呼曰：「我鎭撫也，可來接戰。」有兩騎將襲其背，立奮二矛刺之，俱墮地，奪兩馬而還。衆數十追其後，立瞋目大呼，人馬皆辟易。明日，金人列三隊邀戰，立爲三陣應之，金人以鐵騎數百橫分其陣而圍之，立奮身突圍，持梃左右大呼，金人落馬者不知數。承、楚間有樊梁、新開、白馬三湖，賊張敵萬窟穴其間，立絕不與通，故楚糧道愈梗。始受圍，菽麥野生，澤有鳧茨可采，後皆盡，至屑榆皮食之。

承州既陷，楚勢益孤，立遣人詣朝廷告急。簽書樞密院事趙鼎欲遣張俊救之，俊不肯行。鼎曰：「江東新造，全藉兩淮，失楚則大事去矣。若俊憚行，臣願與之偕往。」俊復力辭，乃命劉光世督淮南諸鎮救楚。東海李彥先首以兵至淮河，扼不得進；高郵薛慶至揚州，轉戰被執死；光世將王德至承州，下不用命；揚州郭仲威按兵天長，陰懷顧望；獨海陵岳飛僅能爲援，而衆寡不敵。高宗覽立奏，歎曰：「立堅守孤城，雖古名將無以踰之。」以書趣光世會兵者五，光世訖不行。金知外救絕，圍益急。九月，攻東城，立募壯士焚其梯，火輒反嚮，立歎曰：「豈天未助順乎。」一旦風轉，焚一梯，立喜，登磴道以觀，飛砲中其首，左右馳救之，立曰：「我終不能爲國殄賊矣。」言訖而絕，年三十有七。衆巷哭。以參謀官程括攝鎮撫使以守。金人疑立詐死，不敢動。越旬餘，城始陷。初，朝廷聞楚乏食，與粟萬斛，命兩浙轉運李承造自海道先致三千斛，未發而楚失守矣。

立家先殘于徐，以單騎入楚。爲人木彊，不知書，忠義出天性。善騎射，不喜聲色財利，與士卒均廩給。每戰擐甲冑先登，有退卻者，大呼馳至，捽而斬之。初入城，合徐、楚兵不滿萬，二州衆不相能，立善撫馭，無敢私隙。仇視金人，言之必嚼齒而怒，所俘獲磔以示衆，未嘗獻馘行在也。劉豫遣立故人齎書約降，立不發書，束以油布焚市中，且曰：「吾了此賊，必滅豫乃止。」由是忠義之聲遠近皆傾下之，金人不敢斥其名。圍既久，衆益困，立夜焚香望東南拜，且泣曰：「誓死守，不敢負國家。」命其衆擊鼓，曰：「援兵至，聞吾鼓聲則應矣。」如是累月，終無至者。立嘗戒士卒：「不幸城破，必巷戰決死。」及陷，衆如其言。

自金人犯中國，所下城率以虛聲脅降，惟太原堅守踰二年，濮州城破，殺傷大相當，皆爲金人所憚。而立威名戰多，咸出其上。訃聞，輟朝，贈奉國節度使、開府儀同三司，官其子孫十人，謚忠烈。明年，金人退，得立屍譙樓下，頰骨箭穴存焉。命官給葬事，後爲立祠，名曰顯忠。

王復，以龍圖閣待制知徐州。建炎三年，金人自襲慶府引兵圍徐州，復與男倚同守城，率軍民力戰。外援不至，城陷，復堅坐聽事不去，謂粘罕曰：「死守者我也，監郡而次無預焉，願殺我而舍僚吏百姓。」粘罕欲降之，復慢罵求死，闔門百口皆被殺。巡檢楊彭年亦死焉。事聞，贈復資政殿學士，謚壯節，立廟楚州，號忠烈，官其家五人。

王忠植，太行義士也。紹興九年，取石州等十一郡，授武功大夫、華州觀察、統制河東忠義軍馬，遂知代州。尋落階官，爲建寧軍承宣使、龍神衞四廂都指揮使、河東經略安撫使。明年，金人圍慶陽急，帥臣宋萬年乘城拒守。會川、陝宣撫副使胡世將檄忠植以所部赴陝西會合，行次延安，叛將趙惟清執忠植使拜詔，忠植曰：「本朝詔則拜，金國詔則不拜。」惟清械詣其右副元帥撒離曷，不能屈。使甲士引詣慶陽城下，諭使降，忠植大呼曰：「我河東步佛山忠義人也，爲金人所執，使來招降，願將士勿負朝廷，堅守城壁。忠植即死城下。」撒離曷怒詰之，忠植披襟大呼曰：「當速殺我。」遂遇害。世將上其事，贈奉國軍節度使、開府儀同三司，官其家十人。

唐琦，本衞士。建炎間，高宗航海，琦病留越州。李鄴以城降，金人琶八守之，琦袖石伏道旁，伺其出，擊之，不中被執。琶八詰之，琦曰：「欲碎爾首，死爲趙氏鬼耳。」琶八曰：「使人人如此，趙氏豈至是哉。」又問曰：「李鄴爲帥尚以城降，汝何人，敢爾？」琦曰：「鄴爲臣不忠，吾恨不得手刃之，尚何言斯人爲！」乃顧鄴曰：「我月給才石五斗米，不肯背其主，爾享國厚恩乃若此，豈復齒人類哉？」詬罵不少屈，琶八趣殺之，至死不絕口。事聞，詔爲立廟，賜名旌忠。

李震，汴人也。靖康初，金人迫京師，震時爲小校，率所部三百人出戰，殺人馬七百餘，已而被執。金人曰：「南朝皇帝安在？」震曰：「我官家非爾所當問。」金人怒，絣諸庭柱，臠割之，膚肉垂盡，腹有餘氣，猶駡不絕口。

陳求道字得之，咸寧人。登進士第。靖康間判都水監。及朝議二帝出郊請和，求道力爭之，不聽。欽宗知康王兵衆，求道請以元帥加之，齎蠟書者八人皆遇害，惟求道所薦劉定致書而還。金人立張邦昌，下令在京官不朝者死，求道稱疾不往，嘔血累日。開封尹親以邦昌命召之，竟不能屈。求道以二帝蒙塵，屢欲自殺，因救得免。

先是，陳留河決，四十餘日漕輸不通，京城大恐，開封尹宗澤命求道治之，七日河盡復故道。建炎四年，命爲襄、鄧、隨、郢鎮撫，以奏兵食不給，待命未行。自咸寧挈家就食嘉魚，値亂兵起，迺之蒲圻，寓龍堂僧寺。未久，招撫劉忠叛，一夕數千人麋至，驅求道家還嘉魚。至茗山逆旅，具酒食奉求道爲主，將南走湖湘。求道正色厲辭，賊怒，殺求道妻蔡及二子符、佺，必欲從己。求道駡愈厲，賊斫其口拔出舌斷之。獨符子凱竄山谷得免。賊退，始得求道屍，瘞于興陂。

校勘記

〔一〕丹稜　原作「丹陵」，據晁公遡嵩山居士集卷五二劉汲傳、繫年要錄卷二及本書卷八九地理志改。

〔二〕今乃倚將軍爲重　「乃」，汪藻浮溪集卷二〇郭永傳作「方」，疑以作「方」爲是。

〔三〕遷河東提點刑獄　浮溪集卷二〇郭永傳、繫年要錄卷一八都作「河北東路提點刑獄」。

〔四〕俘東平濟南人　「人」字原脫，據浮溪集卷二〇郭永傳、繫年要錄卷一八補。

〔五〕千秋鎮　「鎮」原作「府」，據繫年要錄卷三、北盟會編卷八五引編年改。

宋史卷四百四十九

列傳第二百八

忠義四

崔縱字元矩，撫州臨川人。登政和五年進士第。歷確山主簿、仙居丞，累遷承議郎、幹辦審計司。二帝北行，高宗將遣使通問，廷臣以前使者相繼受縶，莫肯往。縱毅然請行，乃授朝請大夫、右文殿修撰、試工部尙書以行。比至，首以大義責金人，請還二帝，又三遺之書。金人怒，徙之窮荒，縱不少屈。久之，金人許南使自陳而聽其還，縱以王事未畢不忍言。又以官爵誘之，縱以恚恨成疾，竟握節以死。洪皓、張邵還，遂歸縱之骨。詔以兄子延年爲後。

吳安國字鎮卿，處州人。太學進士，累官遷考功郎官。以太常少卿使金，值金人渝盟，拘留脅服之，安國毅然正色曰：「我首可得，我節不可奪，惟知竭誠死王事，王命烏敢辱？」金人不敢犯，遣還。後知袁州，卒。

林沖之字和叔，興化軍莆田人。元符三年進士，歷御史臺檢法官、大宗正丞，都官、金部郎，滯省寺者十年。出守臨江、南康。

靖康初，召爲主客郎中。金人再來侵，詔副中書侍郎陳過庭使金，同被拘執。初猶給乳酪，迨宇文虛中受其命，金人亦以是邀之，沖之奮厲見詞色，金人怒，徙之奉聖州。既二年，過庭卒，金人逼沖之仕僞齊，不屈；徙上京，又不屈；置顯州極北沍寒之地，幽佛寺十餘年。漸便飲茹，以義命自安，髭髮還黑。病亟，語同難者曰：「某年七十二，持忠入地無恨，所恨者國讎未復耳。」南向一慟而絕。僧瘞之寺隅。洪皓還朝以聞，詔與二子官。子郁，從子震、霆。

郁字襲休，宣和三年進士，再調福建茶司幹官。建州勤王卒自京師還，求卸甲錢，郡守逃匿，卒鼓譟取庫兵爲亂，殺轉運使毛奎、轉運判官曾仔、主管文字沈昇。郁聞變急入諭卒，遇害。事聞，詔各與一子官。

震字時夷，崇寧元年進士，仕至祕書少監。以不附二蔡有聲崇寧、大觀間。

霆字時隱，政和五年進士，勅令所删定官。詆紹興和議，謂不宜置二帝萬里外不通問，即挂冠出都門，權臣大恚怒，亦廢放以死，莆人稱爲「忠義林氏」。寶慶三年，即其所居立祠。寶祐中，又給田百畝，使備祭享以勸忠義云。

滕茂實字秀穎，杭州臨安人。政和八年進士。靖康元年，以工部員外郎假工部侍郎，副路允迪出使，爲金人所留。時茂實兄絢通判代州，已先降金。粘罕素聞茂實名，乃遷之代州，又自京師取其弟華實同居，以慰其意。

欽宗自離都城，舊臣無敢候問起居者。茂實聞欽宗將至，即自爲哀詞，且篆「宋工部侍郎滕茂實墓」九字，取奉使黃幡裹之，以授其友人朔寧府司理董詵。欽宗及郊，茂實具冠幘迎謁，拜伏號泣。金人諭之曰：「國破主遷，所以留公，蓋將大用。」迫令易服，茂實力拒不從，見者墮淚。茂實請從舊主俱行，金人不許，憂憤成疾，卒雲中。詵拔歸，錄所爲哀詞言於張浚，浚以詵爲陝西轉運判官，上其事。紹興二年，贈龍圖閣直學士，官其家三人。

魏行可，建州建安人。建炎二年，以太學生應募奉使，補右奉議郎，假朝奉大夫、尚書禮部侍郎，充河北金人軍前通問使，仍命兼河北、京畿撫諭使。時河北紅巾賊甚衆，行可始懼爲所攻，既而見使旌，皆引去。行可渡河見金人于澶淵，金人知其布衣借官，待之甚薄，因留不遣。行可嘗貽書金人，譬以「不戢自焚」之禍：「大國舉中原與劉豫，劉氏何德？趙氏何罪？若亟以還趙氏，賢於奉劉氏萬萬也。」

紹興六年，卒。十三年，張邵來歸，言行可執節沒於王事，行可父通直郎伯能亦愬于朝，遂贈朝奉郎、祕閣修撰，先已官其二子一弟，至是，復官其一孫。

行可之使也，吳人郭元邁以上舍應募，補右武大夫、和州團練使爲之副〔一〕，不肯髡髮換官，亦卒于北焉。

閤進，隸宣武。建炎初，遣使通問，進從行。既至雲中府，金人拘留使者散處之，進亡去。追還，留守高慶裔問：「何爲亡？」進曰：「思大宋爾。」又問：「郎主待汝有恩，汝亡何故？」進曰：「錦衣玉食亦不戀也。」慶裔義而釋之。凡三亡乃見殺。臨刑，進謂行刑者：「吾南向受刃，南則我皇帝行在也。」行刑者曳其臂令面北，進踊身直起，盤旋數四，卒南鄉就死。

進武校尉朱勣亦從之，分在粘罕所。勣見粘罕數日，遽求妻室。粘罕喜，令擇所虜內人妻之，勣取最醜者，人莫諭其意。不半月亡去，追之還，粘罕大怒，勣含笑死梃下。蓋勣求妻者，所以固粘罕也。

趙師檟以罪拘管西外宗正司，福建提刑王夢龍以智勇可用，屬製軍器。會寇逼尤溪，令師檟統卒數百往戍。旣行，大書于旗曰：「不與賊俱生。」人皆壯之。賊兵至，師檟迎敵于林嶺，身爲先鋒。戰十餘合，賊至益衆，師檟所乘馬適陷田中，賊斷其左臂，師檟以右手拔背刀斬七級。力盡，部曲欲引遁，師檟仰天大呼曰：「師檟報國死於此矣。」遂沒焉。尤溪之民爲之立廟戰處。樞密王埜請加褒贈，乃贈武節郎，與一子恩澤。

易青者，爲都督行府摧鋒軍效用。初，廣東賊曾袞本軍士也，已受招復叛。紹興六年十月，經略使連南夫與摧鋒軍統制韓京會于惠州，督諸兵討之。京募敢死士七十三人夜劫袞營，青在行中，爲所執。賊驅至後軍趙續砦外，謂續曰：「汝大軍爲我所擒者甚衆。」青大呼曰：「勿信，所擒者我爾。」賊又言：「吾不汝殺，第令經略持黃牓來招安。」青又呼曰：「勿聽，任賊殺我，我惟以一死報國。」賊怒焚之，青死，罵不絕口。青無妻子。事聞，特贈保義郎、閤門祗候，官爲薦祭焉。

胡斌，爲殿前司將官。童德興提禁旅戍邵武，江、閩寇作，知邵武有備，未敢犯。會招捕司檄德興稟議，獨留斌將弱卒數百留城中。紹定三年閏月己卯，盜衆大至，他將士皆遁，獨斌奮身迎戰，所格殺甚衆。賊益生兵，官軍所存僅數十人，或告以衆寡不敵，盍避之！斌曰：「郡民死者以萬計，賴生者數千人由東門而出，我不綴其勢，使得脫走，則賊躡其後，無噍類矣。」遂巷戰，大呼曰：「我死救百姓。」兵盡矢窮，卒遇害，其屍僵立，移時始仆。事聞，贈武節大夫，錄其後一人。樞密院編修官王埜言邵武民即斌戰地立廟，請就以「武節」爲廟額，從之。

范旺，南劍州順昌縣巡檢司軍校也。初，順昌盜俞勝〔三〕等作亂，官吏皆散，土軍陳望素樂禍，與射士張袞謀舉砦應之，旺叱之曰：「吾等父母妻子皆受國家廩食以活，今力不能討，反更助爲虐，是無天地也。」凶黨忿，剔其目而殺之。

一子曰佛勝，年二十，以勇聞，賊詐以父命召之，至則俱死。其妻馬氏聞之，行且哭，賊脅汙之，不從，節解之。

賊既平，旺死迹在地，隱隱不沒，邑人驚異，爲設像城隍廟，歲時祭享。紹興六年，轉運使以狀聞，詔贈承信郎，更立祠，號忠節。二十八年，復詔立愍節廟以祠之。

馬俊或曰進，太平州慈湖砦兵也。紹興二年，砦軍陸德、周青、張順等據州叛，青爲謀主，約翌日盡黥城中少壯，而屠其老弱，然後擁衆渡江。俊隸青左右，得其謀，陰結其徒十人殺賊，然後諭衆開門，其徒許之。俊歸語其妻孫氏，與之訣，至南門，伺青出上馬，斫中頰，九人懼不敢前。俊與妻子皆遇害〔三〕。青被傷臥旬日，賊黨散，官軍至，德、青遂伏誅。三年，贈俊修武郎，爲立祠，號登勇。

楊震仲字革父，成都府人。蚤負氣節，雅有志當世。登淳熙二年進士第。知閬州新井縣，以惠政聞。

辟興元府通判，權大安軍。吳曦叛，素聞震仲名，馳檄招之，震仲辭疾不行。時軍教授史次秦亦被檄，謀於震仲，震仲曰：「大安自武興而來，爲西蜀第一州，若首從其招，則諸郡風靡矣。顧力不能拒，義死之。教授非城郭臣，且有母在，未可死，脫去爲宜。」因屬次秦曰：「吾死，以匹絹纏身，斂以小棺足矣。」曦遣興州都統司機宜郭鵬飛代震仲，趣其行益急。鵬飛宴震仲，終飲不見顏色。歸舍，然燭獨坐，夜漏至三鼓，呼左右索湯，比至，震仲飲毒死矣。次秦如其言，斂而置于蕭寺，闔郡爲之流涕。

震仲之未死，先遺家人書曰：「武興之事，從之則失節，何面目在世間？不從禍立見。我死，禍止一身，不及妻子矣。人孰無死，死而有子能自立，即不死。」自震仲死，蜀之義士感慨奮發，始有協謀誅逆者。明年，曦伏誅，蜀帥安丙、楊輔以聞，贈朝奉大夫、直寶謨閣，官二子，表其里曰義榮。吳獵宣諭西蜀，爲之請廟與謚，名其廟旌忠，謚曰節毅。

史次秦，眉山人。及進士第。

吳曦叛，招次秦甚遽，次秦遷延固避，僞知大安軍郭鵬飛迫之行，乃以石灰桐油塗兩目，末生附子傅之，比至目益腫。次秦母年高而賢，聞次秦爲曦所招，即命家人以疾篤馳報，且曰：「恐病不足取信，以計聞可也。」曦乃聽還。曦誅，蜀帥上其事，改秩爲利路主管文字，仕至合州太守。

有郭靖者，高橋土豪巡檢也。吳曦叛，四州之民不願臣金，棄田宅，推老稚，順嘉陵而下。過大安軍，楊震仲計口給粟，境內無餓死者。曦盡驅驚移之民使還，皆不肯行。靖時亦在遣中，至白厓關，告其弟端曰：「吾家世爲王民，自金人犯邊，吾兄弟不能以死報國，避難入關，今爲曦所逐，吾不忍棄漢衣冠，願死於此，爲趙氏鬼。」遂赴江而死。

高稼字南叔，邛州蒲江人。眞德秀一見以國士期之。嘉定七年進士。調成都尉，轉九隴丞。丁內艱，免喪，辟潼川府路都鈐轄司幹辦公事。制置使崔與之聞其名，改辟本司幹辦公事。稼持論不阿，憂世甚切，及鄭損爲制置使，即求去。朝廷以稼贊閫有勞，未幾，改知綿谷縣。制置司以總領所擅十一州會子之利，請盡廢之，此蓋紹興、隆興之間得旨爲之者。令下，民疑，爲之罷市。稼亟出私錢以給中下戶。稼弟定子時爲總領所主管文字，相與徵其誤而力救之，得存其半，公私僅濟。歲大饑，有司置弗聞，稼捐橐中裝，市粟以食之，全活甚衆。損之入蜀也，稼同產弟了翁諦言于朝，謂必敗事。損銜之，遂劾稼罷。

寶慶三年，元兵至武階，損棄沔而遁。桂如淵鎭蜀，辟通判沔州，尋檄兼幕職。稼首言：「蜀以三關爲門戶，五州爲藩籬，自前帥棄五州，民無固志，一旦敵至，又有因糧之利，或遂留不去。今亟當申理，俾緩急有所保聚。」如淵然之，乃創山砦八十有四，且募義兵五千人，與民約曰：「敵至則官軍守原堡，民丁保山砦，義兵爲遊擊，庶其前靡所掠，後弗容久。」

北兵由東道以入，如淵憂之，辟稼知洋州。稼日夜爲守禦計，以洋居平地，無一卒以守，議移金州帥司軍千人駐洋州，而自任其餉給。李心傳爲言諸朝，不報。及鳳州破，制置司始從稼請，調金州兵赴之，而兵不時至。漢中陷，梁、洋之民數十萬盡趨安康。稼乃移屯黃金渡，收散卒，招忠義，以制置司之命，致故將陳昱於安康，委以收復之任。昱部分諸軍，召靑座、華陽諸關守將，皆以兵來會，凡得三千人，稼竭洋之帑廩贍之。以州事付通判，而自假節制軍馬，督諸將繼進。沔州破，北兵迫大安，益昌大震，稼亟命趨沔，自至西縣援之。如淵以便宜命稼利路提刑司兼權興元府，制置司檄其守米倉，稼移書曰：「今日之事如弈棋，所校者先後爾。苟以分水、三泉、米倉爲可保，敵兵若自宕昌、淸川以入，將孰禦之？盍以興、沔、利三戎司分駐鳳州，俾制司已招之忠義、關表復讎之豪傑，聯司以進，兵氣奪矣。」如淵遲疑不決。逮天水、同慶被屠，西和圍益急，始會軍民之衆萬人援之，道梗不得前，而城已破矣。俄報砦寨、七方之師皆潰，稼率遺民駐廉水縣，召集保甲，分布間道，以保巴山。當是時，文臣之在軍中者惟稼一人。

如淵既罷，李臯代之，以稼久勞，請改畀內郡，差知滎州。殿中侍御史汪剛中，如淵黨也，欲使稼分其罪，乃謂蜀之敗實由稼，遽罷之，又削二官。李心傳見上，訟稼無罪，不當罷。

宣撫使黃伯固辟稼知閬州。未幾，伯固去官，制置使趙彥吶以參議官辟之。制置司近漢中，稼言漢中蕩無藩籬，宜經理仙人原以爲緩急視師之地。彥吶以委稼，稼至原，繕營壘，峙芻糧，比器甲，開泉源，守禦之規，罔不備具。會召還，彥吶密奏留稼，以直祕閣知沔州、利州提點刑獄兼參議官。始至，告于神曰：「郡當兵難之後，生聚撫摩，所當盡力，去之日，誓垂槖以入劍門。」乃葺理創殘，招集流散，民皆襁負來歸。

北兵入西和，薄階州，稼贊彥吶登原督戰。知天水軍曹友聞等兵大戰。進稼三官，爲朝請大夫兼關外四州安撫司公事，措置西路屯田。稼嘗代彥吶論蜀事利害，上嘉覽之。

北兵自鳳州入，東軍不能禦，遂擣河池，至西池谷，距沔九十里。吏民奔逃，議欲退保大安。稼白彥吶曰：「今日之事，有進無退，能進據險地，以身捍蜀，敵有後顧，必不深入；若倉皇召兵，退守內地，敵長驅而前，蜀事去矣。」彥吶曰：「吾志也。」已而竟行，留稼守沔。

北兵自白水關入六股株，距沔六十里。沔無城，依山爲阻，稼升高鼓譟，盛旗鼓爲疑兵。彥吶至罝口，輟帳前總管和彥威，以軍還沔，召小將楊俊、何璘悉以兵會，又調總管王宣精兵千人益之。璘軍無紀律，稼捕其縱火者三人，誅之。未幾，北兵大至，璘遁，其衆皆潰，遂下沔州。

先是，友聞戍七方，知沔不可守，勸稼移保山砦，而自將所部助之。稼曰：「七方要地，不可棄，吾郡將也，城亦不可棄。卽事不濟，有死而已。」先二日，子斯復侍，以時危任重爲憂，稼舉田承君「五日不汗」之言語之，且曰：「吾得死所，何憾！」又以書告李心傳曰：「稼必堅守沔，無沔則無蜀矣。自謂此舉可以無負知己。」及事迫，參議楊約勸稼姑保大安，稼厲聲曰：「我以監司守城郭，爾以幕客往來應援，各行其志。」常平司屬官馮元章率吏士力請稼少避，稼不爲動。城既陷，衆擁稼出戶，稼叱之不能止，兵騎四集圍之，遂死焉。詔進稼七官，爲正議大夫、龍圖閣直學士，謚曰忠。後以子斯得執政，累贈太師。

稼爲人慷慨有大志，聞人有善，稱之不容口；不善，面折無所避。推轂人士，常恐不及，視財如糞土。死之日，聞者莫不於邑流涕。所著有縮齋類藁三十卷。斯得自有傳。

曹友聞字允叔，同慶栗亭人。武惠王彬十二世孫也。少有大志，與仲弟友諒不遠千里尋師取友。登寶慶二年進士。授緜竹尉，改辟天水軍教授。

城已被圍，友聞單騎夜入，與守臣張維糾民厲戰。兵退，制置使製大旗，書「滿身膽」以旌之。已而兵復至，友聞罄家財招集忠義，得健士五千人。制置使李𡌴檄管忠義，領所部守仙人關，且行且戰，至峽口據險。前軍統制屈信率所部突陣，還所掠四州人畜。至秦墳，遣左軍統制杜午迎擊，力不能敵。友聞令諸軍乘高據險，身冒矢石，爲士卒先。信與統制張安國領兵出戰。兵退，制置使檄捍七方關。

北兵東破武休關，已而破七方，遂入沔州金牛，至大安，又分兵自嘉陵江木皮口突出何進軍後，進戰敗死之，遂長驅入劍門。友聞與弟萬各率所部，取間道過氈帽山，至青蒿墳，戰于白水江中流。兵退，制置司檄駐閬州。叛將魯珍爲陳隆之所斬，珍部曲肆焚劫，友聞討斬其將郭虎、藺廣、楊仲等，餘黨散去。檄知天水軍。

北兵入鳳州，略河池，抵同慶，友聞密遣統制王漢臣、統領張祥，授以方略出戰。兵至城下，友聞部分諸將各守一門，偃旗伏鼓，戒士卒，俟漸近，鳴鼓張旗，矢石並發。又命漢臣等取間道出戰，自提重兵尾敵後，大戰有功。端平初，友聞遣萬與忠義總管時當可分兵碎石頭、青蒿谷，前後大戰數合。制置使上其功，特授承務郎，權發遣天水軍。

北兵又自西和至階州，友聞曰：「階雖非吾境，豈可坐視而不救。」遂引兵與諸軍會。命前軍統制全貴領所部爲先鋒，統制夏用出其左，張威出其右，總管陳庚及萬、友諒往來督戰。有功，制置使趙彥呐俾節制利帥司軍馬，任責措置邊面，換武翼大夫、閤門宣贊舍人，差權利州駐箚御前諸軍都統制，駐箚石門，控扼七方關。明年，北兵破武休關，入沔陽，利路提刑高稼死之。制置使進屯青野原，被圍，友聞曰：「青野爲蜀咽喉，不可緩。」遣萬領兵自冷水口度嘉陵江至六股株，屢戰有功。夜銜枚由間道直趨青野原，制置使奇萬之勇，令督諸軍戰守。兵退，友聞引精兵亦趨至原下，夜半截戰，圍遂得解。特授武德大夫、左驍騎大將軍，依舊利州駐箚御前諸軍統制。

北兵破沔州，擣大安，友聞遣摧鋒軍統制王資、踏白軍統制白再興速趨雞冠隘，左軍統制王進據陽平關，友聞登溪嶺，手執五方旗，指麾甫畢，兵數萬突至陽平關，遂遣進及遊奕部將王剛出戰，又親帥帳兵及背嵬軍突出陣前，左右馳射。兵退，友聞謂忠義總管陳庚及當可曰：「敵必旋兵攻雞冠隘，宜急援之。」既而果以步騎萬餘攻隘，庚以騎兵五百直前決戰，當可將步兵左右翼並進，王資、白再興又自隘出戰，蹀血十餘里，兵乃解去。特授友聞眉州防禦使，依舊左驍衞大將軍、利州駐箚御前諸軍統制，兼沔州駐箚，兼管關外四州安撫，權知沔州，節制本府屯戍軍馬。弟萬差知同慶府、四川制置司帳前總管，仍舊總管忠義軍馬，節制屯戍軍馬，董仙駐箚，專與沔、利兩司同共任責措置邊面。

明年，友聞引兵扼仙人關，諜聞北兵合西夏、女眞、回回、吐蕃、渤海軍五十餘萬大至，友聞語萬曰：「國家安危，在此一舉，衆寡不敵，豈容浪戰。惟當乘高據險，出奇設伏以待之。」北兵先攻武休關，敗都統李顯忠軍，遂入興元，欲衝大安。制置使趙彥吶檄友聞控制大安以保蜀口。友聞馳書彥吶曰：「沔陽，蜀之險要，吾重兵在此，敵有後顧之憂，必不能越沔陽而入蜀。又有曹萬、王宣首尾應援，可保必捷。大安地勢平曠，無險可守，正敵騎所長，步兵所短，況衆寡不敵，豈可於平地控禦。」彥吶不以爲然，一日持小紅牌來速者七。友聞議爲以寡擊衆，非乘夜出奇內外夾擊不可。乃遣萬、友諒引兵上雞冠隘，多張旗幟，示敵堅守。友聞選精銳萬人夜渡江，密往流溪設伏。約曰：「敵至，內以鳴鼓舉火爲應，外呼殺聲。」北兵果至，萬出逆戰，敵將八都魯擁萬餘衆，達海帥千人往來搏戰，矢石如雨。萬身被數創，令諸軍舉烽。友聞遣選鋒軍統制楊大全、遊奕軍統制馮大用引本部出東茱園，擊敵後隊；敢勇軍總管夏用、知西和州神勁軍總管趙興帥所部出水嶺，擊敵中隊；知天水軍安邊軍總管呂嗣德、陳庚率所部出龍泉頭，擊敵前隊。友聞親帥精兵三千人，疾馳至隘下，先遣保捷軍統領劉虎帥敢死士五百人衝前軍，前軍不動，大兵伏三百騎道旁，虎衆銜枚突戰。會大風雨，諸將請曰：「雨不止，淖濘深沒足，宜俟少霽。」友聞斥曰：「敵知我伏兵在此，緩必失機。」遂擁兵齊進。友聞入龍尾頭，萬聞之，五鼓出隘口，與友聞會。內外兩軍皆殊死戰，血流二十里。西軍素以緜裘代鐵甲，經雨濡濕，不利步鬥。黎明，大兵益增，迺以鐵騎四面圍繞，友聞歎曰：「此殆天乎！吾有死而已。」於是極口詬罵，殺所乘馬以示必死。血戰愈厲，與弟萬俱死，軍盡沒，北兵遂長驅入蜀。秦鞏人汪世顯素服友聞威望，嘗以名馬遺友聞，還師過戰地，歎曰：「蜀將軍眞男兒漢也。」盛禮祭之。事聞，特贈龍圖閣學士、大中大夫，賜廟褒忠，謚曰毅節〔四〕，官其二子承務郎，壻迪功郎。萬特贈武翼大夫，二子成忠郎。

陳寅，寶謨閣待制咸之子。漕司兩貢進士，以父恩補官，歷官州縣。紹定初，知西和州。西和極邊重地，寅以書生義不辭難。北兵入境，屬都統何進出守大安，獨統制官王銳與忠義千人城守而已。寅誓與其民共守此土。居民始以進留家城中，恃以爲固，已而進徙它郡，遂無固志。寅獨留其二子幷闔門二十八口，曰：「人各顧其家，將誰共守。」迺散貲財以結忠義，爲必守之計。

北兵十萬攻城東南門，以降者爲先驅，寅草檄文喻之，自執旗鼓，激厲將士，迎敵力戰，矢石如雨。師退，詰旦，增兵復來，寅帥忠義民兵與敢死士力戰，晝夜數十合，兵退。制置司以寅功徧告列郡。北兵伐木爲攻具，增兵至數十萬，圍州城。進素與寅不協，寅有功，尤爲諸將所忌。至是求援甚急，久之，制置司才遣劉銳及忠義人陳瑀等往救，率皆觀望不進，銳甫進七方關，瑀未及仇池，皆以路梗告。寅率民兵晝夜苦戰，援兵不至，城遂陷。寅顧其妻杜氏曰：「若速自爲計。」杜厲聲曰：「安有生同君祿，死不共王事者？」卽登高堡自飲藥。二子及婦俱死母傍。寅斂而焚之，乃朝服登戰樓，望闕焚香，號泣曰：「臣始謀守此城，爲蜀藩籬，城之不存，臣死分也。臣不負國！臣不負國！」再拜伏劍而死。賓客同死者二十有八人。一子後至，亦欲自裁，軍士抱持之曰：「不可使忠臣無後。」與俱縋城，亦折足死。制置司以聞，詔特贈朝議大夫、右文殿修撰，賜錢三千緡，卽其所居鄉、所守州立廟。久之，加贈華文閣待制，謚襄節。

賈子坤字伯厚，潼川懷安軍人。嘉定十三年進士。爲西和推官，攝通判。關外被兵，子坤與郡守陳寅誓死城守。城陷，子坤朝服與其家十二口死之。追贈承議郎，封其父崧承務郎，官其子仲武宣教郎、隆州簽判，改奉議郎、果州通判，卒。

仲武子昌忠、純孝，同登咸淳七年進士第。純孝揚州教授，受知帥李庭芝，調江、淮總幕。北兵下江南，二王在福州，以史館檢閱召，辭。會丞相文天祥辟佐其幕，尋授祕書丞，擢吏部郎中。丁母憂，起復爲右司，轉朝散郎。厓山師敗，純孝抱二女偕妻牟同蹈海死。

劉銳，知文州。嘉熙元年，北兵來攻，銳與通判趙汝曏乘城固守，率軍民七千餘人晝夜搏戰，殺傷甚多。拒守兩月餘，援兵不至，城中無水，取汲于江。會陳昱以去歲失守沔，編置此州，夜踰城出降，獻女大將，告以虛實，敵遂增兵攻城甚急，一夕移江流於數里外。銳度不免，集其家人，盡飲以藥，皆死，乃聚其屍及公私金帛、告命焚之。家素有禮法，幼子同哥才六歲，飲以藥，猶下拜受之，左右為之感慟。

汝曏宣城人，善射。城破被執，先斷其兩臂，而後臠殺之。銳及其二子自刎死，軍民死者數萬人。

蹇彝，潼川通泉人。嘉定二年進士。累官通判金州。端平三年，北兵攻蜀，彝堅守，戰不能敵，被擒，不屈而死。

其子永叔復力戰，城破，舉家死焉。弟維之，紹定五年進士。利州都統王宣辟行參軍事，亦迎敵力戰而死，特官其子。

何充，漢州德陽人。祕書監耕之孫。通判黎州，攝州事，預為備禦計。及宋能之至，建議急於邛崍創大小兩關倉及砦屋百間，親督程役。俄關破，充自刺不死，大軍帥呼之語，許以不殺。充曰：「吾三世食趙氏祿，爲趙氏死不憾。」帥設帟幄環坐諸將，而虛其賓席，呼充曰：「汝能降，卽坐此。」充踞坐地求死，遂罷。它日又呼之，欲辮其髮而髡其頂。曰：「可殺不可髡。」又使署招民榜，充曰：「吾監州也，可聚吾民使殺之耶？卽一家有死而已，榜必不可署。」大將遺以酒茗羊牛肉，皆卻之。自是水飲絕不入口。敵知其不可強，將剮之，大將曰：「此南家好漢也，使之卽死。」於是斬其首。

充妻陳罵不絕口。初，充之見呼也，陳必以一家往。帥曰：「不呼汝，何以來？」陳曰：「吾求死爾。」及充死，東望再拜曰：「臣夫婦雖死，可以對趙氏無愧矣。」衆以石擊殺之。

方充夫婦之嬰禍也，親戚勸其苟免，充正色曰：「我夫婦與兒婦義同死，汝等自求生可也。」於是上下感泣，願同死者四十餘人。男士麟、孫駒行、從子仲桂先充而死，惟長子士龍得免。

許彪孫，顯謨閣學士奕之子也。爲四川制置司參謀官。景定二年，劉整叛，召彪孫草降文，以潼川一道爲獻。彪孫辭使者曰：「此腕可斷，此筆不可書也。」卽閉門與家人俱仰藥死。

整既降，遂引兵襲都統張桂營，桂及統制金文德戰死。納溪曹贛闔門死之。景定四年，沔州都統胡世全護糧運至虎象山，遇敵兵戰敗死。咸淳二年，北兵取開州，守將龐彥海死之。德祐元年，瀘守梅應春殺判官李丁孫、推官唐奎瑞以城降，珍州守將江彥清巷戰死之。

陳隆之，不知所仕履。爲四川制置使。淳祐元年十一月，成都被圍，守彌旬，弗下，部將田世顯乘夜開門，北兵突入，隆之舉家數百口皆死。檻送隆之至漢州，命諭漢州守臣王夔降，隆之呼夔語之曰：「大丈夫死爾，毋降也。」遂見殺。後五年，提刑袁簡之上其事，特贈徽猷閣待制，合得恩澤外，特與兩子恩澤，賜謚立廟。

又有史季儉者，威州棋城主簿也。成都之陷，子良震與壻楊城夫爭相爲死，各特贈兩官，與一子下州文學。

王翊字公輔，郫縣人。寶慶元年進士。吳曦嘗招之入幕，及曦以蜀叛，抗節不拜，爲陳大義。曦怒，囚翊，欲烹之，曦誅而免。

嘉熙元年，制置使丁黼辟爲參議官，先遣其家歸鄉里，爲文訣先墓，誓以身死報國。及北兵至，帳前提舉官成駒先走，黼倉卒迎敵，敗死。翊與司理王琛、運司幹官李日宣等募兵拒守。兵入公署，見翊朝服危坐，問爲何人，曰：「小官食天子之祿，臨難不能救，死有餘罪，可速殺我。」又問何以不走，曰：「願與此城俱亡。」北兵相謂曰：「忠臣也。」戒勿殺。敵縱火大掠，翊以朝服赴井死。兵後，其家出其屍井中，衣冠儼如也。轉運副使蒲東卯死之。

兵屠漢州，權州事劉當可、判官邵復、錄事參軍羅由、司戶參軍趙崇啓、知雒縣羅君文皆不屈而死。復，雍六世孫也。入眉州，知丹稜縣〔三〕馮仲爗死之。取簡州，簡守李大全死之。邛守趙晨親率雅州牌手出戰，力盡而死。

文州守劉銳、通判趙汝𨛭相誓死守，更迭出戰，被圍旬有五日，汲道絕，兵民水不入口者半月，至吮妻子之血，卒無叛志。城垂陷，汝𨛭猶提雙刃入陣，中十六矢，被執以死。銳先殺其妻，父子三人登文王臺自刎死。師至遂寧，民兵趙朋拒戰，左臂已斷，而戰不休。

至重慶，進士胡天啓負母而逃，兵欲殺其母，天啓妻張哀號願以身代，不聽，卒殺之。天啓與其妻呼天大罵，大將奇天啓貌，欲活之，謂之曰：「汝從我，當共富貴。」天啓愈奮罵，於是夫婦同死。事聞，翊、汝鼏皆立廟賜謚，餘褒恤有差。

寶祐六年，北兵拔吉平隘，守將楊禮、周德榮死之。拔長寧，守將王佐父子俱死。至閬州，推官趙廣死之。至蓬州，轉運使施擇善死之。至順慶，帥守段元鑑城守，麾下劉淵殺之以降。

李誠之字茂欽，婺州東陽人。受學呂祖謙。鄉舉第一，後入太學，舍選亦第一。慶元初，釋褐爲饒州教授。丁父母憂，廬墓終喪。幹辦福建安撫司公事，遷刑、工部架閣，擢國子學錄，以言罷。

起爲江西轉運司幹辦。使稱提會子，第其物力高下輸錢以斂之，誠之以爲擾。使者不悅曰：「商君之令，猶能必行，今乃齟齬如此。」誠之愀然曰：「使君儒者，而欲效商君之所爲乎？」遂辭去。使者遜謝，罷令而後止。

改通判常州，知郢州。知金人必敗盟，大修邊防戰攻守禦之具。移知蘄州。蘄自南渡以來，未嘗被兵，誠之曰：「備禦無素，長驅而來，將若之何？」相視城壁而增益之，備樓櫓，築羊馬牆〔六〕，教閱廂禁民兵，激之以賞，積粟四萬。先是，酒庫月解錢四百五十千以獻守，誠之一無所受，寄諸公帑，以助兵食。

嘉定十四年二月，金人犯淮南，時誠之已逾滿，代者不至，欲先遣其孥歸，聞難作而止。喟然謂其僚曰：「吾以書生再任邊壘，行年七十，抑又何求，獨欠一死爾。當與同僚戮力以守，不濟則以死繼之。」乃選丁壯分布城守，募死士迎擊，遇于横槎橋，大破之。居數日，金人擁衆臨沙河，欲渡，又破之。明日，金兵大至，決湟水，焚戰樓，又拒退之。明日，金移兵要衝，爲必渡計，蘄兵直前奮擊，殺其酋帥。金人雖屢挫，然謀益巧，攻益力，未幾，傅城下，圍之數重，遂燔木栅。誠之出兵禦之，又殺其將卒數十人，奪所佩印。三月朔，金人攻西門，射卻之。俄造望樓以窺城，誠之爲疑兵以示之。又使持書來脅降，誠之戮之，而還其書。越二日，金人以攻具進，誠之設械禦之，夜出擣其營。料敵應變若熟知兵者，金人卒不得志。

會黄州失守，併兵爲一，凡十餘萬。池陽、合肥援兵敗走，朝命馮榯援二郡，榯至境，遷延不進。誠之激厲將士，勉以忠義。城陷，率兵巷戰，殺傷相當。子士允力戰死，誠之引劍將自剄，呼其孥曰：「城已破，汝等宜速死，無辱！」妻許及婦若孫皆赴水死。事聞，贈朝散大夫、祕閣修撰，封正節侯，立廟于蘄，賜名褒忠，賻銀絹二百，仍賜爵迪功郎者三，贈其妻令人，士允通直郎，子婦及孫女之沒於難者皆贈安人。從誠之之死者，通判州事秦鉅。

秦鉅字子野，丞相檜曾孫。通判蘄州。金人犯境，與郡守李誠之協力捍禦。求援於武昌、安慶，月餘，兵不至。策應兵徐揮、常用等棄城遁。城破，鉅與誠之各以自隨之兵巷戰，死傷略盡。鉅歸署，疾呼吏人劉迪，令火諸倉庫，乃赴一室自焚。有老卒見煙焰中著白戰袍者，識其鉅也，冒火挽出之。鉅叱曰：「我爲國死，汝輩可自求生。」摯衣就焚而死。次子浚先往四祖山，兵至亟還，與弟瀈從父偕死。特贈鉅五官、秘閣修撰，封義烈侯，與誠之皆立廟蘄州，賜額褒忠，贈浚、瀈通直郎，賻以銀絹各二百。

州學教授阮希甫贈通直郎，防禦判官趙汝標、蘄春主簿甯時鳳、錄事參軍兼司戶杜諤俱贈承務郎，監蘄州都大監轄蘄口鎭倉庫嚴剛中贈承事郎。

時統制官孫中，小將江士旺、陳興、曹全、丘卞，軍士李斌等皆鬥死。司理參軍趙與裕〔七〕先率民兵百餘人奪關出外求援，僅以身免，而全家十六人皆沒。淳祐十二年，特封鉅義烈顯節侯。黃州之陷，守臣何大節亦投江死焉。

校勘記

〔一〕補右武大夫和州團練使爲之副　按繫年要錄卷一八，建炎二年，魏行可使金，「右武大夫、果州團練使郭元邁副之」；同書卷一〇七，紹興六年，「行可卒，未幾，其副右武大夫果州團練使郭元邁亦卒於金中」。此處「和州」當是「果州」之誤。

〔二〕俞勝　中興聖政卷九、繫年要錄卷四一作「余勝」。

〔三〕俊與妻子皆遇害　「俊」原作「後」，據繫年要錄卷五三改。

〔四〕謚曰毅節　「毅」字原脫，據本書卷四二理宗紀、宋會要禮五八之九二補。

〔五〕丹稜縣　「稜」原作「陵」。按本書卷八九地理志，眉州有丹稜縣，無「丹陵縣」；萬斯同宋季忠義錄卷四本傳作「丹稜縣」，據改。

〔六〕羊馬牆　原作「軍馬牆」，袁燮絜齋集卷一八李誠之墓誌銘作「羊馬牆」。按曾公亮武經總要前集卷一二有羊馬城，爲守城設施之一，作「羊馬牆」是，據改

〔七〕趙與裕　按四庫全書總目提要卷五二趙與褣辛巳泣蘄錄提要云：「按與褣，宋史李誠之傳作與裕，蓋褣轉爲褣，因譌爲裕。」據此，「裕」當爲「褣」字之訛。

宋史卷四百五十

列傳第二百九

忠義五

陳元桂　張順張貴　范天順　牛富　邊居誼　陳炤王安節
尹玉　李芾　尹穀楊霆　趙卯發　唐震　趙與檡趙孟錦　趙淮

陳元桂，撫州人。淳祐四年進士。累官知臨江軍。時聞警報，築城備禦，以焦心勞思致疾。開慶元年春，北兵至臨江，時制置使徐敏子在隆興，頓兵不進。元桂力疾登城，坐北門亭上督戰，矢石如雨，力不能敵。吏卒勸之避去，不從。有以門廊鼓翼蔽之者，麾之使去。有欲抱而走者，元桂曰：「死不可去此。」左右走遁。師至，元桂瞠目叱罵，遂死之。縣其首於敵樓，越四日方斂，體色如生。

初，親戚有勸其移治者，元桂曰：「子亦爲浮議所搖耶？時事如此，與其死於饑饉，死於疾病，死於盜賊，孰若死於守土之爲光明俊偉哉？」家人或請登舟，不許，且戒之曰：「守臣家屬豈可先動，以搖民心。」敏子以聞，贈寶章閣待制，賜緡錢十萬，與一子京官、一子選人恩澤，立廟北門，謚曰正節。

張順，民兵部將也。襄陽受圍五年，宋闖知其西北一水曰清泥河，源於均、房，即其地造輕舟百艘，以三舟聯爲一舫，中一舟裝載，左右舟則虛其底而掩覆之。出重賞募死士，得三千。求將，得順與張貴，俗呼順曰「矮張」〔一〕，貴曰「竹園張」，俱智勇，素爲諸將所服，俾爲都統。出令曰：「此行有死而已，汝輩或非本心，宜亟去，毋敗吾事。」人人感奮。漢水方生，發舟百艘，稍進團山下。越二日，進高頭港口，結方陳，各船置火槍、火砲、熾炭、巨斧、勁弩。夜漏下三刻，起矴出江，以紅鐙爲識。貴先登，順殿之，乘風破浪，徑犯重圍。至磨洪灘以上，北軍舟師布滿江面，無隙可入。衆乘銳凡斷鐵絚攢杙數百，轉戰百二十里，黎明抵襄城下。城中久絕援，聞救至，踊躍氣百倍。及收軍，獨失順。越數日，有浮屍溯流而上，被介冑，執弓矢，直抵浮梁，視之順也，身中四槍六箭，怒氣勃勃如生。諸軍驚以爲神，結冢斂葬，立廟祀之。

張貴既抵襄，襄帥呂文煥力留共守。貴恃其驍勇，欲還郢，乃募二士能伏水中數日不食，使持蠟書赴郢求援。北兵增守益密，水路連鎖數十里，列撒星樁，雖魚蝦不得度。二人遇樁即鋸斷之，竟達郢，還報，許發兵五千駐龍尾洲以助夾擊。

刻日既定，乃別文煥東下，點視所部軍，洎登舟，帳前一人亡去，乃有過被撻者。貴驚曰：「吾事泄矣，亟行，彼或未及知。」復不能銜枚隱迹，乃舉砲鼓譟發舟，乘夜順流斷絙破圍冒進，衆皆辟易。既出險地，夜半天黑，至小新城，大兵邀擊，以死拒戰。沿岸束荻列炬，火光燭天如白晝。至勾林灘，漸近龍尾洲，遙望軍船旗幟紛披，貴軍喜躍，舉流星火示之，軍船見火即前迎，及勢近欲合，則來舟皆北兵也。蓋郢兵前二日以風水驚疑，退屯三十里，而大兵得逃卒之報，據龍尾洲以逸待勞。貴戰已困，出於不意，殺傷殆盡，身被數十槍，力不支見執，卒不屈，死之。乃命降卒四人舁尸至襄，令於城下曰：「識矮張乎？此是也。」守陴者皆哭，城中喪氣。文煥斬四卒，以貴祔葬順冢，立雙廟祀之。

范天順，荊湖都統也。襄陽受圍，天順日夕守戰尤力。及呂文煥出降，天順仰天歎曰：

「生爲宋臣，死當爲宋鬼。」即所守處縊死。贈定江軍承宣使〔三〕，制曰：「賀蘭擁兵，坐視睢陽之失；李陵失節，重爲隴士之羞。今有人焉，得其死所，可無褒恤，以示寵綏？范天順功烈雖卑，忠義莫奪，自均、房泛舟之役克濟于艱，而襄、樊坐甲之師益堅所守。俄州刺史爲降將軍，爾乃不屈自經，可謂見危致命。」封其妻宜人，官其二子，仍賜白金五百兩，田五百畝。

牛富，霍丘人。制置司遊擊砦兵籍。勇而知義。爲侍衞馬軍司統制，戍襄陽五年，移守樊城，累戰不爲衄，且數射書襄陽城中遺呂文煥，相與固守爲脣齒。兩城凡六年不拔，富力居多。城破，富率死士百人巷戰，死傷不可計，渴飲血水，轉戰前，遇民居燒絕街道，身被重傷，以頭觸柱赴火死。贈靜江軍節度使〔三〕，謚忠烈，賜廟建康。

裨將王福見富死，歎曰：「將軍死國事，吾豈宜獨生！」亦赴火死。

邊居誼，隨人也。初事李庭芝，積戰功至都統制。咸淳十年，以京湖制置帳前都統守新城。居誼善御下，得士心，凡戰守之具，治之皆有法。

大兵至沙陽，守將王大用不降，麾兵攻城，破之，執大用。呂文煥至新城，意其小壘可不攻而破，居誼率舟師拒之，文煥列沙陽所斬首招降，不從。明日，縛大用至壁下，使呼曰：「邊都統急降，不然禍卽至矣。」居誼不答。又射牓檄入壁中，居誼曰：「吾欲與呂參政語耳。」文煥聞之，以爲居誼降己也，馳馬至，伏弩亂發，中文煥者三，并中其馬，馬仆，幾鉤得之，衆挾文煥以他馬奔走。越二日，總制黃順挾一人開東門走出降。明日，使順來招之，居誼曰：「若欲得新城邪？吾誓以死守此，何可得也。」順又呼其部曲，部曲欲縋城出，居誼悉驅以入，當門斬之。文煥乃麾兵攻城，以火具却之，旋蟻附而上，居誼乃取其家金盡散將士，往來督戰。會暮，破侵漢樓，樓火延爇民居，居誼度力不支，走還第，拔劍自殺，不殊，赴火死。丞相伯顏壯其勇，購得其屍燼中，觀之。事聞，贈利州觀察使，立廟死所。

陳炤字光伯，常州人。少工詞賦，登第，爲丹徒縣尉，歷兩淮制置司參議官、大軍倉曹、壽春府教授，復入帥幕，改知朐山縣，仍兼主管機宜文字。尋丁母憂歸。

北兵至常，常守趙與鑒走匿，郡人錢訔以城降。淮民王通居常州，陰以書約劉師勇，許爲內應。朝議乃以姚希得子嵒知常州。師勇復常州，走錢嵒，執安撫戴之泰等，遂迎嵒以入。嵒以炤久任邊知兵，辟爲通判。或謂炤曰：「今辟難有辭矣。」炤曰：「鄉邦淪沒，何可坐視，與其偷生而苟全，不若死之愈也。」遂墨衰而出。凡可以備禦者，無不爲之。

嵒入常甫十餘日，大軍攻常，炤等率義兵戰禦，自夏徂冬不能下。以功加帶行提轄文思院。常將張彥攻呂城，兵敗而降，因盡言常城中虛實，遂急攻之。炤等晝夜城守，招之不下。丞相伯顏自將圍其城，炤與嵒持以忠義，協力固守。再加嵒太府寺丞，炤幹辦諸軍糧料院，常將士皆轉五官。城益急，常兵阻壕水爲陳，矢盡亦不降。城破，嵒死之，炤猶斂兵巷戰，家人請曰：「城東北門圍未合，可走常熟入臨安也。」炤曰：「去此一步，非死所矣。」日中兵至，死焉。事上，追贈嵒龍圖閣待制，希得贈太師，炤直寶章閣，並官其子。

王安節，節度使堅之子也。少從其父守合州有功，安節等兄弟五人皆受官。堅爲賈似道所忌，出知和州，鬱鬱而死。

安節至咸淳末爲東南第七副將。德祐初，似道潰師蕪湖，列城皆降，不降者亦棄城遁。時安節駐兵江陵，即走臨安，上疏乞募兵爲捍禦，授閤門祗候、浙西添差兵馬副都監。收兵入平江，合張世傑兵戰鳳皇港，有功，轉三官。

劉師勇復常州，攻走王良臣，師勇還平江，以安節與張詹守常。已而良臣導大兵攻常，常城素惡，安節等築柵以守，相拒兩月不下。大元丞相伯顏自將攻之，屢遣使招降，亦不下。丞相怒，麾兵破其南門，安節揮雙刀率死士巷戰，臂傷被執。有求其姓名者，安節呼曰：「我王堅子安節也。」降之不得，乃殺之。

尹玉，寧都人。以捕盜功爲贛州三砦巡檢。秩滿城居，從文天祥勤王。及天祥至平江，調玉同淮將張全、廣將朱華拒大兵，戰于伍牧，全等軍敗，以淮、廣軍先遁，曾全、胡遇、謝榮、曾玉以贛州四指揮軍亦遁，唯玉殘軍五百殊死戰。玉手殺數十人，箭集於冑如蝟毛，援絕力屈，遂被執。大軍橫四槍於其項，以梃擊之死。餘兵猶夜戰，殺人馬蔽田間，無一降者。質明，生還者四人。贈玉濠州團練使，官其二子，賜田二頃，以恤其家。

李芾字叔章，其先廣平人，中徙汴。高祖升起進士，爲吏有廉名。靖康中，金人破汴，以刃迫其父，升前捍之，與父俱死。曾祖椿徙家衡州，遂爲衡人。

芾生而聰警，少自樹立，名其齋曰無暴棄。魏了翁一見禮之，謂有祖風，易其名曰肯齋。初以蔭補南安司戶，辟祁陽尉，出振荒，即有聲。攝祁陽縣，縣大治，辟湖南安撫司幙官。時盜起永州，招之，歲餘不下。芾與參議鄧坰提千三百人破其巢，禽賊魁蔣時選父子以歸，餘黨遂平。攝湘潭縣，縣多大家，前令束手不敢犯，芾稽籍出賦，不避貴勢，賦役大均。

入朝，差知德清縣。屬浙西飢，芾置保伍振民，活數萬計。遷主管酒庫所。德清有妖人扇民爲亂，民蜂起附之，至數萬人，遣芾討之，盜聞其來，衆立散歸。除司農寺丞，歷知永州，有惠政，永人祠之。以浙東提刑知溫州。州瀕海多盜，芾至盜息，遂以前官移浙西。時浙西亦多盜，羣穴太湖中，芾跡得其出沒按捕之，盜亦駭散。作虎丘書院以祠尹焞，置學官，親爲學規以教之，學者甚盛。

咸淳元年，入知臨安府。時賈似道當國，前尹事無鉅細先關白始行，芾獨無所問。福王府有迫人死者，似道力爲營救，芾以書往復辨論，竟置諸法。嘗出閱火具，民有不爲具者，問之，曰：「似道家人也。」立杖之。似道大怒，使臺臣黃萬石誣以贓罪，罷之。

大軍取鄂州，始起爲湖南提刑。時郡縣盜擾，民多奔竄，芾令所部發民兵自衞，縣予一皂幟，令曰：「作亂者斬幟下。」民始帖然。乃號召發兵，擇壯士三千人，使土豪尹奮忠將之勤王，別召民兵集衡爲守備。未幾，似道兵潰蕪湖，乃復芾官，知潭州兼湖南安撫使。時湖北州郡皆已歸附，其友勸芾勿行，曰：「無已，即以身行可也。」芾泣曰：「吾豈昧於謀身哉？第以世受國恩，雖廢棄中猶思所以報者，今幸用我，我以家許國矣。」時其所愛女死，一慟而行。

德祐元年七月，至潭，潭兵調且盡，游騎已入湘陰、益陽諸縣，倉卒召募不滿三千人，乃結溪峒蠻爲聲援，繕器械，峙芻糧，柵江修壁，命劉孝忠統諸軍。吳繼明自湖北至，陳義、陳元自成蜀歸，芾奏請留之戍潭，推誠任之，皆得其死力。

大元右丞阿里海牙既下江陵，分軍戍常德遏諸蠻，而以大兵入潭。芾遣其將於興帥兵禦之于湘陰，興戰死。九月，再調繼明出禦，兵不及出，而大軍已圍城。芾慷慨登陴，與諸將分地而守，民老弱亦皆出，結保伍助之，不令而集。十月，兵攻西壁，孝忠輩奮戰，芾親冒矢石以督之。城中矢盡，有故矢皆羽敗，芾命括民間羽扇，羽立具。又苦食無鹽，芾取庫中積鹽席，焚取鹽給之。有中傷者，躬自撫勞，日以忠義勉其將士。死傷相藉，人猶飲血乘城殊死戰。有來招降者，芾殺之以徇。

十二月，城圍益急，孝忠中礮，風不能起，諸將泣請曰：「事急矣，吾屬爲國死可也，如民何？」芾罵曰：「國家平時所以厚養汝者，爲今日也。汝第死守，有後言者吾先戮汝。」除夕，大兵登城，戰少却，旋蟻附而登，衡守尹穀及其家人自焚，芾命酒酹之。因留賓佐會飲，夜傳令，猶手書「盡忠」字爲號，飲達旦，諸賓佐出，參議楊震赴園池死。芾坐熊湘閣召帳下沈忠遺之金曰：「吾力竭，分當死，吾家人亦不可辱於俘，汝盡殺之，而後殺我。」忠伏地扣頭，辭以不能，芾固命之，忠泣而諾，取酒飲其家人盡醉，乃徧刃之。芾亦引頸受刃。忠縱火焚其居，還家殺其妻子，復至火所，大慟，舉身投地，乃自刎。幕屬茶陵顏應焱〔四〕、安仁陳億孫皆死。潭民聞之，多舉家自盡，城無虛井，縊林木者纍纍相比。繼明等以城降，陳毅潰圍，將奔閩，中道戰死。事聞，贈端明殿大學士，謚忠節。芾初至潭，遣其子裕孫出，曰：「存汝以奉祀也。」其孫輔叔時亦親迎於温，皆得不死。二王悉詔入閩官之。

芾爲人剛介，不畏強禦，臨事精敏，姦猾不能欺。且強力過人，自旦治事至暮無倦色，夜率至三鼓始休，五鼓復起視事。望之凜然猶神明，而好賢禮士，即之温然，雖一藝小善亦惓惓獎薦之。平生居官廉，及擯斥，家無餘貲。

尹穀字耕叟，潭州長沙人。性剛直莊厲，初處郡學，士友皆嚴憚之。

宋以詞賦取士，季年，惟閩、浙賦擅四方，穀與同郡邢天榮、董景舒、歐陽逢泰諸人爲賦，體裁務爲典雅，每一篇出，士爭學之，由是湘賦與閩、浙頡頏。中年登進士第。調常德推官，知崇陽縣，所至廉正有聲。

丁內艱，居家教授，不改儒素。日未出，授諸生經及朱氏四書，士雖有才思而不謹飭者擯不齒。諸生隆暑必盛服，端居終日，夜滅燭始免巾幘，早作必冠而後出帷。行市中，市人見其舉動有禮，相謂曰：「是必尹先生門人也。」詰之果然。

晚入李庭芝制幕，用薦擢知衡州，需次于家。潭城受兵，帥臣李芾禮以爲參謀，共畫備禦策。時城中壯士皆入衞臨安，所餘軍僅四百五十人，老弱太半。芾糾率民丁，奬勵以義，人殊死戰，三月城不下。大軍斷絕險要，援兵不至，穀知城危，與妻子訣曰：「吾以寒儒受國恩，典方州，誼不可屈，若輩必當從吾已耳。」召弟岳秀使出，以存尹氏祀，岳秀泣而許之死。乃積薪扃戶，朝服望闕拜已，先取歷官告身焚之，卽縱火自焚。鄰家救之，火熾不可前，但於烈焰中遙見穀正冠端笏危坐，闔門無少長皆死焉。芾聞之，命酒酹穀曰：「尹務實，男子也，先我就義矣。」務實，穀號也。

初，潭士以居學肄業爲重，州學生月試積分高等，升湘西嶽麓書院生，又積分高等，升嶽麓精舍生，潭人號爲「三學生」。兵興時，三學生聚居州學，猶不廢業。穀死，諸生數百人往哭之，城破，多感激死義者。

楊霆字震仲。少有志節。以世澤奏補將仕郎，銓試第一，授修職郎、桂嶺主簿，有能聲。又五中漕舉，改鄂州教授，遷復州司理參軍，轉常、澧觀察推官，擢知監利縣。縣有疑獄，歷年不決，霆未上，微服廉得其實，立決之，人稱神明。

辟荆湖制置司幹官。呂文德爲帥，素慢侮士，常試以難事，霆倉卒立辦，皆合其意。一日謂曰：「朝廷有密旨，出師策應淮東，誰可往者？」卽對曰某將可。又曰：「兵器糧草若何？」卽對曰某營兵馬、某庫器甲、某處矢石、某處芻糧，口占授吏，頃刻案成。文德大驚曰：「吾平生輕文人，以其不事事也。公材幹如此，何官不可爲，吾何敢不敬。」密薦諸朝，除通判江陵府。

江陵大府，雄據上流，表裏襄、漢，西控巴蜀，南扼湖、廣，兵民雜處，庶務叢集，霆隨事裁決，處之泰然。暇日詣郡庠，與諸生講學，又取隸官閑田，增益廩稍。選民之強壯，當農隙訓練之，時付以器械，雜兵行肆習，親閱試行賞以激勸之。未幾，有能擐甲騎射者，遂皆獲其用，而兵不復擾民。

丁內艱，德祐初，起復奉議郎、湖南安撫司參議，與安撫使李芾協力戰守。霆有心計，善出奇應變，帥府機務，芾一以委之。城初被圍，日夜守禦，數日西北隅破，霆麾兵巷戰，抵暮增築月城，比旦城復完，策厲將士，以死守之。城既破，霆赴水死，妻妾奔救無及，遂皆死。

趙卯發字漢卿，昌州人。淳祐十年，以上舍登第，爲遂寧府〔五〕司戶、潼川簽判、宣城宰。素以節行稱。中被論罷。咸淳七年，起爲彭澤令。十年，權通判池州。

大兵渡江，池守王起宗棄官去，卯發攝州事，繕壁聚糧，爲守禦計。夏貴兵敗歸，所過縱掠，卯發捕斬十餘人，兵乃戢。明年正月，大兵至李王河，都統張林屢諷之降，卯發忿氣填膺，瞠目視林不能言。有問以禔身之道者，卯發曰：「忠義所以禔身也，此外非臣子所得言。」林以兵出巡江，陰降，歸而陽助卯發爲守，守兵五百餘，柄皆歸林。卯發知不可守，乃置酒會親友，與飲訣，謂其妻雍氏曰：「城將破，吾守臣不當去，汝先出走。」雍氏曰：「君爲命官，我爲命婦，君爲忠臣，我獨不能爲忠臣婦乎？」卯發笑曰：「此豈婦人女子之所能也。」雍氏曰：「吾請先君死。」卯發笑止之。明日乃散其家資與其弟姪，僕婢悉遣之。

二月，兵薄池，卯發晨起書几上曰：「君不可叛，城不可降，夫妻同死，節義成雙。」又爲詩別其兄弟，與雍盛服同縊從容堂死。卯發始爲此堂，名「可以從容」，及兵遽，領客堂中，指所題扁曰：「吾必死於是。」客問其故，曰：「古人謂『慷慨殺身易，從容就義難』，此殆其兆也。」卯發死，林開門降。大元丞相伯顏入，問太守何在，左右以死對。即如堂中觀之，皆歎息。爲具棺衾合葬於池上，祭其墓而去。事聞，贈華文閣待制，謚文節，雍氏贈順義夫人，錄二子爲京官。

唐震字景實，會稽人。少居鄉，介然不苟交，有言其過者輒喜。既登第爲小官，有權貴以牒薦之者，震內牒篋中，已而干政，震取牒還之，封題未啓，其人大媿。後爲他官，所至以公廉稱。楊棟、葉夢鼎居政府，交薦其賢。

咸淳中，由大理司直通判臨安府。時潛說友尹京，恃賈似道勢，甚驕蹇，政事一切無所顧讓。會府有具獄將置辟，震力辨其非，說友爭之不得，上其事刑部，卒是震議。

六年，江東大旱，擢知信州。震奏減綱運米，蠲其租賦，令坊置一吏，籍其戶，勸富人分粟，使坊吏主給之。吏有勞者，輒爲具奏復其身，吏感其誠，事爲盡力，所活無算。州有民庸童牧牛，童逸而牧舍火，其父訟庸者殺其子投火中，民不勝掠，自誣服。震視牘疑之，密物色之，得童傍郡，以詰其父，對如初，震出其子示之，獄遂直。擢浙西提刑。過闕陛辭，似道以類田屬震，震謝不能行，至部，又以疏力爭之。趙氏有守阡僭甚暴横，震遣吏捕治，似道以書營救，震不省，卒按以法。似道怒，使侍御史陳堅劾去之。

咸淳十年，起震知饒州。時興國、南康、江州諸郡皆已歸附，大兵略饒。饒兵止千八百人，震發州民城守，昧爽出治兵，至夜中始寐，上書求援，不報。大兵使人入饒取降款，通判萬道同陰使於所部斂白金、牛酒備降禮，饒寓士皆從之。道同風震降，震叱之曰：「我忍偷生負國邪？」城中少年感震言，殺使者。民有李希聖者謀出降，械置獄中。明年二月，兵大至，都大提舉鄧益遁去，震盡出府中金錢，書官資揭於城，募有能出戰者賞之。衆懼不能戰，北兵登陴，衆遂潰。震入府中玉芝堂，其僕前請曰：「事急矣，番江門兵未合，亟出猶可免。」震罵曰：「城中民命皆係於我，我若從爾言得不死，城中民死，我何面目生邪？」左右不復敢言，皆出。有頃，兵入，執牘鋪案上，使震署降，震擲筆于地，不屈，遂死之。兄椿與家人俱死。張世傑尋復饒州，判官鄒宗節求震屍葬之。贈華文閣待制，謚忠介，廟號褒忠，官其二子。

震客馮驥、何新之，驥後守獨松關，新之守閩之新壘，皆戰死。

趙與檡，爲嗣秀王。德祐二年，爲浙、閩、廣察訪使。益王之立，舅楊亮節居中秉權，與檡自以國家親賢，多所諫止，遂犯忌嫉，諸將俱憚之。未幾，北兵逼浙東，乃命與檡出瑞安，與守臣方洪共任備禦。朝臣言與檡有劉更生之忠，曹王皐之孝，宜留輔以隆國本。譖者益急，卒遣之。瑞安受圍，城中危急，與洪誓以死守。小校李雄夜開門納外兵，與檡、洪率衆巷戰，兵敗被縶，董文炳問之曰：「汝爲秀王耶？今能降乎？」與檡厲聲曰：「我國家近親，今力屈而死，分也，尚何問爲？」遂殺之。洪亦伏節而死。

又有趙孟錦者，少不羈，遊淮以軍功爲將佐。北兵攻眞州，每戰輒爲士卒先，守苗再成倚之爲重。北兵重艦駐江上，孟錦乘大霧來襲，俄霧解，日已高，北兵見其兵少，逐之，登舟失足墮水，身荷重甲，溺焉。

趙淮，丞相葵之從子也。李全之叛，屢立戰功，累官至淮東轉運使〔六〕。德祐中，戍銀樹壩，兵敗，與其妾俱被執至瓜州，元帥阿朮使淮招李庭芝，許以大官。淮陽許諾，至揚城下，乃大呼曰：「李庭芝！男子死耳，毋降也！」元帥怒，殺之，棄屍江濱。

校勘記

〔一〕矮張　按下文張貴傳說張貴爲「矮張」；周密齊東野語卷一八、昭忠錄張貴傳同。此處說張順爲「矮張」，當誤。

〔二〕定江軍承宣使　按宋節度軍額無「定江」，本書卷四六度宗紀作「靜江軍承宣使」，疑此有誤。

〔三〕靜江軍節度使　按本書卷四六度宗紀，咸淳九年四月，贈牛富金州觀察使；六月，加贈寧遠軍承宣使，均與此異。

〔四〕顏應焱　「焱」，本書卷四七瀛國公紀作「炎」。

〔五〕遂寧府　按本書卷八九地理志，遂寧府本遂州，政和五年升爲府。元史卷六〇地理志，宋遂寧府元初因之，至元十九年改爲遂寧州，此處原作「遂寧州」，當沿此而誤。

〔六〕淮東轉運使　按昭忠錄本傳，趙淮「仕至江東轉運副使，置司建康」；宋史全文卷三六、宋季三朝政要卷五都說他居建康，起兵溧陽，兵敗而死。建康屬江南東路，屬縣有溧陽，疑此處「淮東」二字有誤。

宋史卷四百五十一

列傳第二百一十

忠義六

趙良淳 徐道隆 姜才 馬塈 密佑 張世傑 陸秀夫 徐應鑣
陳文龍 鄧得遇 張珏

趙良淳字景程，居饒之餘干，太宗子恭憲王之後，丞相汝愚曾孫也。累世以學行名，號賢宗子。良淳少學於其鄉先生饒魯，知立身大節。及仕，所至以幹治稱，而未嘗干人薦舉。初以蔭爲泰寧主簿，三遷至淮西運轄，浮湛冗官二十餘年。馬光祖、李伯玉、范丁孫交薦辟之，卒不振拔。考舉及格，改知分寧縣。分寧，江西劇邑，俗尙譁訐，良淳治之，不用刑戮，不任吏胥，取民之敦孝者，身親尊禮之，至甚傑驁者，乃繩以法，俗爲少革。秩滿，特差權江西安撫司機宜文字，詔除諸司審計院，督餉江西，升大理司直。

咸淳末，廷臣議衆建宗室於內郡，以爲屏翰，遂除良淳知安吉州。先是，知州李庚遁，百事隳廢，良淳至，日與僚吏論所以守禦之備，悉舉行之。時歲饑，民相聚爲盜，所在蠭起。或請以兵擊之，良淳曰：「民豈樂爲盜哉？時艱歲旱，故相率剽掠苟活耳。」命僚屬以義諭之，衆皆投兵散歸，其不歸者衆縛以獻。有掠人貨財詣其主謝過而還之者。良淳勸富人出粟振之，嘗語人曰：「使太守身可以濟民，亦所不惜也。」其言懇懇，足以動人，人皆倒囷以應之。朝議尋以徐道隆爲浙西提刑，以輔良淳，加良淳直祕閣。

文天祥去平江，潰兵四出剽掠，良淳捕斬數人，梟首市中，兵稍戢。已而范文虎遣使持書招降，良淳焚書斬其使。大兵迫獨松關，有旨趣道隆入衞。道隆既去，大兵至，軍其東西門。良淳率衆城守，夜就茇舍陴上，不歸。

先是，朝廷遣將吳國定援宜興，宜興已危，不敢往，乃如安吉見良淳，願留以爲輔。良淳見國定慷慨大言，意其可用也，請於朝，留戍安吉。已而國定開南門納外兵，兵入城呼曰：「衆散，元帥不殺汝。」於是衆號泣散去。良淳命車歸府，兵士止之曰：「事至此，侍郎當爲自全計。」良淳叱去之。命家人出避，乃閉閤自經。有兵士解救之，復蘇，衆羅拜泣曰：「侍郎何自苦？逃之猶可求生。」良淳叱曰：「我豈逃生者邪？」衆猶環守不去，良淳大呼曰：「爾輩欲爲亂邪？」衆涕泣出，復投繯而死。

徐道隆字伯謙，婺州武義人。父煥，知南雄。道隆以任入官，累官潭州判官、權知全州。荆湖制置使汪立信奏辟道隆爲參議官。立信遷兵部尚書，道隆與賓客十許人俱去江陵。趙孟傳爲制置使，以道隆參其軍事，遂爲提點刑獄。

時文天祥既去平江，潰卒四出，爲浙西患苦，安吉尤甚。有旨令道隆措置，乃梟其首亂者于市。牛監軍遁，范文虎、程鵬飛、管景模俱遺書誘降，道隆焚書斬使。

大兵至臨平臯亭山，令間道入援，時水陸皆有屯軍，道絕不通，議由太湖經武康、臨安縣境勤王。卽日乘舟出臨湖門，泊宋村。郡守趙良淳既縊死，德祐二年正月朔旦，追兵及道隆，江陵親從軍三百人殊死戰，矢盡槍槊折，一軍盡沒，道隆見執艦內，間守者少怠，赴水死，長子載孫亦赴水死。餘兵有脫歸者言於朝，命贈官賜謚，厚恤其家，立廟安吉，官其子孫。越三日宋亡。

姜才，濠州人。貌短悍。少被掠入河朔，稍長亡歸，隸淮南兵中，以善戰名，然以來歸人不得大官，爲通州副都統。時淮多健將，然驍雄無踰才。才知兵，善騎射，撫士卒有恩，至臨陣，軍律凜凜。其子當戰，回白事，才望見以爲敗也，拔劍馳逐，幾殺之。

賈似道出師，才以兵屬孫虎臣爲先鋒，相拒于丁家洲。大軍設砲架轂車弩江濱，中流數千艘，旌旗聯亘，鼓行而下。才奮兵前接戰，鋒已交，虎臣遽過其妾所乘舟，衆見之，讙曰：「步帥遁矣。」於是諸軍皆潰，才亦收兵入揚州。大兵乘勝攻揚州，才爲三疊陣逆之三里溝，戰有功。又與元帥戰揚子橋，日暮兵亂，流矢貫才肩，才拔矢揮刀而前，所向辟易。已而大軍築長圍，自揚子橋竟瓜洲，東北跨灣頭至黃塘，西北至丁村，務欲以久困之，時德祐元年也。

明年正月，宋亡。二月，五奉使及一閤門宣贊舍人持謝太后詔來諭降，才發弩射却之，復以兵擊五奉使于召伯堡，大戰而退。未幾，瀛國公至瓜洲，才與庭芝泣涕誓將士出奪之，將士皆感泣。乃盡散金帛犒兵，以四萬人夜擣瓜洲，戰三時，衆擁瀛國公避去，才追戰至浦子市，夜猶不退。阿朮使人招之，才曰：「吾寧死，豈作降將軍邪！」四月，才以兵攻灣頭柵。五月，復攻之，騎旋濘而止，乃舍騎步戰，至四鼓，全師以歸。揚食盡，才時出運米眞州、高郵以給兵。六月，護餉至馬家渡，萬戶史弼將兵擊奪之，才與戰達旦，弼幾殆，阿朮馳兵來援，乃得免去。

庭芝以在圍久，召才計事，屏左右，語久之，第聞才厲聲云：「相公不過忍片時痛耳。」左右聞之俱汗下。才自是以兵護庭芝第，期與俱死。

七月，益王在福州，以龍神四廂都指揮使、保康軍承宣使召才，才與庭芝東至泰州，將入海。阿朮以兵追及，圍泰州，使使者招之降，才不聽。阿朮驅揚兵士妻子至城下，會才疽發脅不能戰，諸將遂開門降。都統曹安國入才臥內，執之以獻。阿朮愛其忠勇，欲降而用之，才肆爲慢言；阿朮責庭芝之不降，才曰：「不降者才也。」復憤憤不已，阿朮怒，剮之揚州。才臨刑，夏貴出其傍，才切齒曰：「若見我寧不媿死邪？」

有洪福者，夏貴家僮也，從貴積勞爲鎭巢雄江左軍統制，鎭江北。貴降，福與子大淵、大源、下班祗候彭元亮結貴軍復之，加右武大夫、知鎭巢。貴既臣附，招福，不聽，使其從子往，福斬之。大兵攻城，久不拔，遣貴至城下，好語語福，請單騎入城，福信之，門發而伏兵起，執福父子，屠城中。貴泣殺，大源、大淵謼曰：「法止誅首謀，何至舉家爲戮？」福叱曰：「以一命報宋朝，何至告人求活邪？」次及福，福大罵數貴不忠，請身南向死，以明不背國也。聞者流涕。

馬塈，宕昌人也。一家父叔兄弟皆以忠勇爲名將，而塈與其兄堃特顯。咸淳中，塈知欽州，徙知邕。邕地接六詔、安南，傍通諸溪峒，撫御少失宜，往往召亂。塈鎭撫諸蠻及治關隘，皆有條理，大理不敢越善闡，安南不敢入永平，諸峒皆上帳册，邊陲晏然。廣西經略李興上其功，加閤門宣贊舍人。未幾，以左武衞將軍徵入朝。已而宋亡，塈因留靜江，總屯戍諸軍，護經略司印守城。

至元十四年，平章阿里海牙攻廣西，塈發所部及諸峒兵守靜江，而自將三千人守嚴關，鑿馬坑，斷嶺道。大兵攻嚴關不克，乃以偏師入平樂，過臨桂，夾攻塈。塈兵敗，退保靜江。平章使人招降，塈發弩射之。攻三月，塈夜不解甲，前後百餘戰，城中死傷相籍，訖無降意。城東隅稍卑，大軍陽攻西門，以精兵夜決水牐，攻東門，破其外城；塈閉內城城守，又破之。塈率死士巷戰，刀傷臂被執，殺之斷其首，猶握拳奮起，立踰時始仆。靜江破，邕守馬成旺及其子都統應麒以城降，獨塈部將婁鈐轄猶以二百五十人守月城不下。阿里海牙笑曰：「是何足攻。」圍之十餘日，婁從壁上呼曰：「吾屬饑，不能出降，苟賜之食，當聽命。」乃遺之牛數頭，米數斛。一部將開門取歸，復閉壁。大軍乘高視之，兵皆分米，炊未熟，生臠牛，啖立盡。鳴角伐鼓，諸將以爲出戰也，甲以待。婁乃令所部入擁一火砲然之，聲如雷霆，震城土皆崩，煙氣漲天外，兵多驚死者，火熄入視之，灰燼無遺矣。

密佑，其先密州人，後渡淮居廬州。佑爲人剛毅質直，累官至廬州駐札、御前遊擊中軍統領，改權江西路副總管。

咸淳十年，以閤門宣贊舍人爲江西都統。是冬，大元丞相伯顏下鄂州，留右丞阿里海牙守之，而將大兵東下。明年二月，朱禩孫遣高世傑取鄂州，阿里海牙以兵逆擊，執世傑荆江口，兵盡潰，半入江西。江西制置黃萬石招集之，且募寧都、廣昌、南劍義兵千餘人，盡以屬佑。十一月，大兵至隆興，劉槃兵敗，乃嬰城自守。萬石時移治撫州，將遁，懼佑不從，乃調佑兵援槃，且戒以勿戰。未至隆興，槃已降，都統夏驥率所部兵潰圍出。

已而元帥張榮實、呂師夔提兵逼撫州，佑率衆逆之進賢坪，兵來呼曰：「降者乎？鬥者乎？」佑曰：「鬥者也。」麾其兵突戰，進至龍馬坪，大兵圍之數重，矢下如雨。佑告其部曰：「今日死日也，若力戰，或有生理。」衆咸憤厲。自辰戰至日昃，佑面中矢，拔之復戰，又身被四矢三槍，衆皆死，僅餘數十人。佑乃揮雙刀斫圍南走，前渡橋，馬踏板斷，遂被執。衆見其勇，戒勿殺，輿歸隆興。元帥宋都觪曰：「壯士也。」欲降之，繫之月餘，終不屈。嘗罵萬石爲賣國小人，使我志不得伸。宋都觪命劉槃、呂師夔坐城樓，引佑樓下，以金符遺之，許以官，佑不受，語侵桀、師夔，益不遜。又令佑子說之曰：「父死，子安之？」佑斥曰：「汝行乞於市，第云密都統子，誰不憐汝也。」怡然自解其衣請刑，遂死。觀者皆泣下。

張世傑，范陽人。少從張柔戍杞，有罪，遂奔宋，隸淮兵中，無所知名。阮思聰見而奇之，言之呂文德，文德召爲小校。累功至黃州武定諸軍都統制。攻安東州，戰疾力，與高達援鄂州有功，轉十官。尋從賈似道入黃州，戰薿草坪，奪還所俘，加環衞官，歷知高郵軍、安東州。

咸淳四年，大軍築鹿門堡，呂文德請益兵于朝，調世傑與夏貴赴之。及呂文煥以襄陽降，命世傑將五千人守鄂州。世傑以鐵絙鎖兩城，夾以砲弩，其要津皆施杙，設攻具。大軍破新城，長驅而下，世傑力戰，不得前，遣人招之，不聽。丞相伯顏陽攻嚴山隘，潛自唐港盪舟入漢，東攻鄂，鄂降。

世傑提所部兵入衞，道復饒州，乃入朝。時方危急，徵諸將勤王多不至，獨世傑來，上下歎異。自和州防禦使不數月累加至保康軍承宣使，總都督府兵。遣將四出，取浙西諸郡，復平江、安吉、廣德、溧陽諸城，兵勢頗振。七月〔二〕，與劉師勇諸將大出師焦山，令以十舟爲方，碇江中，非有號令毋發碇，示以必死。元帥阿朮載彀士以火矢攻之，世傑兵亂，無敢發碇，赴江死者萬餘人。大敗，奔圌山。上疏請濟師，不報。尋擢龍、神衞四廂都指揮使。十月，進沿江招討使，改制置副使、兼知江陰軍。已而大軍至獨松關，召文天祥入衞，以世傑爲保康軍節度使、知平江。尋亦召入衞，加檢校少保。

二年正月，大軍迫臨安，世傑請移三宮入海，而與天祥合兵背城一戰，丞相陳宜中方遣人請和，不可，白太皇太后止之。未幾，和議亦沮。兵至皋亭山，世傑乃提兵入定海。石國英遣都統卞彪說之使降，世傑以爲彪來從己俱南也，椎牛享之，酒半，彪從容爲言，世傑大怒，斷其舌，磔之巾子山。

四月，從二王入福州。五月，與宜中奉昰爲主，拜簽書樞密院事〔二〕。王世強導大軍攻之，世傑乃奉益王入海，而自將陳弔眼、許夫人諸畲兵攻蒲壽庚，不下。十月，元帥唆都將兵來援泉，遂解去。既而唆都遣人招益王，又遣經歷孫安甫說世傑，世傑拘安甫軍中不遣。招討劉深攻淺灣，世傑兵敗，移王居井澳，深復來攻井澳，世傑戰卻之，因徙碙洲。

至元十五年正月〔三〕，遣將王用攻雷州，用敗績。四月，益王殂，衞王昺立，拜世傑少傅、樞密副使。五月，遣瓊州安撫張應科攻雷州，三戰皆不利。六月，再決戰雷城下，應科死之。世傑以碙洲不可居，徙王新會之厓山。八月，封越國公。發瓊州粟以給軍。十月，遣凌震、王道夫襲廣州，震敗績。

明年，元帥張弘範等兵至厓山，或謂世傑曰：「北兵以舟師塞海口，則我不能進退，盍先據海口。幸而勝，國之福也；不勝，猶可西走。」世傑恐久在海上有離心，動則必散，乃曰：「頻年航海，何時已乎？今須與決勝負。」悉焚行朝草市，結大舶千餘作水砦，爲死守計，人皆危之。已而弘範兵至，據海口，樵汲道絕，兵茹乾糧十餘日，渴甚，下掬海水飲之，海鹹，飲即嘔泄，兵大困。世傑率蘇劉義、方興日大戰。弘範得世傑甥韓，命以官，使三至招之，世傑歷數古忠臣曰：「吾知降，生且富貴，但爲主死不移耳。」二月癸未，弘範等攻厓山，世傑敗，走衞王舟。大軍薄中軍，世傑乃斷維，以十餘艦奪港去。後還收兵厓山，劉自立擊敗之，降其將方遇龍、葉秀榮、章文秀等四十餘人。世傑復欲奉楊太妃求趙氏後而立之，俄颶風壞舟，溺死平章山下。

劉師勇者，廬州人。以戰功歷環衞官。魯港師潰，賈似道欲東入海，師勇贊之入揚州圖再舉，似道然之。時姚訔復常州，似道命師勇以淮兵取呂城。朝廷加師勇和州防禦使，助訔守常，而以張彥守呂城，合兵拒大軍。戰失利，彥馬弱，陷淖中見執，呂城失守，常州勢益孤。大軍置彥城下招降，師勇以大義斥彥，彥慚而退。又遣范文虎來諭，師勇伏弩射走之。常受圍數月，援兵絕，有羣鴟飛鳴繞城，衆惡爲不祥，俄而城陷。師勇拔柵，戰且行，其弟馬墮塹，躍不能出，師勇舉手與訣而去。淮軍數千人皆鬥死。有婦人伏積屍下，闚淮兵六人反背相拄，殺敵十百人乃殪。師勇從二王至海上，見時事不可爲，憂憤縱酒卒，葬于鼓山。

陸秀夫字君實，楚州鹽城人。生三歲，其父徙家鎭江。稍長，從其鄉二孟先生學，孟之徒恆百餘，獨指秀夫曰：「此非凡兒也。」景定元年，登進士第〔四〕。李庭芝鎭淮南，聞其名，辟置幕中。時天下稱得士多者，以淮南爲第一，號「小朝廷」。

秀夫才思清麗，一時文人少能及之。性沉靜，不苟求人知，每僚吏至閤，賓主交驩，秀夫獨斂焉無一語。或時宴集府中，坐尊俎間，矜莊終日，未嘗少有希合。至察其事，皆治，庭芝益器之，雖改官不使去已，就幕三遷至主管機宜文字。咸淳十年，庭芝制置淮東，擢參議官。德祐元年，邊事急，諸僚屬多亡者，惟秀夫數人不去。庭芝上其名，除司農寺丞，累擢至宗正少卿兼權起居舍人。

二年正月，以禮部侍郎使軍前請和，不就而反。二王走温州，秀夫與蘇劉義追從之，使人召陳宜中、張世傑等皆至，遂相與立益王于福州。進端明殿學士、簽書樞密院事。宜中以秀夫久在兵間，知軍務，每事咨訪始行，秀夫亦悉心贊之，無不自盡。旋與議宜中不合，宜中使言者劾罷之。張世傑讓宜中曰：「此何如時，動以臺諫論人？」宜中皇恐，亟召秀夫還。

時君臣播越海濱，庶事疏略，楊太妃垂簾，與羣臣語猶自稱奴。每時節朝會，秀夫儼然正笏立，如治朝，或時在行中，淒然泣下，以朝衣拭淚，衣盡浥，左右無不悲動者。屬井澳風，王以驚疾殂，羣臣皆欲散去。秀夫曰：「度宗皇帝一子尚在，將焉置之？古人有以一旅一成中興者，今百官有司皆具，士卒數萬，天若未欲絕宋，此豈不可爲國邪？」乃與衆共立衞王。時陳宜中往占城，以與世傑不協，屢召不至。乃以秀夫爲左丞相，與世傑共秉政。時世傑駐兵厓山，秀夫外籌軍旅，內調工役，凡有所述作，又盡出其手。雖匆遽流離中，猶日書大學章句以勸講。

至元十六年二月，厓山破，秀夫走衞王舟，而世傑、劉義各斷維去，秀夫度不可脫，乃杖劍驅妻子入海，卽負王赴海死，年四十四。

翰林學士劉鼎孫亦驅家屬幷輜重沉海，不死被執，搒掠無完膚，一夕得脫，卒蹈海。鼎孫字伯鎮，江陵人，進士也。

方秀夫海上時，記二王事爲一書甚悉，以授禮部侍郞鄧光薦曰：「君後死，幸傳之。」其後匡山平，光薦以其書還廬陵。大德初，光薦卒，其書存亡無從知，故海上之事，世莫得其詳云。

徐應鑣字巨翁，衢之江山人，世爲衢望族。咸淳末，試補太學生。德祐二年，宋亡，瀛國公入燕，三學生百餘人皆從行。應鑣不欲從，乃與其子琦、崧、女元娘誓共焚，子女皆喜從之。

太學故岳飛第，有飛祠，應鑣具酒肉祀飛曰：「天不祚宋，社稷爲墟，應鑣死以報國，誓不與諸生俱北。死已，將魂魄累王，作配神主，與王英靈，永永無斁。」琦亦賦詩以自誓。祭畢，以酒肉餉諸僕，諸僕醉臥，應鑣乃與其子女入梯雲樓，積諸房書籍箱笥四周，縱火自焚。一小僕未寐，聞火聲，起至樓下穴牖視之，應鑣父子儼然坐立，如廟塑像。走報諸僕，壞壁入，撲滅火。應鑣不得死，與其子女怏怏出戶去，倉卒莫知所之，翌日得其屍祠前井中，皆僵立瞠目，面如生。諸僕爲具棺斂，殯之西湖金牛僧舍。益王立福州，褒其節，贈朝奉郎、祕閣修撰。後十年，其同舍生劉汝鈞率儒者五十餘人收而葬之方家峪，私謚曰正節先生。

陳文龍字君賁，福州興化人〔三〕。丞相俊卿之後也。能文章，負氣節。初名子龍，咸淳五年廷對第一，度宗易其名文龍。

丞相賈似道愛其文，雅禮重之。由鎭東軍節度判官，歷崇政殿說書、祕書省校書郎，數年，拜監察御史，皆出似道力。然自十數年，似道所置臺諫皆闒茸，臺中相承，凡有所建白，皆呈稿似道始行，至文龍爲之，獨不呈稿，已忤似道。知臨安府洪起畏請行類田，似道主其說，文龍上疏以爲不可，似道怒，寢其疏。襄陽久被圍，似道日恣淫樂，不少加意，時陽請督師，而陰使其黨留己，竟失襄陽。文龍上疏極言其失。范文虎總師無功，似道芘之，以知安慶，又除趙溍知建康，黃萬石知臨安。文龍言：「文虎失襄陽，今反見擢用，是當罰而賞也。溍乳臭小子，何以任大閫之寄？萬石政事怠荒，以爲京尹，何以能治？請皆罷之。」似道大怒，黜文龍知撫州，旋又使臺臣李可劾罷之。未幾，呂文煥導大軍東下，范文虎首迎降，與文煥俱東，似道兵潰魯港，溍最先遁，以故列城從之皆遁，始悔不用文龍之言。起爲左司諫，尋遷侍御史。

時邊事甚急，王爚與陳宜中不能畫一策，而日坐朝堂爭私意。潛說友以平江降，臺臣請籍其家，爚以爲可，宜中以爲不可。張世傑諸將分四道出師，而大臣不監護，臺諫論之，爚請行邊，下公卿雜議，宜中請出督師，又下公卿雜議。文龍上疏曰：「書言『三后協心，同底於道。』北兵今日取某城，明日築某堡，而我以文相遜，以迹相疑，譬猶拯溺救焚，而爲安步徐行之儀也。請詔大臣同心圖治，無滋虛議。」其後宜中與爚終不相能而去，至十月始來，事已不可爲矣。

是冬，累遷文龍至參知政事。未幾議降，文龍乃上章乞歸養，既出國門而悔之，復上疏求還，不報，乃歸。五月，益王稱制于福州，復以文龍參知政事。漳州畔，以文龍爲閩、廣宣撫使討之。文龍以黃恮前守漳有恩信，辟爲參謀官。按兵泉州，使恮入招撫之，恮至，民皆頓首謝罪。興化有石手軍者，能擲石中人，議者以其不足用罷之，石手軍亦畔，復命文龍爲知軍，平之。

已而降將王世強復導大軍入廣，建寧、泉、福皆降。知福州王剛中遣使徇興化，文龍斬之而縱其副以還，使持書責世強、剛中負國。遂發民兵自守，城中兵不滿千，大兵來攻不克，使其姻家持書招降之，文龍焚書斬其使。有風其納款者，文龍曰：「諸君特畏死耳，未知此生能不死乎？」乃使其將林華偵伺境上。華卽降，且導兵至城下，通判曹澄孫開門降，執文龍與其家人至軍中，欲降之，不屈，左右凌挫之，文龍指其腹曰：「此皆節義文章也，可相逼邪？」強之，卒不屈，乃械繫送杭州。文龍去興化卽不食，至杭餓死。其母繫福州尼寺中，病甚，無醫藥，左右視之泣下。母曰：「吾與吾兒同死，又何恨哉？」亦死。衆歎曰：「有斯母，宜有是兒。」爲收葬之。

蒲壽庚以泉州降，告其民曰：「陳文龍非不忠義，如民何？」聞者笑之。大兵旣歸，文龍之姪瓚復舉兵殺林華，據興化，未幾復破，瓚死之。

鄧得遇字達夫，邛州人。淳祐十年進士。調寧遠主簿，改知南昌縣，通判隆興府，監行在左藏庫，出知昭州，遷廣西提點刑獄，逾年攝經略事兼知靜江府。

德祐元年，長沙被兵，得遇遣都統馬驥、馬應麒赴援，驥潛叛而還，得遇斬之，軍事悉委之應麒。未幾，馬塈代閫，議事不合。二年，移治蒼梧。

靜江破，得遇朝服南望拜辭，書幅紙云：「宋室忠臣，鄧氏孝子。不忍偷生，寧甘溺死。彭咸故居，乃吾潭府。屈公子平，乃吾伴侶。優哉悠哉，吾得其所！」遂投南流江而死。

張珏字君玉，隴西鳳州人。年十八，從軍釣魚山，以戰功累官中軍都統制，人號爲「四川虓將」。

寶祐末，大兵攻蜀，破吉平隘，拔長寧，殺守將王佐父子。至閬州，降安撫楊旂〔六〕，推官趙廣死之。至蓬州，降守將張大悅，運使施擇善死之。順慶、廣安諸郡，破竹而下。明年，合諸道兵圍合州，凡攻城之具無不精備。珏與王堅協力戰守，攻之九月不能下。景定初，合守王堅徵入朝，以馬千代守合。四年，千子餽餉至虎相山，爲東川兵所得，屢以書勸千降，朝廷乃以珏代千。珏魁雄有謀，善用兵，出奇設伏，算無遺策。其治合州，士卒必練，器械必精，御部曲有法，雖奴隸有功必優賞之，有過雖至親必罰不貸，故人人用命。

自全汝楫失大良平，大兵築虎相山，駐兵兩城，時出攻梁山、忠萬開達，民不得耕，兵不得解甲而臥，每餉渠，竭數郡兵護送，死戰兩城之下始克入。咸淳二年十二月，珏遣其將史炤、王立以死士五十斧西門入，大戰城中，復其城。三年四月，平章賽典赤提兵入，壞重慶麥，道出合城下，珏碇舟斷江中爲水城，大兵數萬攻之不克，遂引去。

合州自余玠用冉生策，徙軍釣魚山，城壁甚固。然開、慶受兵，民凋弊甚，珏外以兵護耕，內教民墾田積粟，未再期，公私兼足。九年，叛將劉整復獻計，欲自青居進築馬騣、虎頂山，扼三江口以圖合，匣刺統軍率諸翼兵以築之。左右欲出兵與之爭，珏不可，曰：「蕪菁平母德、彰城，汪帥勁兵之所聚也，吾出不意而攻之，馬騣必顧其後，不暇城矣。」乃張疑兵嘉渠口，潛師渡平陽灘攻二城，火其資糧器械，越砦七十里，焚紅場，統制周虎戰死，馬驍城卒不就。

十年，加寧江軍承宣使。德祐元年，升四川制置副使、知重慶府。五月，加檢校少保。徵其兵入衞，蜀道斷，不得達。六月，昝萬壽以嘉定及三龜、九頂降，守將侯都統戰死。已而瀘、敍、長寧、富順、開、達、巴、渠諸郡不一月皆下，合兵圍重慶，作浮梁三江中，斷援兵。自秋徂冬，援絕糧盡，珏屢以死士間入城，許以赴援，且爲之畫守禦計。二年正月，遣其將趙安襲青居，執安撫劉才、參議馬嵩歸。二月，遣張萬以巨艦載精兵，斷內水橋，入重慶。四月，合重慶兵出攻鳳頂諸砦。珏結瀘士劉霖、先坤朋爲內應。六月，遣趙安破神臂門，執梅應春殺之，復瀘州。重慶兵漸解去，圍瀘州。十二月，趙定應迎珏入重慶爲制置。

時陽立以涪州降，珏遣張萬攻走立，俘其僚屬馮巽午等。立復合兵來決戰，史進、張世傑戰死，萬不支，俘立妻子及安撫李端以歸。珏以都統程聰守涪。重慶兵盡退。珏聞二王立廣中，遣兵數百人求王所。調史訓忠、趙安等援瀘州。張萬入夔，連忠、涪兵拔石門及巴巫砦，獲將士百餘人，解大寧圍，攻破十八砦。明年六月，張德潤復破涪州，執守將程聰。先是，聰在重慶力主守城之議，珏入，不知也，使出守涪。聰至郡怏怏，不設備，至是被執。德潤以肩輿載聰歸，語之曰：「若子鵬飛爲參政矣，旦晚可會聚也。」聰曰：「我執彼降，非吾子也。」

是月，梁山軍袁世安降。十月，萬州破，殺守將上官夔。十一月，瀘州食盡，人相食，遂破之，安撫王世昌自經死。

大兵會重慶，駐佛圖關，以一軍駐南城，一軍駐朱村坪，一軍駐江上。遣瀘州降將李從招降，珏不從。十二月，達州降將鮮汝忠破咸淳皇華城，執守將馬堃，軍使包申巷戰死。至元十五年春，珏遣總管李義將兵由廣陽，一軍皆沒。二月，大兵破紹慶府，執守將鮮龍，湖北提刑趙立與制司幕官趙酉泰皆自殺。珏率兵出薰風門，與大將也速觧兒戰扶桑壩，諸將從其後合擊之，珏兵大潰。城中糧盡，趙安以書說珏降，不聽。安乃與帳下韓忠顯夜開鎮西門降。珏率兵巷戰不支，歸索鴆飲，左右匿鴆，乃以小舟載妻子東走涪，中道大慟，斧其舟欲自沉，舟人奪斧擲江中，珏踴躍欲赴水，家人挽持不得死。明日，萬戶鐵木兒追及於涪，執之送京師。重慶降，制機曹琦自經死，張萬、張起巖出降。進攻合州，破外城。三月，王立亦降。

珏至安西趙老庵，其友謂之曰：「公盡忠一世，以報所事，今至此，縱得不死，亦何以哉？」珏乃解弓弦自經廁中，從者焚其骨，以瓦缶葬之死所。

趙立者，字德脩，重慶人。第進士，以上書迕賈似道被謫。德祐初，起爲太社令、湖北提刑。使蜀趣諸將入衛，至重慶則呰萬壽已降，珏方城守爲後圖。立無以復命，還至涪，沉水死。

校勘記

〔一〕七月　據本書卷四七瀛國公紀，此乃德祐元年事，此處失書紀年；上文「世傑提所部兵入衛」，事在德祐元年二月。

〔二〕拜簽書樞密院事　疑爲「拜樞密副使」之誤。據本書卷四七瀛國公紀、宋季三朝政要卷六，都說廣王昰在福州卽位時，張世傑拜樞密副使。

〔三〕至元十五年正月　「五」原作「四」，據本書卷四七瀛國公紀、宋史全文卷三六改。

〔四〕景定元年登進士第　據寶祐登科錄、程敏政宋遺民錄卷一〇本傳，陸秀夫登寶祐四年進士第，景定元年亦非科期，此誤。

〔五〕福州興化人　「福州」疑爲「福建」之誤。興化，軍名，屬福建路。昭忠錄本傳卽作「興化軍人」。

〔六〕楊𤁎　元史卷三憲宗紀、卷一六一本傳均作楊大淵，本宋將，寶祐六年降元。

宋史卷四百五十二

列傳第二百一十一

忠義七

高敏 張吉　景思忠 弟思立　王奇　蔣興祖　郭滸　吳革
李翼 阮駿　趙士𡌴 士醫　士眞　士遒　士跂　叔皎　叔𨗈　訓之　聿之
陳淬　黃友　郝仲連　劉惟輔　牛皓　魏彥明　劉士英
翟興 弟進　朱蹕 朱良　方允武　龔楫 李亘　淩唐佐　楊粹中
彊霓 康傑　李伸　郭僎 郭贊　王迸　吳從龍　司馬夢求　林空齋
黃介　孫益　王仙　吳楚材　李成大　陶居仁

高敏，登州人。爲涇原指使，數與西夏戰，遭重傷。范仲淹、韓琦皆薦之，爲閤門祗候，歷利州路、邠寧環慶都監，主蕃部事。

羌圍大順城，偏將趙懷德力戰，其下以銀買級，主帥李復圭以所部不整欲治之。敏言懷德善用人，戰必勝，當略其小過，且蕃官難彊以漢法，復圭乃止。羌人聲言將出鄜延，敏屢白復圭曰：「兵家之事，聲東擊西，環慶嘗破白豹、金湯，結釁已深，不可不備。」已而果以兵三十萬來寇。

總管楊遂駐兵大義，以敏爲先鋒將。夏人攻奪大順水砦，敏出通路，自寅及午，且戰且前，多所斬獲。次楡林，援兵不至，中流矢死，年五十七。官止東頭供奉官。詔贈嘉州刺史，錄其三子爲侍禁、殿直。

張吉者，慶州卒也，爲淮安鎭守烽。夏人寇東谷，掠得之，脅以兵，使呼城中曰：「淮安諸砦已破，宜速降。」吉反其辭曰：「努力！諸砦無虞，賊糧盡且去矣，毋庸降。」賊怒，害之。詔贈內殿崇班，又錄其子。

景思忠字進之，晉州安岳人。以父西上閤門使泰蔭，累官西京左藏庫使，爲遂州駐泊都監。夷人寇淯井，鈐轄張承祐出兵救之，思忠部卒五百爲前鋒。夷乘險薄官軍，官軍戰不利，死者十之六。左右勸思忠引避，不聽，奮劍疾戰而死。走馬使張宗望爲言，詔察訪熊本考實，得其事，神宗憫之，官思忠及同死者之子七人，餘皆賜其家錢帛。

弟思立，以蔭主渭州治平砦。囉兀用兵，韓絳使攝保安軍。夏人寇順寧，思立擅領兵赴援，諸將敗，一軍獨全。以功知德順軍，策應王韶取熙州，過洮，築當川堡，克羌香子、珂諾城，遂定河州。嘗與羌力戰，斬不用命者數人，軍聲大振。詔言其臨事忠勇，進如京副使、通事舍人，再擢東上閤門使、河州刺史，賜繡旗、朱甲。又遷四方館使、河州團練使，知其州。神宗知思立母老而未有官舍，命其弟思誼爲秦州判官以便養。

青宜結鬼章舉兵襲殺伐木卒，害小校七人，以書抵思立，詞不遜。思立不能忍，帥兵六千攻之于踏白城。鈐轄韓存寶、蕃將瞎藥交止之，不聽。自將中軍，使存寶及魏奇爲先鋒，王存將左，賈翊將右。鬼章衆二萬，分三砦以抗官軍。戰數十合，羌從山下圍中軍，他將王寧、李元凱沒于陣，思立、存寶潰圍出，諸將多傷，議曰：「日暮兵疲，宜移屯東岡以自固。」思立以魏奇創重，獨徙其軍，方遣之而殿後兵亂，前人望見，亦皆潰。思立且鬥且退，曰：「我適以百騎走羌數千人，無助我者，今敗矣，當自剄以謝朝廷。」衆止之。少頃再戰，遂死。時已除忠州防禦使，會其死，不及拜。帝以其輕敵致敗，不復贈官。

王奇，汾州人，武舉中第。章惇經營湖北溪洞，以爲將領，降其酋舒光貴，縛元猛，平懿、洽等州。累遷如京副使，爲湖南都監，徙廣西。宜州蠻寇邊，奇領兵至天河縣，期旦日會戰，裨將費萬夜以衆竊出河泥隘，戰沒。經略使移書迫奇，奇不能堪。後數日，蠻萬人驟集，奇輕出，遂敗。麾下猶數百人，勸策馬逃去，奇罵曰：「大丈夫當盡節以報國，何走爲！」戰而死。詔贈皇城使、忠州防禦使，官其家六人，仍賜金帛。

蔣興祖，常州宜興人，之奇之孫也。以蔭累調饒州司錄。睦州盜起，旁郡皆震，興祖白州將糾吏卒，緝戰具，盜不敢謀。以功遷官，知開封陽武縣。陽武，古博浪沙地，土脉脆惡，大河薄其南。嘗積雨汎溢，埽且潰，興祖躬救護，露宿其上，彌四旬，隄以不壞。治爲畿邑最，使者交薦之。靖康初，金兵犯京師，道過縣，或勸使走避，興祖曰：「吾世受國恩，當死于是。」與妻子留不去。監兵與賊通，斬以徇。金數百騎來攻，不勝，去，明日師益至，力不敵，死焉，年四十二。妻及長子相繼以悸死。詔贈朝散大夫。

郭濬，德順中安堡人。從軍，積官至武經郎，爲涇原第八副將。金人犯陝西，渭帥以下叛降，獨濬義不許，稱病去。帥惡忌之，傅致以罪，下之獄，脅使俱降。濬奮而呼曰：「大丈夫今得死所矣！終不能受汙。叛逆大惡，天地所不容，吾雖死，誓不爾貸，當訴于地下耳。」衆醜其語，即殺之。建炎三年，贈武翼大夫、忠州刺史。

同死者朱友恭，西安人。以忠翊郎爲涇原第一副將。部兵扞金人於華亭，數有功。會金兵大集，友恭赴敵力戰，爲所得。渭帥既降，誘以甘言，許優進官秩，不肯從，更詆辱之，帥不勝忿，斷其脛以徇，經日乃斬之。後贈敦武郎。

吳革字義夫，華州華陽人，國初勳臣廷祚七世孫也。少好學，喜談兵。再試禮部不中，乃從涇原軍，以秉義郎幹辦經略司公事。

金人南牧，帥兵解遼州之圍。使粘罕軍，見之庭，揖不拜，責其貪利敗約，詞直氣勁，粘罕少屈，爲追回威勝諸屯兵，授書使歸。欽宗問割地與不割地利害，對曰：「金人有吞噬之意，願悉起關中士馬赴都爲備。」詔以爲武功大夫、閤門宣贊舍人，持節諭陝西。

行至朱遷，聞金人犯京師，復還。與張叔夜同入城，請於帝，乞幸秦川，又乞出城劫之，使不敢近，又乞諸門同出兵牽制、衝突、尾襲、應援，可一戰而勝。時衆言已入，皆不果。後金兵攻安上門〔一〕，塡道度壕，革言之守將，使洩蔡河水以灌之，不聽。及塡道將合，欲用前議，則水已涸矣。

車駕幸金營，革以爲墮其詐，往請叔夜，欲身見其大酋計事。叔夜問其故，曰：「茲行有三說：一則天子還內，二則金騎歸國，三則革死。」叔夜爲言之，不報。上皇、妃、后、太子出郊，革白孫傅乞留之，不得。乃爲傅謀，於啓聖僧院置振濟局，募士民就食。一日之間至者萬計，陰以軍法部勒，將攻金營。久之，遷于同文館，所合已至數萬，多兩河驍悍之士。

既而有立張邦昌之議，革謀先誅范瓊輩，以三月八日起兵。謀既定，前期二日，有班直甲士數百人排闥入言：「邦昌以七日受册，請亟起事。」革乃被甲上馬，至咸豐門，四面皆瓊黨，紿革入帳，卽執之，脅以從逆。革駡之極口，引頸受刃，顏色不變。其麾下百人皆同死。

李翼，麟州新秦人。宣和末，爲代州西路都巡檢使，屯崞縣。金人取代，執守將嗣本〔三〕，遣來諭降，翼射卻之，帥士卒堅守。義勝軍統領崔忠殺都監張洪輔，夜引金兵入城，翼挺身搏戰達旦，力不敵被執。酋粘罕欲臣之，怒罵不屈，與縣令李聳、丞王唐臣、尉劉子英、監酒閻誠、將官折可與同死之。

阮駿者，興化軍人。紹聖元年進士，爲河南府少尹。金人犯京師，率所隸兵擁護神御殿，抱神御，罵聲不絕口，卒被害。特贈朝議大夫。

趙士𡋳字景瞻，太宗之後。生五歲，補右班殿直。旣長，遊庠序，月試數居前列。一日，投筆歎曰：「昔賢有不願爲章句儒，出玉門關、佩侯印者，彼何人哉！」遂不復事科舉。去爲郡縣吏，累遷至淮南西路兵馬鈐轄，駐壽春。

劇賊丁一箭衆號十萬，來攻城。郡守不知兵，凡備禦之策悉委士𡋳。賊三旬不退，士𡋳募軍中敢死士與之謀。有張宣者應募，獨持槊縋城下，擊殺數十人，賊衆披靡。乃選壯士數百，夜開城門，出其不意擊走之，追奔數十里。以功遷三官，秩滿，授江東路鈐轄。

李成叛，據江、淮六七郡，連兵數萬，遣其黨馬進圍九江，守臣姚舜明與士𡎺及副鈐轄劉紹先禦之。進攻城益急，士𡎺竭力捍守。江東帥呂頤浩屯鄱陽，既復南康，與建武節度使楊惟忠兵會，遣統制巨師古援江州，未至，遇伏敗。紹興元年正月，詔張俊爲江、淮招討使，入辭，頗言成兵衆。高宗責以立功，俊悚懼受命。未至，城已陷。

時守城罷卒僅數千，捍賊百餘日，城中食盡，舜明、紹先議縱火，因棄城去，士𡎺毅然獨糾合部曲餘民守城。城破，衆號呼曰：「無殺我趙鈐轄。」賊入城大掠。成素服士𡎺之義，欲以爲僞安撫使，士𡎺怒罵曰：「賊欲屈我耶！」陰裂帛以書使示諸子曰：「賊不殺我，義不苟活，汝輩得出，爲我雪恥。」遂仰藥而卒，年五十二。賊怒，并害其家數十口。事聞，上嘉悼，贈武功大夫，官其孫二人。

士𡎺六子，皆有文行：不湛、不忿、不愆、不惡、不𣽎、不隱。是役也，不忿、不𣽎、不隱死焉。

又宗子有士醫、士眞、士遒，皆以死事聞。

士醫，任秀州兵馬都監。建炎四年，兀朮入州，士醫乘城拒戰，城陷死之。後贈武翼大夫，官其二子。

士眞，權知信陽軍。寇劉滿至，士眞拒之。兵潰，滿執之去荆門，遇害。後贈右朝奉大夫，官其一子。

士遒，以武翼大夫守官江州。紹興五年，馬進寇江州，士遒遇害。贈武德大夫，官其家二人。

士跂〔三〕，濮王曾孫也。靖康末，爲右監門衞大將軍、吉州團練使。金人驅宗室北行，士跂得間道遁去。居邢州，結士豪將舉事。有告者，金人執而殺之。事聞，贈保寧軍節度使，謚忠果。

叔皎，秦悼王四世孫。元豐中，爲右班殿直，累遷至德州兵馬都監。自靖康以來，劉順、呂拱、劉亨相繼謀叛，叔皎皆設方略捕擒之。建炎二年，金人圍城，郡檄叔皎率兵禦之，前後六戰。圍急，有江喆者，與郡守宗諒謀以城降，叔皎斬喆以徇。金人登城，叔皎猶力戰，勢窮被執，怒罵不屈，遂遇害。

叔憑，建炎間，任陝州都監，累官武翼大夫，就遷通守。金人圍陝州既久，援兵不至，城危。時叔憑子官盧氏，遺以蠟丸書曰：「人臣當死國難，况吾以近屬，其可辱命耶？死固其所也。」遂死之。時通判王澥，職官劉效、陳思道、馮經、李岳、杜開，縣令張玘，將佐盧亨等五十一人俱死，無降者。

訓之字誨道，秦悼王五世孫。父叔侯，官至惠州防禦使。訓之登政和二年進士，調東平儀曹，知平江府吳縣。朱勔怙勢役州縣，訓之不爲屈。勔嘗執數輩詣縣請治，訓之悉縱之。忤勔，遂移疾去。

宣和末，盜起河北，訓之屢與人言：「契丹舊盟未可渝，金人新好未可恃。」未幾，金人犯京師，訓之居揚州，率大姓募士勤王，聞都城失守，乃止。

建炎三年，知吉州永豐縣。孟太后避地虔州，護衞統制杜彥與其麾下叛，後軍楊世雄應之，將犯永豐。訓之與尉陳自仁簡兵分爲二，一取間道遶賊後，一據地利匿其精兵以誘賊。賊至伏發，殲其衆。會賊別校繼至，官兵未成列，訓之率數十輩拒戰，厲聲罵賊，與自仁俱被害。事聞，詔贈訓之朝散郎、直祕閣，謚忠果，自仁通直郎，官其子，邑人爲立祠。

太后之發吉州也，至太和，衆皆潰。從事郎、三省樞密院幹辦官劉德老爲金人追騎所殺。官其家一人。

是年，金人過江，陳淬戰死，岳飛等兵皆引去。上元丞趙壘之帥鄉兵迎敵，死之。贈奉議郎，官其家一人。

聿之，安定郡王叔東子也，建炎中，爲成忠郎。金人圍潭州，帥臣向子諲率衆守城，聿之隸東壁。子諲循城，顧聿之曰：「君宗室，不可效他人苟簡。」聿之感慨流涕。金兵登城縱火，子諲率官吏突門遁去，城遂陷，聿之巷戰，大罵而死。將官武經郎劉玠亦死之。事聞，贈聿之左監門衞大將軍，玠武經大夫，皆官其家。其後朱熹爲請立廟，賜號忠節。

陳淬字君銳，興化軍莆田人。紹聖初，下第，挾策西遊。時呂惠卿帥鄜延，淬戎服往見，惠卿問相見何事，淬曰：「大丈夫求見大丈夫，又何事？」惠卿器之，補三班奉職。與西人接戰于烏原，手殺十餘人，擒其呰主。奏爲左班殿直、鄜延路兵馬都監，累遷武經郎。丁外艱。宣和四年，召赴闕，授眞定路分都監兼知北呰、河北第一將，尋拜忠州團練使、眞定府路馬步副總管。七年，金人入眞定，淬以孤軍禦之，妻孥八人皆遇害。

建炎元年，辟諸軍統制，宗澤命擊金人於南華，敗之。兼大名府路都總管兵馬鈐轄，擢知恩州。王善者，金之種落也。擁衆十萬，長驅兩河，遂襲恩。淬與長子仲剛拒戰，賊飛刃及淬，仲剛以身蔽刃，死之。明年，善復圍陳州，淬大敗善兵，拜宿州安撫使。李成叛，詔以淬爲御營使、六軍都統、淮南招撫使討之，三戰三捷。

未幾，金人犯采石，又檄淬回援建康。淬將中軍，戚方將前，王夔將後。淬曰：「彼衆雖多，然止有二十艘，一艘不越五十人，每至不過千人。吾伏兵葭蘆翳薈間，俟其旋濟旋獲，前後不相知，訖濟，當盡獲矣。」杜充不從，金兵遂犯板橋，諸軍皆潰，淬獨與戰，勢窮力盡，據胡牀大罵，刃交於胸而色不動，與其從子仲敏俱死。詔贈拱衞大夫、明州觀察使，官其一子一壻。

黃友字龍友，温州平陽人。少不羈，十五入太學，語同輩曰：「大丈夫不能爲國立功，亦造化中贅物耳。」因投筆西遊。邊帥劉法一見奇之，延致門下。會西鄙兵閧，都護高永年戰沒，友作七詩哀其忠。其後幕府奏功，沒永年之實，恤典不及。其子以友詩進，徽宗覽之惻然，遂加贈謚，友亦免省試，登進士第，調永嘉、瑞安二縣主簿，攝華陰令，有政聲。

方臘竊發，友同諸將收復，所至披靡。婺寇復作，守留友攝兵曹，爲殄滅計。友請往諭之，既次浦江，賊望風解去。復單騎次武義，賊衆持釘一榼置其前，友正色叱之曰：「汝等何速死耶？」賊首李德壯之，亟麾退，一境貼然，婺人圖像祀之。

通判檀州。會金人敗盟，郭藥師以常勝軍叛，燕土響應，友獨領數千人與之戰，躬冒矢石，破裂唇齒。欽宗卽位，制置使詹度奏友久服武事，籌略過人。丞相何㮚從而薦之，召對，問友唇齒破裂狀，爲之稱歎，賚予甚渥。

進直徽猷閣、制置司參謀官，同种師中解太原圍。友遣兵三千奪榆次，得糧萬餘斛。明日，大軍進榆次十里而止，友亟白師中：「地非利，將三面受敵。」論不合，友仰天歎曰：「事去矣！」迨曉，兵果四合，矢石如雨，敵益以鐵騎，士卒奔潰。敵執友謂曰：「降則赦汝。」友厲聲曰：「男兒死耳！」遂遇害。帝書「忠節傳家」四字旌其閭，官其後八人。

友體貌英偉，膽雄萬夫，謀畫機密，出人意表。嘗語子弟曰：「天下承平日久，武事玩弛，萬一邊書告警，馬革裹尸，乃吾素志。他日收吾骸，足心黑子爲識也。」其忠誠許國根於天性如此。

郝仲連，昌元人。建炎元年，金人犯河中，守臣席益遁去。仲連時爲貴州防禦使，宣撫范致虛遣節制河東軍馬，屯河中，就權府事。金將婁宿以重兵壓城，仲連率衆力戰，外援不至，度不能守，先自殺其家人，城陷不屈，及其子皆遇害。後贈中侍大夫、明州觀察使。

劉惟輔，涇州人。以同州觀察使爲熙河馬步軍副總管。金人既得秦州，經略使張深遣惟輔將三千騎禦之。金前軍踰鞏州，距熙才百里，惟輔留軍熟羊城，以千八百騎夜趨新店。黎明軍進，短兵相接，殺傷大當。惟輔舞矟刺其先鋒將孛堇黑鋒，洞胸墮馬死，敵爲奪氣退。深檄隴右都護張嚴往追之，至鳳翔境上，惟輔不欲聽嚴節制，乃自別道由吳山出寶鷄，獲金遊騎。嚴擁大兵及金人於五里坡，金人知之，伏兵坡下，嚴與曲端期而不至，徑前，遇伏死之。惟輔自石鼻砦遁歸。

金人略熙河，惟輔將去，顧熙河尙有積粟，恐金人因之以守，急出悉焚之。金人追及，所部皆走，惟輔與親信數百匿山寺中，遣人詣夏國求附，夏國不受。其親信軍詣金人降，金人執惟輔，誘之百方，終不言。金人怒，捽以出，惟輔奮首曰：「死犬！斬卽斬，吾頭豈汝捽也。」顧坐上客曰：「國家不負汝，一旦遽降敵耶？」卽閉口不復言而死。張浚聞之，承制贈昭化軍節度使，賻銀帛布以二百計，官子孫十二人，立廟成州，號忠烈。

有高子儒，狄道人。知蘭州龕谷砦，聞惟輔尙存，固守以待。及城陷，先刃其家而後死。韓青爲熙河馬步軍第六將，間行從惟輔，爲金人所擒，亦罵不絕口而死。

牛皓，福津人。爲武功大夫、川陝宣撫後軍中部將。紹興五年，金右都監撒离曷與其熙河經略使慕洧欲犯秦川，宣撫副使吳玠遣諸校分道伺之。皓至瓦吾谷，與金將虎山遇，皓所部步卒不滿二百，乃下與戰，謂其徒曰：「吾所以舍馬者，欲與若等同死也。」金人見皓異於它人，欲招之，皓力戰死。

有承信郎高萬，且罵且戰，與熙河路部將任安、宣撫司隊官秦元、薛琪、張亨皆死於陣。金人相謂：「眞健兒也。」後皓、安皆贈翊衞大夫，官其家五人，贈萬等三官，錄其子。

魏彥明，開封人。通判延安府。建炎二年，金人陷府東城，而西城猶堅守。金人併兵入鄜延，王庶自當鄜州來路，遣統制官龐世才當延安來路。天大雪，世才戰敗，自是金兵專圍西城。初受圍時，彥明與權府事劉選分地而守，彥明當東壁，空家貲以賞戰士，金人不敢犯。王庶子之道未弱冠，率老弱乘城。金人晝夜攻城，閱十有三日城陷，彥明坐子城樓上，金人併其家執之，諭使速降。彥明曰：「吾家食宋祿，犬輩使背吾君乎？」婁宿怒殺之。詔贈中大夫，官一子。

劉士英，宣和間爲温州教授。方臘陷處州，州人爭具舟欲遁，士英奮謂不當避。自郡將而下皆排沮之，士英獨身任責，推郡茂才石礪爲謀主，治兵峙糧，籍保伍，分其地爲八隅，委官統率，以鍾爲約，令民聞鍾聲則趨所守堞。未幾，賊來攻，拒守凡四十餘日，官軍繼至，賊潰去。

靖康初，通判太原府。金人入境，帥臣張孝純欲避之，士英率通判方笈、將官王稟力止孝純。及城陷，稟赴火死，士英持短兵接戰，死之。笈在金，因講和使附書言二人死節，後刻石于衢、温二州。

翟興字公祥，河南伊陽人。少以勇聞。劇賊王仲起，興與弟進應募擊賊，號大翟、小翟。金人犯京師，西道總管王襄檄興統領在城軍馬。以保護陵寢功補承信郎，辟京西北路兵馬副鈐轄，爲陝西宣撫司前軍統制。高世由以澤州降金，金以爲西京留守。興與進提步卒數百，卷甲夜趨洛陽，擒世由等斬之。

羣盜冀德、韓清出沒汝、洛間，興以輕騎追襲，德就擒，清僅以身免。會進爲叛將楊進所害，賊乘勢擊敗官軍，興帥餘衆拒賊，保伊川。明年，愬進死事于朝，以興代進爲京西北路安撫制置使兼京西北路招討使，兼知河南府。楊進屯鳴臯山北，興與子琮帥鄉兵時出擾之，進懼，棄輜重南走，興邀擊于魯山縣，進中流矢死，餘衆潰去，西京平。

賊王俊據汝州，興引兵攻之，俊棄城去，退保纖蓋山，興進攻，免冑大呼曰：「賊識我乎？我翟總管也。」衆皆披靡，遂破之。

金人犯河陽、鞏縣、永安軍，興遣子琮與搏戰，屢捷，追至澠池。詔授河南孟、汝、唐州鎭撫使兼知河南府，轉武略大夫兼閤門宣贊舍人，寓治伊陽。時河東、北雖陷，土豪聚衆保險，興遣蠟書結約之，向密、王簡、王英輩皆願受節制。奏上，高宗嘉之，授河東、北路軍馬使，徧檄山砦，由是汾、澤、潞、懷、衞間山砦首領皆應命。

金人入陝右，興遣將邀擊，俘五十餘人，又遣子琮生擒金河東都統保骨，遂復陽城縣，乘勝取絳之垣曲，進至米糧川。紹興元年春，金重兵犯河南，時興軍乏糧，就食諸道，僅存親兵自衞，人情震恐。興授將彭玘方略，設伏于井首，俟敵至陽遁，金衆果追玘，伏發，金帥就擒。鄧州人楊某擁衆河北，僞稱「信王」，興遣將董先追獲于商州殺之。進武功大夫、忠州團練使。

劉豫將遷汴，以興屯伊陽，憚之，遣蔣頤持書誘興以王爵。興斬頤焚其書，豫計不行，乃陰遣人啗裨將楊偉以利，偉殺興，攜其首奔豫。或云：賂偉爲內應，以兵徑犯中軍，興奮擊墜馬死。事聞，贈保信軍節度使。

興威貌魁偉，每怒，鬚輒張。軍食不繼，士以菽粟雜藜藿食之，激以忠義，無不奮厲。在河南累年，金人不敢犯諸陵。詔賜軍名「忠護」。

子琮，沈勇有父風，繼興爲鎮撫使；琳，閤門祗候。

進字先之。以捕盜勞補下班殿侍，累功充京西第一將。坐熙河帥劉法涇原戰失利，降官停任，尋敘復。女眞歸故地，改河北第四將。往至遂城，會契丹兵奄至，都統制劉延慶以進爲先鋒，與契丹戰于幽州石料岡、盧溝河皆捷。又與契丹大將遇于峯山，力戰彌日，契丹潰去。

金人犯京師，朝廷密詔西道總管王襄會兵三萬赴京城，至葉縣，襄欲引兵而南，進諫止之，因分軍遣進持書而西。時經略使范致虛已合五路軍馬次潼關，以進統河南民兵，收復西京。進至福昌，遣兵襲金營。時金遊騎往來外邑，進設伏擒之。金人逼靈山砦，進父子兄弟與之戰，潰圍至高都，集鄉兵七百人，夜行晝伏，五日至洛城，夜半破關入，擒高世由。再捷于伊陽白草塢。都總管孫昭遠至洛陽，以進戍澠池界，授武義大夫、閤門宣贊舍人。金人犯白浪隘，將渡河，進破之。未幾，洛陽再陷，進在伊陽，哀散亡才千人。金人犯薛封，進選精銳三百人，夜縱火斫其營，焚死者甚衆。又戰于驢道堰，生擒金將翟海，追至梅花谷。賊冀德、韓清嘯聚南陽，進間道擊之，德降，繼斬清于艾蒿平。勒兵抵龍門，屢與金人夾河戰，乘勝入洛陽。或曰：「彼砦尚固，城未可守。」不聽。金人聚懷、衞、蒲、孟數州之衆薄城下，斧諸門入，進率士卒巷戰，次子亮死之。遷武功大夫、閤門宣贊舍人，充京西北路兵馬都鈐轄，尋授馬步軍副總管，升本路制置使，兼知河南府。

會東京留守杜充所招巨寇楊進號「沒角牛」者，擁兵數萬，殘害汝、洛間。進謂其兄興欲力除之。會楊進遣數百騎絕水犯進營，進乘半渡擊之，追賊數十里，破賊四砦，馬驚墜塹，爲賊所害。贈左武大夫、忠州刺史，官其後五人。

朱蹕，湖州安吉人，知錢塘縣。建炎三年，金人陷杭州，初犯餘杭，守臣康允之退保赭山。蹕白允之率弓手、土軍前路拒敵，使杭民爲逃死計。行二十里，遇金兵，蹕兩中流矢，左右掖至天竺山，猶能率鄉兵禦敵。後數日遇害。時兀朮自安吉進兵，過獨松關，曰：「南朝若以羸兵數百守此，吾豈能遽度哉！」

朱良者，字良伯，吳郡人。世儒科。建炎中，爲海鹽縣尉。金兵入境，良謂僚友曰：「今日乃忠臣義士死國之時也。」被甲執戈，集所部百餘人奮而前，擊金兵數人死，衆爲披靡，然力不敵，竟死。事聞，官其子思，後守漢陽。

方允武者，衢州人。武學上舍，補官爲常州宜興巡檢。建炎三年，金人入縣之金泉鄉，允武率土軍、鄉民迎敵，殺獲數級，奪弓箭與旗。後遇金兵梅嶺村，力戰而沒。詔贈兩官，官其家二人。

龔楫字濟道，兵部侍郎原之孫，世以儒學顯。楫懦如不勝衣。建炎初，聞金人陷郡縣，輒忿恚不食，念有以自見而不可得。兀朮據和州，以偏師萬人築堡新塘，遏絕濡須之路。

楫率家僮百餘人襲之，鄉里從者二千餘人，獲千戶二，繫累者數百人，輜重稱是。縱遣所掠州民父母妻子，將歸于滁、和鎮撫司。遇金兵大至，乃取道圩上，金騎兵據其衝，不得前，衆多赴水死。楫麾其衆曰：「今日鬥死亦足爲義士，自棄溝瀆無益也。」戰敗，爲金人所獲，猶挺劍刺其一人，罵不絕口，金人臠割之。年二十二。

金人初至新塘，有蔣子春者，教授里中。金人見其挾書，又人物秀整，喜之，欲命以官，子春怒罵，乃殺之。

李亘者，字可大，兗州乾封人。少好學，有知慮。大觀二年進士。徐處仁當國，擢尙書郎官。建炎末，金人犯淮南，亘不及避，劉豫使守大名。與淩唐佐謀，密陳豫可取狀告于朝。募卒劉全、宋萬、僧惠欽輩十餘，往返事泄，全、萬、惠欽爲邏者所得，亘坐死。後贈官，立祠曰愍忠。

又有武顯大夫孫安道，爲應天府兵馬鈐轄。城陷不得歸，謀挺身還朝，爲人所告而死。後贈忠州刺史。

凌唐佐字公弼，徽州休寧人。元符三年進士。建炎初，提點京畿刑獄，加直祕閣，知南京。南京陷，劉豫因使爲守。唐佐與宋汝爲密疏其虛實，遣人持蠟書告于朝。江、淮都督呂頤浩過常州，得唐佐從孫憲，授保義郎、閤門祗候，俾持帛書遺之。憲至睢陽，事泄，豫捕唐佐幷其家，憲脫歸。唐佐見豫，責以大義，豫怒，斬唐佐境上。李横復潁昌，言于朝，詔贈徽猷閣待制。

楊粹中，眞定府人。建炎二年，金人大入，時粹中知濮州，固守不下。粘罕以濮小郡，易之，將官姚端乘其不意，夜擣其營，直犯中軍，粘罕跣足走，僅以身免。遂急攻城，凡三十三日而陷，端率死士突出。粘罕入其城，粹中登浮圖不下，粘罕嘉其忠義，許以不死，乃以粹中歸。粹中竟不屈而死，守禦官杜績亦死之。贈粹中徽猷閣待制。

彊霓自金歸宋，爲武功大夫、閤門宣贊舍人、知環州、環慶路統制軍馬兼沿邊安撫使。隆興間，金兵圍環州，與其弟武經大夫、環慶路統領沿邊忠義軍馬震堅守孤城，招誘使降，不屈，城陷死焉。興州駐箚御前諸軍統制吳挺言于朝，並贈觀察使，立廟西和州，賜額旌忠。

康傑者，權知扶風縣，與金將馮宣戰，宣愛而欲招之，傑奮曰：「吾今也當死於陣，不能降敵。」宣殺之。

李伸者，知天興縣，堅守不下，城陷，曰：「吾豈使敵殺我。」遂自殺。

郭僎字同升，開封祥符縣人。以父任調海州東海縣尉，權祥符縣尉。時童貫子師閔死，敕葬邑境，僎任道途之役。貫命徹民屋之當道者，僎先籍童氏屋數十間欲毀之，貫遽令勿毀，由是民屋得免。

再調濱州招安丞，又爲亳州蒙城丞。令以鹽科邑民，僎爭之不可。郡守以僎丞鹿邑，中貴人楊逢周率軍士二百人，以捕寇爲名入邑境，所至騷動。僎檄逢周取所受文書，逢周不與，僎令尉譏察之。逢周歸，愬於徽宗，詔追僎赴開封府獄，獄以狀聞，乃使還任。

辟權咸平縣丞。靖康初，勤王兵有剽掠邑界者，僎率民兵擊之，得犯者斬以徇。會金人大至，力不敵，其僚欲降之，僎走南京從趙野乞師，不從，慟哭而歸。尋知宣城縣。苗傅、劉正彥之變，呂頤浩傳檄諸郡，僎說郡守劉珏，請募勇士倍道赴難，揭榜復用建炎年號，人皆韙之。

通判全州，權饒州浮梁宰，未行，時有賊張頂花者已逼縣境，衆止之，僎曰：「安逸則就，艱危則辭，非我所學。」徑就道。至縣，約束吏士，誓以死戰。賊聞之，僞降，入邑爲變，邑官竄伏，僎曰：「吾爲宰，義不可去。」端坐公署，賊徒責僎，僎大罵不絕口，遂遇害。詔贈承議郎，錄其後二人。

郭贇者，汝陽縣丞也。建炎二年，金人陷蔡州，守臣閻孝忠聞之，先遣其家，獨聚軍民守城。金人陷城，孝忠爲所執，見其貌陋且侏儒，乃令荷擔，因乘間而逃。獨贇朝服詬叱不肯降，遂見殺。

王迸字純父，饒州樂平人。鄉舉恩免，爲固始簿，攝邑。紹定中，金兵犯淮，守令望風遁，迸度力不能禦，懷印自投于井而死。

吳從龍字子雲，官至武功郎、建康府統制。紹定兵難，爲先鋒，援不至，被擒，使至泰州城下誘降，終不屈，死之。廟祀揚、泰二州，賜額褒忠。官其弟從虎，至武經大夫。

司馬夢求，敍州人，溫國公光之後也。母程，歸及門，夫死，誓不它適，旌其門曰「節婦」。夢求，其族子，取以爲後。景定三年，舉進士。咸淳末，調江陵沙市監鎭。沙市距城才十五里，南阻蜀江，北倚江陵，地勢險固，爲舟車之會，恃水爲防。德祐元年，湖水忽涸，北兵橫遏中道，乘南風縱火，都統程文亮逆戰于馬頭岸，制置使高達束手不援，文亮降。夢求朝服望闕再拜，自經死。

林空齋，永福人，失其名。父同〔四〕，官至監丞。空齋舉進士，歷知縣，解官家居。益王立，張世傑圍泉州，乃率鄉人黃必大、劉仝祖〔五〕即其家開忠義局，起義兵，復永福縣。時王積翁以福安送款世傑，然實密約北兵。兵至，屠永福，必大、仝祖等走它邑。空齋盛服坐堂上，嚙指血書壁云：「生爲忠義臣，死爲忠義鬼。草間雖可活，吾不忍爲爾。諸君何爲者，自古皆有死。」俄見執，不屈而死。

黃介字剛中，隆興分寧人。意氣卓越，喜兵法。制置使朱禩孫帥蜀，介上攻守策，禩孫愛之，以自隨。夏貴辟充廣濟簿尉，平反死四，尹不能抗。錢眞孫復辟入幕，及與眞孫別，誦「南八，男兒死爾」語以勉之。後家居，帥鄉民登龍安山爲保聚計。德祐元年，北兵至砦，衆奔潰，介堅守不去，且射且詬，面中六矢不爲動，顧謂家僮陳力曰：「爾盡力勿走。」力曰：「主在，死生同之。」介身被鏃如蝟，面頸復中十三矢，倚栅而死，力亦死。妻劉被掠，子用中逃，得不死。及壯，求母四方，逾十年，得于京師以歸，州里稱爲黃孝子云。

孫益，揚州泰興人。少豪俠。紹定中，李全犯揚州，遊騎薄泰興城下，縣令王爚募人守禦，益起從之。俄賊兵大至，益率衆拒之。衆見賊勢盛，且前且卻，益厲聲呼曰：「王令君募我來，將以守護城邑也。今賊至城下，我輩不爲一死，復何面目見令君乎？」遂身先赴敵，死之。同時顧緖、顧珣俱戰死。事聞，贈益保義郎，緖、珣承節郎，各官其子一人。

王仙，蜀都統也。守涪州，北兵攻圍無虛日，勢孤援絕。宋亡之二年，城始破，仙自刎，斷其亢不殊，以兩手自摘其首墜死。

曹琦，蜀進士也。知南平軍，亦被執，脫身南歸，制置辟主管機宜文字。聞都統趙安以城降，就守禦地自經死。

吳楚材名炎，以字行，建昌南城人。

德祐元年，建昌降，明年春，楚材還其鄉領村，糾集民兵。時江西制置使黄萬石走邵武，遂繇邵武守黎靖德請于萬石，乞濟師，萬石不許，而授楚材迪功郎、權制置司計議官以安之，且戒勿興兵。楚材不聽，二月己亥，自領村率衆，晨炊蓐食，將攻城。鉦鼓震動，甫至近郊之龜湖，北兵三道蹴之，奪其長梯鐵鉤，因進攻領村，拒以木柵，不得入。事聞，益王元帥府承制遷楚材宣義郎、帶行太社令、知建昌軍，俾聚兵圖再舉。萬石匿其命。楚材既失利，且乏援，大元兵誘降，其衆多解去。楚材走光澤，爲人所執，及其子應登以獻。郡遣錄事婁南良訊之曰：「汝何爲錯舉？」楚材抗聲曰：「不錯，不錯。如府錄所爲，乃大錯爾。府錄受宋官爵，今乃爲敵用事，還思身上綠袍自何而得？吾一鄙儒，特爲忠義所激，爲國出力，事雖不成，正不錯也。」南良愧而語塞。及吳潛爲江西制置、招討使，斬楚材父子，傳首諸邑。益王立于福州，聞而哀之，贈官朝奉郎，卽邵武境上立廟，賜名忠勇。

李成大字實夫，南康軍建昌人，文定公李迪之從子也〔六〕。寶祐四年進士。德祐初，知金壇縣。北兵至，與寄居官潘大同、大本率民兵巷戰，不勝，大同兄弟死之。吏民挾成大降，乃潛與胡用存謀復金壇，事泄繫獄，搒掠不屈，遂殺其二子以懼之，終不屈，笑曰：「子爲父死，臣爲君死。」卒殺之。

事聞，贈朝散大夫、直祕閣，謚忠節。制曰：「外難方熾，擁名城數十而降者，相望也。守封疆之臣，父忠於前，子繼於後，如晉卞氏，可無褒乎？通直郎、知鎭江府金壇縣兼弓手砦兵正李成大勁氣排霄，精忠貫日，壯志弗就，以沒其身。𥁕以大夫之階，官其二孤，用慰英爽。」

陶居仁，太平之蕪湖人，以行義聞州里。仕爲鎭江錄事參軍。北兵攻鎭江，守臣洪起畏遁，統制官石祖忠舉城降，居仁見執，抑使降。居仁曰：「吾固知曆數窮而世運更也，詎可失忠義求苟生邪？得以死報朝廷，夫何憾。」竟不屈，遂見殺。大帥至，聞居仁死時語，歎嘖之，爲棺斂，使人護以還其家，泝流數百里，不時頃至，人皆異之。鄉人爲立祠。

校勘記

〔一〕安上門　靖康要錄卷一六、北盟會編卷八四都作「宣化門」。

〔二〕嗣本　北盟會編卷二五作「李嗣本」。

〔三〕士跂　原作「士跋」，據本書卷二三〇宗室世系表和宋會要帝系三之二一、禮五八之九改。本卷傳目及下文「士跂」同。

〔四〕林空齋永福人失其名父同　按嘉慶一統志卷四二六所記福州名宦及邵晉涵南江札記卷四林空齋條按語，都以林空齋與林同爲一人；本書卷四六〇劉仝子妻林氏傳，林氏林公遇之女，參照其兄死事情況，空齋當爲其兄；據劉克莊後村先生大全集卷六九林同詩序、卷一四九直秘閣林公墓誌銘、卷一五一林寒齋墓誌銘，林同是公遇之子，不名「空齋」，其經歷與本傳所敍逈異，亦無妹適劉事。

〔五〕劉仝祖　按本書卷四六〇劉仝子妻林氏傳，劉仝子「爲福建招撫使起義兵」，與此處劉仝祖起義事基本相同，疑二人本爲一人，不知何名爲是。

〔六〕文定公李迪之從子也　按李迪謚文定，北宋人，本書卷三一〇有傳，生於公元九六五年，卒於一〇三四年。李成大南宋人，卒於一二七五年，不可能是李迪的從子，疑此有誤。

宋史卷四百五十三

列傳第二百一十二

忠義八

高永年　鞠嗣復宋旅　丁仲脩　項德附　孫昭遠　曾孝序　趙伯振

王士言祝公明附　薛慶　孫暉李靚　楊照　丁元附　宋昌祚　李政

姜綬　劉宣　屈堅王琦　韋永壽附　鄭覃　姚興　張玘　陳亨祖

王拱　劉泰　孫逢李熙靖　趙俊附　劉化源　胡唐老　王儔朱嗣孟附

劉晏　鄭振　孟彥卿　高談　連萬夫謝皐附　王大壽　薛良顯

唐敏求　王師道

高永年，河東蕃官也。爲麟州都巡檢。王贍取青唐，永年總蕃兵爲先鋒。贍入邈川，而宗哥叛，永年以千騎直抵其城，開省章峽路，擊走叛羌，結陣還青唐。羌攻甚急，復擊之去。會苗履、姚雄以援師至，戰溪蘭宗堡，履少卻，永年領勁騎斷羌爲二，乃退。復與李克保敦谷，又戰于乾溝，單馬援矛，刺羌酋彪雞廝萬衆之中，斬其首，餘衆宵遁。已而隴拶自乾溝逼鄯州，永年佐瞻拒守，及雄棄湟、鄯，皆以永年殿歸師。

崇寧初，知岷州。蔡京議復兩州，王厚使永年帥兵二萬出京玉關，克安川堡，遂至湟，卽知州事。自皇城副使進四方館使、利州刺史，爲熙、秦兩路兵都統制，將前軍駐宗哥北。溪賒羅撒萃精勇據高阜，欲衝官軍，永年揮選鋒突陣，師乘之，羌大敗，遂平鄯州。遷賀州團練使，知其州。

溪賒羅撒合夏國四監軍之衆，逼宣威城，永年出禦之。行三十里，逢羌帳下親兵，皆永年昔所推納熟戶也。永年不之備，羌遽執永年以叛，遂爲多羅巴所殺，探其心肝食之，謂其下曰：「此人奪我國，使吾宗族漂落無處所，不可不殺也。」是役也，王厚實主其事，而謀策皆出永年，乃劾永年信任降羌，坐受執縛，故贈恤不及云。

永年略知文義，范純仁嘗令贊所著書詣闕，作元符隴右錄，不以棄湟、鄯爲是，故蔡京用之，雖成功，然竟以此死云。

鞠嗣復，不知何許人。宣和初，知歙州休寧縣。方臘黨破縣，欲逼使降，面斬二士以怖之，嗣復罵曰：「自古妖賊豈有長久者，爾當去逆從順，因我而歸朝，官爵尚可得，何爲脅我使降？」嗣復知必死，不少懾，屢言何不速殺我，賊曰：「我，縣人也。明府宰邑有善政，我不忍殺。」乃委之而去。初，嗣復聞難，率吏民修城立門，衆赴功，守備略就。朝廷知之，進其官二等，加直祕閣，擢知睦州。嘗爲賊所傷，自力度江乞師於宣撫使，未及行而卒。

宋旅字庭實，莆田人。第進士，累官奉議郎、知剡縣。方臘既陷歙、睦、杭、衢、婺五州，且犯越，越盜亦起應之。縣吏多遁，旅遣妻子浮海歸閩，獨與民據守，以忠義激勸，部勒隊伍，爲豫備計。俄而盜衆大至，躬率壯銳，冒矢石，雖頗殺獲，終以力不敵，遂死之。越帥劉韐上其事，詔贈朝散郎，錄其四子。

丁仲脩字敏之，温州人。方臘黨俞道安陷樂清，將渡江。巡檢陳華往捕，死之。先鋒將張理同、李振出南門迎敵，渡八接橋，橋斷馬蹶，溺死。賊至帆遊，夏祥遣輔褒迎戰數十合，褒死之。仲脩帥鄉兵禦諸樂灣，鄉兵失據而散，仲脩以餘兵與賊戰，力屈乃死。

項德，婺州武義人，郡之禁卒也。宣和間，盜發幫源，明年陷婺，而邑隨沒。德率敗亡百人破賊，因據邑之城隍祠。自二月訖五月，東抗江蔡，西拒董舉，北捍王國，大小百餘戰，出則居選鋒之先，入則殿後，前後俘馘不可勝計。賊目爲「項鷂子」，聞其鉦則相率遁去。方謀復永康諸縣，而官兵至，德引其衆欲會合，賊盡銳邀之黃姑嶺下，德戰死。邑人哭聲震山谷，圖其像，歲時祭之。

孫昭遠字顯叔，其先眉州眉山人。元祐間進士，調長沙尉，辟河東經略司幹當公事，歷鳳翔府天興縣、河北山東撫諭盜賊幹當公事，尋擢河北、燕山府路轉運使。

靖康元年，召爲水部員外郎。金人圍太原，宋師多潰，欽宗遣折彥質乘傳同昭遠招集。會洛陽陷，西京留守、西道總管王襄徙治襄、漢，授昭遠西道總管。道收潰卒至京兆，遇永興路安撫范致虛會諸軍入援，昭遠督其進，且檄諸道使出師。環慶帥王似、熙河帥王倚各以師會，涇原帥席貢、秦鳳帥趙點、鄜坊使張深皆後師期，昭遠二十有八疏劾之。合諸道兵得十萬，命馬祐昌統之。昭遠與致虛同出關，祐昌與金人戰敗。京師陷，遣使至大元帥府。

建炎元年，遷河南尹、西京留守、西道都總管。至洛收集散亡，得義兵萬餘人，栅伊陽，使民入保。其冬，金人來攻，昭遠遣將姚慶拒戰，軍敗，慶死。昭遠命將官王仔奉啓運諸殿神御，間道走行在。金兵益熾，昭遠戰不利，其下欲擁昭遠南還，昭遠罵曰：「若等平日衣食縣官，不以此時報國，南去何爲！」叛兵怒，反擊昭遠，遂遇害。官屬無免者。四年，追贈徽猷閣待制。

曾孝序字逢原，泉州晉江人。以蔭補將作監主簿，監泰州海安鹽倉，因家泰州。累官至環慶路經略、安撫使。過闕，與蔡京論講議司事，曰：「天下之財貴於流通，取民膏血以聚京師，恐非太平法。」京銜之。時京方行結糴、俵糴之法，盡括民財充數，孝序上疏曰：「民力殫矣。民爲邦本，一有逃移，誰與守邦？」京益怒，遣御史宋聖寵劾其私事，追逮其家人，鍛鍊無所得，但言約日出師，幾誤軍期，削籍竄嶺表。遇赦，量移永州。京罷相，授顯謨閣待制、知潭州。復以論徭事與吳居厚不合，落職知袁州，尋復職，再知潭州。

道州徭人叛，乘高恃險，機毒矢下射，官軍不得前，於兩山間仆巨木，横累以守。孝序夜遣驍鋭攀援而上，以大兵繼進，破平之。進顯謨閣直學士，遷龍圖閣直學士、知青州。繕修城池，訓練士卒，儲峙金穀，有數年之備，金人不敢犯。高宗即位，遷徽猷閣學士，升延康殿學士，召赴行在。既而青州民詣南都借留，許之。

先是，臨朐土兵趙晟聚衆爲亂，孝序付將官王定兵千人捕之，失利而歸。孝序責以力戰自贖，定乃以言撼敗卒，奪門斬關入，孝序出據廳事，瞋目罵之，遂與其子宣教郎訏皆遇害，年七十九。城無主，遂陷。

知臨淄縣陸有常率民兵拒守，死于陣。知益都縣張侃、千乘縣丞丁興宗亦死之。後贈孝序五官，爲光祿大夫，謚威愍；子訏承議郎。有常朝散郎，錄其家一人。贈侃、興宗二官，官二子。

趙伯振，太祖八世孫。宣和六年進士。靖康末，爲鄭州司錄，捍禦有功。上聞之，就遷直祕閣、通判州事。建炎元年〔二〕，金人犯鄭州，守臣董庠棄城走。越八日城陷，伯振率兵巷戰，中流矢墜馬，遂遇害。事聞，贈朝請大夫，官其一子。

王士言，武舉進士。累立戰功，西北服其威名。宣和初，擢河東廉訪使者。方臘爲寇，詔擇材略之士，馮熙載薦爲東南第三將，首解嘉興之圍。靖康元年，詔以浙西兵往河東防秋。金人攻澤州，畢力守禦，金兵日增，士言分必死，他將力屈，城西南遂陷，乃使親卒持劍歸報，巷戰而死。康允之上其事，贈拱衞大夫、忠州團練使，官其後五人。

祝公明，處州麗水人。太原府盂縣主簿。靖康間，金人犯河東，令棄官去，公明攝縣事，率保甲入援，圍守踰年，城陷不屈。子陶，爲唐州司戶，中原失守，陶亦死官所。建炎中，贈公明承事郎。

薛慶，起羣盜，據高郵，兵數萬人，多驍雋敢鬥，能以少擊衆，附者日多。張浚聞慶無所係屬，欲歸麾下，親往招之。慶感服，因使守高郵，尋遷拱衞大夫、福州觀察使、承州天長軍鎭撫使。金人還自浙，屯天長、六合間，慶率衆劫之，得牛數百，悉賤估分界民之力田者。金人欲自運河引舟北歸，而趙立在楚，慶在承，扼其衝不得進。金左監軍昌來見兀朮，欲會兵攻楚州，眞、揚鎭撫郭仲威聞之，約慶俱往迎敵。慶至揚州，仲威殊無行意，置酒高會。慶怒曰：「此豈縱酒時耶？我爲先鋒，汝當繼後。」上馬疾馳去，平旦出揚州西門，從騎不滿百，轉戰十餘里，亡騎三人，仲威迄不至。慶與其下奔揚州，仲威閉門拒之，慶倉皇墜馬，爲金追騎所獲。馬識舊路還，軍中見之曰：「馬還，太尉其死乎。」金人殺慶，承州陷。訃聞，贈保寧軍承宣使，官其家十人，封其妻碩人。

孫暉〔三〕，爲泗州招信縣尉。建炎三年正月，金人陷泗州，州守呂元、閤瑾焚淮橋遁。金人由招信將渡淮，暉將射士民兵禦之，沈其數舟。會大霧蔽日，金人莫測其多寡，相持踰半日，以疑兵櫱暉，自上流渡兵。暉又戰且卻，城破，竟死于敕書樓。

李靚字彥和，吉州龍泉人。幼孤，母督之學，不肯卒業，母詰之，辭曰：「國家遭女眞之變，寓縣雲擾，士當捐軀爲國戡大憝，安能呫囁章句間，效淺丈夫哉？」岳飛督師平虔寇，挺身從之，未行，奔母喪。服除，走淮南，以策干都督張浚，浚奇之，使隸淮西總管孫暉戲下。累功授承信郎。

紹興十年，金遣其將翟將軍犯境，靚與部曲當其鋒，轉戰至西京天津橋南，俘翟將軍，乘勝逐北。會金兵大至，遂死之，年三十一。

楊照者，濠州將官也。金人圍城急，照躍上角樓，刺賊之執黑旗者，洞腹抽腸而死。照俄中流矢，卒。有統領丁元者，遇金人十八里洲，被圍，元大譟其徒，勉以毋得負國。一舟二百人皆鬥死。詔並贈承信郎，錄其後。

宋昌祚，和州鈐轄也。建炎三年，兀朮犯和州，州人推昌祚權領軍事，率衆堅守，金人圍之數匝。禁軍左指揮使鄭立亦拳勇忠憤，共激士卒，晝夜備禦不少怠。閱數日，軍士胡廣發弩中兀朮左臂，兀朮大怒，飛砲雨集，徑登弩發之地，城立破，金人入屠其城。昌祚與權倅唐璟〔三〕、歷陽令蹇譽、司戶徐兟、縣尉邵元通及立、廣皆死譙樓上，磔裂以徇。軍士多不降，潰圍西出，保麻湖水砦，推鄉豪爲統領。聞於朝，遂以趙霖爲和州鎮撫使，昌祚、璟、譽、兟、元通各贈官，錄其子弟。

李政，爲雲騎第六指揮，在京東立戰功，補官授河北將官，冀州駐箚。靖康二年，知州權邦彥以兵赴元帥府勤王，金兵來攻，政守禦有法，紀律嚴明，軍民皆不敢犯。金屢攻城，政皆卻之。夜擣其砦，所得財物盡散士卒，無纖毫入私家。號令明，賞罰信，由是人皆用命。俄攻城甚急，有登城者，火其門樓，與官兵相隔〔四〕，政呼曰：「事急矣。有能躍火而過者，有重賞。」於是有十數人皆以濕氈裹身，持仗躍火而過，大呼力戰，金人驚駭，有失仗者，遂敗走。政大喜，皆厚賞之。未幾政死，城遂陷。權知州事單某者不降，自經死。

姜綬，處州麗水人。金人再犯京師，內外不相聞。朝廷募忠勇士齎蠟書往南京總管司調兵赴援，綬以忠翊郎應募，乃刲股藏書，縋下南壁，爲邏騎所獲，厲聲叱罵，遂被害。建炎中，州上其事，官其子特立承信郎。

劉宣，爲秦鳳路兵馬都監。金人入關、陝，宣遣蠟書密與吳玠相結，且率金將任拱等以所部歸朝。約日已定，有告之者，金人取宣縷劈之，其家屬配曹州。

屈堅，爲右武大夫、忠州防禦使。建炎二年，金人圍陝府，堅引所部救之。圍解，金人執堅，堅曰：「始吾所以來，爲解圍也。城苟全，吾死何憾。」叱金人使速殺之。後贈三官，錄其家五人。

王琦，爲弓門砦巡檢。建炎四年，金人還自熙河，琦禦之。金人立招降旗牓，改年號阜昌，衆皆拜，琦獨不屈。金人執而殺之。

韋永壽者，紹興三十二年〔五〕，以統制官與金人戰和州，子承節郎世堅救之，同死。張浚以言，贈中衛大夫、融州觀察使，世堅贈三官。

鄭覃字季厚，明州人。靖康二年貢于鄉。建炎四年春，金人陷明州，縱兵大掠，覃挈族辟難山谷間。金人追及，與兄章俱被執，脅以刃，曰：「予吾金，卽貰死。」覃號泣指所瘞黃金釵遺之，遂見釋。而金兵相屬，覃挐小舟與其妻董同載去，顧謂章曰：「萬一不得脫，覃豈北面事異國者，兄勉主祭祀。」復爲兵所刼去，迫使之降，覃厲辭罵不屈，躍入水中。董哭曰：「夫亡矣，與其受辱以生，不如死。」亦自沈。

覃死後，孫、曾多舉進士，而清之最顯。覃累贈太師、秦國公，董秦國夫人。

姚興，相州人，靖康中，以州校用。刼殺金人有功，借補承信郎。建炎初，張琪聚兵歸東京留守宗澤，興往從之，又從琪依劉洪道于池州。紹興元年，琪叛，掠饒州，呂頤浩招降之。琪旣聽命而中變，執總管巨師古將殺之，興密諭所部，挾師古同其妻游騎而馳，夜歸頤浩。頤浩義之，請于朝，授武義郎，隸張俊軍中。復從劉錡守順昌，復宿、亳，下城父、永城、臨渙、蘄縣朱家村，遷武略大夫。戰淮壖有功，授右武大夫，累遷建康府駐劄御前破敵軍統制，充荆湖南路兵馬副都監。

紹興三十一年，金人渝盟，興隸都統王權麾下，遇金兵五百騎于廬州之定林，與戰卻之，生得女直鵲殺虎。初，金主亮在壽春，江、淮制置使劉錡命權將兵迎敵，權怯懦不進，錡督戰益急，權不得已守廬州，及金兵渡淮，權遣興拒之，而退保和州。興與金人遇于尉子橋，金人以鐵騎進，興麾兵力戰，手殺數百人。權奔仙宗山，嚴兵自衞，興告急不應，統領戴皐帥馬軍引避。初，李二者，嘗有私恩於權，因得出入軍中，往來兩界貿易，間竊權旗幟遺金人。至是，金人立權旗幟以誤興，興往奔之，父子俱死焉。

事聞，詔贈容州觀察使，又特官其後三人，即其砦立廟。既復淮西，又立廟戰所，賜額旌忠。開禧元年，戶部侍郎趙善堅言：「近守邊藩，詢訪故老，姚興以四百騎當金人十數萬，自辰至午，戰數十合，援兵不至，竟死于敵。金人相謂曰：『有如姚興者十輩，吾屬敢前乎？』興忠勇如此，宜超加爵謚。」於是賜謚忠毅。

張玘字伯玉，世居河南澠池。建炎中，以家財募兵討金人，從者數千人。時翟興制置京西，玘以衆屬焉。金兵長驅渡河，玘禦之白浪口，金人不得渡。積功補武翼大夫、成州刺史。董先爲制置司前軍統制，玘佐之，每戰，冒矢石爲諸軍先。

紹興元年，金將高璦率衆取商州，董先禦之，玘乘銳奔擊，從騎不能屬，單馬至四皓廟，金兵數百騎至，玘瞋目大呼，挺刃突擊，金兵披靡莫敢向。是日，九戰九捷，追至試劍關，爭門，蹂踐死者百人。明年春，偕先繇藍田渡渭，規取長安。時僞齊經略使李諤屯渭北，與金將折合孛堇相爲聲勢。玨陳兵華嚴川，俄白氣貫日，吏士驩奮，戰于興平、咸陽、渭河、石鼈谷。

時劉豫據京師，先軍乏食，僞降豫，不挈家，玨事其夫人如舊。豫使人迎其妻，先密書報玨勿遣，且述必還意。王倚攝虢州，從僞意堅，玨患之。會別將董震自商州來，倚喜曰：「震與我善，今以兵來，天贊我也。」乃與震謀害玨。震陽許而陰以告。翼日，倚詣玨議事，玨叱下，責以大誼，并推官祁宗儒斬之。先是，豫遣人持詔撫諭，以玨爲商虢順州路兵馬都監、同統制軍馬，玨囚其使，至是并戮之。

於是僞齊河南安撫孟邦雄、總管樊彥直據洛陽，兵直抵長水。玨遣將陳俊守白馬山，謝皐守船板山，梁進守錦屛山，盡匿精銳。金兵深入，玨戰東關，三砦響應，金兵潰。玨率精騎三千，一日夜馳三百里，黎明抵河南，邦雄就擒，彥直遁去。便宜升覇州防禦使。三年春，先自僞齊歸，玨還兵柄，退就位，時人義之。

初，翟興既死，朝廷命其子琮襲，至是琮言于朝，眞授玨武翼大夫、果州團練使、河南府孟汝唐州馬步軍副總管。擊金將閻銳于唐、鄧間，先登殺獲千餘人。未幾，詔先一行並聽神武後軍統制。玨從岳飛復京西六州，平湖賊鍾子義〔六〕等，累功進拱衛大夫。入侍衛，始以誅王倚事聞，敕付史館，賜褒詔，進親衛大夫。

三十二年，領御營宿衞前軍都統，屯泗州。時金人攻海州急，詔玘會鎭江都統制張子蓋赴之。賊環城數十匝，矢石如雨，玘戰于州北三里，麾精騎衝其陳，手殺數十人，殲其長，殺獲萬計，海州圍解。玘中流矢卒，子蓋上其功，特贈正任觀察使，官其後九人，廟號忠勇。孝宗卽位，又命祠于戰所，贈淸遠軍承宣使。

子世雄，歿於符離之戰，贈武節大夫。

陳亨祖者，淮寧大豪也。紹興末，官軍已復蔡州，亨祖遂領民兵據淮寧，執金知州完顏耶魯，以其城來歸。命爲武翼大夫、忠州刺史、知淮寧府〔七〕。金兵攻城，亨祖力戰死之，舉家五十餘人皆死。贈容州觀察使，立廟光州，賜額閔忠。

王拱，建康府前軍統制。從都統邵宏淵收復虹縣，進取宿州，屢立奇功。隆興元年五月，與金人接戰，深入營中，自辰至申，力戰死。詔贈正任觀察使，官其家八人，許奏異姓，賜銀三百兩，卽其砦立廟，賜額忠節。

是役也，中亮大夫朱鬢亦死之，贈承宣使。

劉泰，樞密院忠義前軍正將也。慷慨好義，以私財募兵三百，糧儲器械一切不資於官。金人犯壽春，泰率所部赴援，轉戰累日，金人引去，泰身被數十創，一夕死。詔贈武翼郎，官其家三人。

孫逢，眉山人。大觀四年進士，累官至太學博士。張邦昌僭立，有司趣百僚入賀，逢獨堅臥不起。夜既半，同僚彊起之，不從，至垂泣與之訣。時祠部員外郎喻汝礪聞變，捫其膝曰：「不能爲賊臣屈。」遂掛冠去。事畢，有司舉不至者，欲以逢與汝礪復于金人，邦昌以畢至告，乃免。逢聞之曰：「是必將肆赦遷官以重汙我，我其可竢！」遂發疾而卒。

李熙靖，晉陵人。提舉醴泉觀。邦昌使直學士院，熙靖固拒，因憂憤不食，疾且篤，謂友人曰：「百官何日再朝天乎？」泣數行下。邦昌又命禮部侍郎譚世勣權直學士院，世勣亦稱疾堅臥不起。熙靖尋卒。後並贈延康殿學士〔八〕。

趙俊字德進，南京宋城人。紹聖四年進士，官至朝奉郎。隱居杜門，雖鄉里不妄交。劉安世無恙時居河南，暇則獨一過之。徐處仁與俊厚善，及爲丞相，鄉人多見用，俊未嘗往求，處仁亦忘之，獨不得官。建炎末，士大夫皆避地，俊獨不肯，曰：「但固吾所守爾，死生命也，避將安之？」衣冠奔踣於道者相繼，俊晏然不動。劉豫以俊爲虞部員外郎，辭疾不受，以告畀其家，卒卻之，如是再三，豫亦不復彊。凡家書文字，一不用豫僭號，但書甲子。後三年卒。

承直郎姚邦基者，蜀人也。知尉氏縣，秩滿不復仕，屏居村落間，授徒自給。時宗室南渡不及者，尙散居民間，豫募人索之，承務郎閻琦匿不以聞，爲人所告，豫杖之死。

劉化源，耀州人。紹聖元年進士。建炎初，金人陷關陝，守令以城降者，金人因而命之。化源時知隴州，不肯降，城陷被執。金人使人守之，不得死，遂驅入河北，鬻蔬果、隱民間者十年，終不屈辱。

有米璞者，與化源同鄉里，西人皆敬之。璞登政和二年進士第，時通判原州，劉豫欲官之，杜門謝病，卒不汙僞命。

有劉長孺者，亦耀州人。時簽書博州判官廳公事，與豫書，備陳祖宗德澤，勸以轉禍爲福。豫怒，追其官，囚之百日，長孺終不屈。豫後復官之，不從。紹興九年，宣諭使周聿上之朝，詔赴行在，而簽書樞密院事樓炤言璞苦風痺，化源、長孺老病，遂命各轉兩官奉祠；又言新鳳翔教授陰晫守節不仕，詔特改令入官。其後金復渝盟，長孺知華陰縣，不屈而死。

有李嘉者，開封人。宣和六年進士。建炎中，知彭陽縣，亦不降，與民移治境上。令執之以獻，金人欲官之，凡三辭。其後金人以爲歸附，命爲儒林郎，嘉言於所司曰：「昔爲俘獲，不敢受歸附之賞。」還其牒。劉麟聞其賢，命張中孚以禮招致，嘉力拒之。紹興九年死原州。事聞，贈奉議郎，官其家一人。

胡唐老字俊明，樞密副使宿之曾孫也。崇寧間，與弟世將同登進士第。歷南京國子博士，知江陵縣，召爲祕書省校書郎。靖康元年，擢殿中侍御史。金人再犯京師，攻圍日急，唐老請對曰：「城危矣。康王北使，爲河朔士民留不得進，殆天意也。請就拜大元帥，俾召天下兵入援。」宰相何㮚是之，遂遣秦仔持蠟書詣相州，拜王河北兵馬大元帥。

時朝廷趣西兵入衞，而不立帥。唐老疏：「乞命范致虛爲宣撫使，節制諸路以進，不然必無功。」不聽。後致虛以孤軍與金人戰淆、澠間，它路兵不至，遂敗。京城破，金人根括金銀，分命朝臣董之，以臺臣糾察，唐老預焉。出知無爲軍。朝廷竄逐僞命之臣，坐降二官。先是，金人怒民間多匿金銀，杖唐老幾死，以疾得免稱臣於僞楚。至是，唐老不自言故，例從貶秩。

三年，知衢州。苗傅敗走，以亂兵犯城，唐老拒之。會大雨雹，城上矢石俱發，賊不支，遂解去。以功擢祕閣修撰，未幾，進徽猷閣待制，充兩浙宣撫司參謀官，知鎭江府兼浙西安撫使。

杜充降于金，建康失守，潰卒戚方等趣鎭江，城壁頹圮，兵不滿千，獨倚浙西制置韓世忠爲重。世忠復去，唐老度力不敵，因撫之。無何，方欲犯臨安，妄言赴行在，請唐老部衆以行。唐老不從，諭以逆順禍福，方衆環脅之，唐老怒罵方，遂遇害。詔贈徽猷閣直學士，諡定愍。

時安撫司機宜鄭凝之亦以兵死，詔官其家一人。凝之，戩孫也。

王儔，以通判眞州權通判廣德軍。建炎末，盜戚方旣爲劉晏所破，引兵欲趨宣城，道過廣德，入其郛。儔不屈，與權判官李唐俊、權司法潘倜、權知廣德縣韋績、權丞蔣夔皆死。後贈儔二官，唐俊等皆京秩，錄其家一人。

朱嗣孟，饒州樂平人。宣和間進士，爲廣德司戶兼司理。叛卒戚方破鎭江，犯廣德，守倉皇遣招安，無敢往者，奇嗣孟狀貌有膽略，遂以命焉。嗣孟雅自負，不復遜，直詣賊壘，問所以涉吾地何故，爲陳逆順禍福，使自擇所處。方以迕己殺之。事聞，贈宣教郎，官其子。

劉晏字平甫，嚴州人。入遼，舉進士，爲尙書郎。宣和四年，帥衆數百來歸，授通直郎。金人犯京師，以晏總遼東兵，號「赤心隊」。

建炎初，從劉正彥擊淮西賊丁進。進黨頗衆，晏所提赤心騎才八百，乃爲五色旗，使騎兵持之，循山而出，一色盡則以一色易之。賊見官軍累日不絕，顏色各異，遂不戰而降。遷朝散郎。正彥反，晏謂其部曲曰：「吾豈從逆黨者耶？」以衆歸韓世忠。世忠追正彥及苗傅于浦城，以晏騎六百爲疑兵于浦山之陽，賊大駭，晏以所部力戰。正彥既擒，世忠上其功，遷一官。

金人犯建康，杜充兵潰，世忠退保江陰，晏領赤心百五十騎屯青龍。羣寇犯常州，郡守請晏爲援，晏以精銳七千人出奇破之。進直龍圖閣。保馬跡山以捍寇，寇再至，晏選舟師迎戰，降其衆千五百人，郡人爲晏立生祠。

戚方圍宣城，急命晏往援，晏至城下，未立營壘，出不意直擣方帳下，方大驚卻走。晏欲生致方，單騎追之，方率其衆迎戰，晏不能敵，猶手殺數十人，爲賊所害。事聞，贈龍圖閣待制，官其子四人，於死所立廟曰義烈，歲時祀之。

鄭振字亨叔，興化軍仙遊人。建炎中，盜楊勍起，邑令檄振糾集民兵以禦之。振力戰，賊衆披靡，一夕遁去。紹興十三年，羣盜曾少龍、周老龍、何白旗、陳大刀衆至數萬，帥司檄振行，盜素聞振名，不戰自屈。十六年，盜詹鐵义者，入振井里，振帥衆拒之，殺數十人，遂遇害。廟食里中。

有孫知徽者，以朝請大夫通判舒州。紹興元年，賊劉忠入其境，執知徽以去，知徽不屈，忠怒，臠而食之。

孟彥卿，忠厚從父也，頗知兵。通判潭州。建炎三年，潭城中叛卒焚掠，自東門出，帥臣向子諲命彥卿領兵追之，已而招安其衆。未幾，潰兵杜彥自袁州入瀏陽，遂犯善化、長沙二縣。彥卿率民兵拒之，手殺數人，賊勢挫，退還瀏陽。彥卿追與之戰，俄而民兵有自潰者，賊遂乘之，斬彥卿，持其首以告所掠民兵曰：「此善戰孟通判首也。」因支解以徇。

添差通判趙民彥以民兵赴之，鏖戰瀏陽城南南流橋，依山爲陣，殺傷甚衆。偶爲間者折其陣中認旗，衆驚謂民彥已敗，遂潰，民彥爲賊所得。邑士謝淳以才勇，衆推之帥民兵爲前鋒，助民彥戰。淳手殺數十人，力屈亦被執。賊併殺之。事聞，彥卿、民彥並贈直龍圖閣，官其家各三人。淳字景祥，贈成忠郎，官其子晞古。朱熹帥湖南，請爲彥卿、民彥立廟，以淳侑之。

高談字景遂，邵武光澤人。紹定二年，旁郡盜作，諸子請避之，談曰：「昔楊子訓問避寇於胡文定公，語之曰：『往歲盜起燕山，則河北、關中可避；入關，則淮南、漢南可避；今惟二廣，寧保其無寇乎？吾惟存心以聽命爾。』小子識之，此格言也。今南去則汀、劍，西去則盱、贛，皆爲盜區；東去富、沙，雖有城避，吾聞官吏例弗我納；北去廣信，防夫、守隸利人囊篋，指民爲諜，數剽殺之。舍胡公之言未有他策也。」盜入，諸子又請，談曰：「有廟祏在，將焉之？」

盜至，談出曰：「時和歲豐，何忍爲此？」盜曰：「吏貪暴，民無所愬，我爲直之。」談曰：「獨不能檛鼓上聞乎？民何辜而殺之。」盜怒，執諸庭。遺之牛酒，不釋；遺之金帛，不釋。談曰：「然則將何爲？」盜曰：「我欲東破武陽，若得耆老如爾者，率是鄉子弟，吾其濟乎。」談曰：「斯言奚爲至我。」唾賊大罵，遂遇害，而里人賴以免。

談平居言動，必由禮法，故鄉人敬而附之。

連萬夫，德安人，或曰南夫弟也。補將仕郎。建炎四年，羣賊犯應山，萬夫率邑人數千保山砦，賊不能犯。寇浪子者以兵至，圍之三日，卒破之。賊知萬夫勇敢有謀，欲留爲用，萬夫怒，厲聲罵賊，爲所害。贈右承務郎，官其家一人。

謝皐者，開封人，爲鎭撫司統制官。李成陷虢州，欲降之，皐指腹示賊曰：「此吾赤心也。」自剖其心以死。

王大壽，泉州人，爲左翼隊將。紹定五年，海寇王子淸犯圍頭，守眞德秀遣大壽領卒百人防遏。猝與賊遇，奮前控弦，斃賊十餘，後無援者，遂沒。從死者五人。賊就俘，剖心祭之。事聞，贈官，恤其家。

薛良顯字貴勤，溫之瑞安人。登崇寧二年進士第，累官爲大宗正丞，出爲江東轉運使。江寧軍校周德作亂，良顯聞變，率衆與戰，斬十餘級，力不勝，死之。事聞，贈卹良渥。

唐敏求字好古，太平當塗人。宣和六年進士，調德化主簿。盜起，敏求挺身率衆捍賊，度力不能支，諭以禍福，賊憤詆觸，譟而前，遂遇害。事聞，加贈升朝官，仍補其子楠將仕郎。

王師道字居中，兗州人。爲人沈勇。任吉州栗傳砦巡檢。紹興中，與盜戰于吳村，每射輒斃，追擊數里，遇賊有伏于民居者，挺身力戰，遂死。立廟其地。部使者以聞，官其二子。

王輝者，青州人，亦嘗爲栗傳砦巡檢。靖康初，詔起義兵，輝應募，立奇功，官至正使，寓吉州。淳熙二年，茶寇犯邑，郡以輝驍勇，檄之使行。至勝鄉，地險，輝勇於進，士卒不繼，爲賊所得，以刃加頸欲全之，輝含血大罵，遂死。帥司以聞，贈忠州刺史，與恩澤二人，立廟羅陂。

陳霖者，字傳交，泉州人。嘉定十三年進士，爲瑞金尉。盜起江、閩，霖迎敵力戰，盜繫之以去，不屈遇害。

校勘記

〔一〕建炎元年　「元年」原作「二年」，據繫年要錄卷一一、北盟會編卷一一四改。

〔二〕孫暉　疑當作「孫榮」，見繫年要錄卷一九、王明清揮麈錄前錄卷三高宗得尉拒敵故得南渡條。卷目和下文「暉」字各條同。

〔三〕唐璟　繫年要錄卷三三、中興聖政卷七作「唐景」。

〔四〕火其門樓與官兵相隔　原脫，據繫年要錄卷一七、北盟會編卷一一八補。

〔五〕紹興三十二年　據繫年要錄卷一九三、北盟會編卷二三六，金陷和州事在紹興三十一年，「二」字疑爲「一」字之訛。

〔六〕鍾子義　本書卷二八高宗紀、繫年要錄卷九〇作「鍾子儀」。

〔七〕淮寧府　「淮」原作「海」，據繫年要錄卷一九四、本書卷八五地理志改。

〔八〕延康殿學士　按本書卷三五七另有李熙靖傳，作「端明殿學士」，蓋用舊名。

宋史卷四百五十四

列傳第二百一十三

忠義九

趙時賞　趙希洎　劉子薦　黃文政　呂文信　鍾季玉　潘方　耿世安
丁黼　米立　趙文義　楊壽孫　侯畐　王孝忠　高應松　張山翁　黃申
陳夅　蕭雷龍　宋應龍　褚一正　鄒渢　劉子俊　劉沐　孫㮚　彭震龍
蕭燾夫　陳繼周　陳龍復　張鏜　張雲　張汴　呂武　翟信　蕭明哲　杜滸　林琦
蕭資　徐臻　金應　何時　陳子敬　劉士昭　王士敏　趙孟壘　趙孟枀

趙時賞字宗白，和州宗室也，居太平州。咸淳元年擢進士第，累官知宣州旌德縣。德祐元年，北軍至境，時賞擁民兵捍戰有功，升直寶章閣、軍器太監。從二王入閩中。益王即位，擢知邵武軍。未幾，言者以棄城論罷之。

文天祥開都督府于南劍，奏辟參議軍事、江西招討副使。與宗室孟濼提兵趣贛州，取道石城，復寧都縣。數以偏師當一面，戰比有勝。時賞風神明俊，議論慷慨，有策謀，尤爲天祥所知。及空坑之役，兵敗走吳溪，爲追兵所執，不屈死之。

時賞在軍中時，見同列盛輜重，飾姬侍，歎曰：「軍行如春遊，其能濟乎？」及被執，見係纍它僚屬至者，時賞輒麾去，云：「小小簽廳官爾，執此何爲？」由是得脫者衆。

趙希洎，宗室子，居宜春。歷官至戶部尚書。咸淳中，迕丞相賈似道，出領廣東轉運使。德祐元年，制置使黃萬石檄其勤王，得潰卒數百，道經廬陵，郡守邀其軍〔一〕，遂與從子必向避地贛州。亂定歸里，時袁守聶嵩孫，希洎內姻也，勉之內款，不能屈。文天祥兵敗，以失言與必向俱被囚，辭節愈厲，家人饋食，則碎器覆諸地，俱不食，據榻而死。

劉子薦字貢伯，吉州安福人。父夢驥，以進士歷官知澧州，沒於王事。子薦以父任爲湘鄉尉，以獲盜功調撫州司錄。有怨王應亨毆死荷檐黃九者，獄成矣，子薦閱爰書〔二〕，疑而駁之。俄烈風迅雷闢獄戶，裂吏揳〔三〕，殺人者實孔目馮汝能，非應亨也。獄遂白，得免死者八人。事聞，頒諭天下之爲理官者。改知贛縣，監行在左藏庫，通判常德府，知融州。陛辭，度宗慰之曰：「廣郡凋瘵，賴卿撫摩。」子薦對曰：「臣當推行德化，以安其民。」至官，以廉靜著聞。主管仙都觀，廣西經略司檄爲參議官。德祐二年十一月，北兵至靜江，權經略使馬墍遣子薦提總兵槊弩手守城東門，勢不支。時瀛國公已入燕，子薦取笏書其上云：「我頭可斷，膝不可屈。」登城北望再拜，取所衣袍瘞之，語左右曰：「事急不可爲，吾有以死守。」或諷子薦遁去，子薦曰：「死事，義也，何以遁爲？」竟死之。

有黃文政者，淮人。戍蜀，軍潰，間道走靜江。馬墍邀與同守，城破，文政被執，大詬不屈。大軍斷其舌，以次剸刖之，文政含胡叱咄，比死不絕聲。

呂文信，文德之弟也。仕至武功大夫、沿江副司諮議官。德祐初，帥舟師次南康斛林，夾白鹿磯與北兵遇，戰死。特贈寧遠軍〔四〕承宣使。子師憲，特與帶行閤職，與兩子承信郎恩澤。仍立廟賜額。

河湖砦巡檢張興宗亦死之。贈武翼郎，賜緡錢三萬，仍與一子承信郎恩澤。

鍾季玉，饒州樂平人。淳祐七年舉進士，調爲都大坑冶屬，改知萬載縣。淮東制置使李庭芝薦之，遷審計院，改宗正寺簿，又遷樞密院編修，出知建昌軍。會有旨江西和糴，季玉至郡才半年，屬歲旱，度其經賦不能辦，請于朝，和糴得減三之一。遷提舉常平，未幾，改轉運判官，皆不赴。後以江西轉運判官彊起之。郡大胥以賄敗，前使百計護之，季玉卒窮治，投嶺表。俄以秘書丞召還，遭前使構讒而封駁之，改都大提點坑冶。北兵渡江，季玉徙寓建陽，兵至，不屈死之。

有潘方者，温州平陽人。寶祐四年進士，調監慶元府市舶。慶元降附，方不屈赴水死。

耿世安，爲武翼大夫、淮東副總管、兩淮都撥發官。初，諜報大兵至，制置使賈似道調世安提兵往漣水軍增戍。衆方猶豫，世安徑迎至漁溝，以三百騎入陳鏖擊，自午至酉，身被七創，猶能追殺潰兵。收兵還，至數里沒。事聞，贈五官，立廟淮安，賜額忠武。

丁黼，成都制置使也。嘉熙三年，北兵自新井入，詐豎宋將李顯忠之旗，直趨成都。黼以爲潰卒，以旗榜招之，既審知其非，領兵夜出城南迎戰，至石筍街，兵散，黼力戰死之。方大兵未至，黼先遣妻子南歸，自誓死守。至是，從黼者惟幕客楊大異及所信任數人，大異死而復蘇。黼帥蜀，爲政寬大，蜀人思之。事平，賜額立廟。

米立，淮人，三世爲將。從陳奕守黃州，奕降，立潰圍出。江西制置使黃萬石署爲帳前都統制。大兵略江西，立迎戰于江坊，被執不降，繫獄。行省遣萬石諭之曰：「吾官階一箇先牌寫不盡，今亦降矣。」立曰：「侍郎國家大臣，立一小卒爾，何足道。但三世食趙氏祿，趙亡，何以生爲？立乃生擒之人，與投拜者不同。」萬石再三說之，不屈，遂遇害。

趙文義者，郢州都統制。更戍歸，與北兵遇，力戰死之。初，開州之役，文義兄武義亦死焉。

有楊壽孫者，爲雲安軍主簿兼教授佐忠勝軍。端平中，北兵至中江縣，與將官何庚、安惟臣、田廣澤、歹坤等連戰二日，俱死之。壽孫贈通直郎，官一子下州文學。庚等各贈承節，一子進勇副尉。

侯畐字道子，溫州樂清人。三貢于鄉，兩試轉運司，皆第一。以武舉授合浦尉，柳城令，侍衞步軍司〔五〕幹辦公事，侍衞馬軍行司計議官。寶祐五年，制置使賈似道辟通判海州兼河南府計議官。李松壽據山東，突出漣、泗，畐壓城下，死之，闔室遇害。太學生三十一人言於朝，卽海州賜廟旌忠，謚曰節毅，仍立廟其鄉。畐所著有霜厓集。

王孝忠，爲鎭江前軍統制兼淮東路分，戍淮陰。楊貴叛，孝忠率衆迎戰，勝氣百倍。俄水軍統制朱信降賊，孝忠孤軍力不敵，死焉。

高應松，開慶元年進士，繇衡州教授通判廣德軍，召爲國子監丞，權禮部員外郎、翰林權直。北兵自湧金門入，舉朝奔竄，從官留者九人，應松其一也。遷中書舍人、直學士院，尋遷權工部侍郎，進端明殿學士、簽書樞密院事。從瀛國公至燕，絕粒不語，越七日卒。

張山翁字君壽，普州人。景定三年進士。德祐元年，爲荊湖宣撫司幹官。鄂守張晏然議納款，山翁以書譙讓之。晏然既降，山翁被執軍前，諭曰：「若降，不失作顯官。」山翁酬對不屈。行省官賈思貞義之，貸不殺。後居黃鵠山，聚徒教授而終。有南紀、緇林藏、雲山、相鋤等集。

黃申字酉卿，井研人。開慶元年進士，授德安尉，攝主簿兼提點江西刑獄司簽廳，獄事多所辨明。丞相江萬里、提刑黃震交薦之，調樂安丞〔六〕。申爲政廉謹，有治聲。以恩升從事郎。大兵拔撫州，下諸縣索降狀，樂安令率其僚聯署以上。申初聞變，悉遣家人遠避，至是獨抗不往。令遣吏促之，申不動。吏白令，令怒。俄而吏民數百人集于庭，彊舁致之，申顛踣于地，若中風然。衆捽蹴詬叱曰：「爲爾不順，將累我輩。」申陽死爲不聞，令無如之何。申有惠愛在民，至暮，衆舁入寘中堂，翼日或食以粥，得免。遂去，隱巴山中以終。

陳奎字肇芳，一字偉節，饒州安仁人。父詩川，以武功補沭陽令。咸淳元年，父子同舉進士。調滁州司戶參軍。父喪免，改荆閫糧料院，又以母憂去。調朐山主簿。制置使印應雷辟入幕。德祐元年秋，奎繇海道歸杭，授南安軍教授，不就，還家。

奎少與謝枋得遊，會枋得起兵安仁，首拔入幕。執安仁令李景，景，奎里人也。景請得以家貲二萬贖罪，奎曰：「普天之下，莫非王土。家財獨非朝廷錢耶？」聲其罪斬之。景子率鄉民五千報怨，奎度勢不敵，引兵趨信州。會守吏遁去，奎聞於朝，就攝郡事。益王即位，奎入覲，遷宗正寺簿、太府寺丞、領江東安撫使。出上饒，接應郡縣，所部才千餘人，屯火燒山。越數月，戰潰，被執至豫章，元帥憐其才，羈縻館留之，遁去。後三年復起兵，尋敗入積煙山中，自刭死。所著有鶴心集，其詩多譏刺當時之士大夫。弟年同時被執，死焉。

蕭雷龍字顯辰，建昌新城人。景定三年進士，調臨安府學教授，通判衢州。及州守棄城遁，朝命雷龍權知府事。

北兵薄城下，不降，脫去還建昌。建昌已降，雷龍與同里人黃巡檢起兵。時大兵四合，雷龍度不可支，與黃巡檢及麾下數人奔入閩，未出境，爲同安武人徐浚沖獲送縣。權縣尹劉聖仲素與雷龍有怨，殺之。後聖仲北來，泊舟小孤山，有巨艦衝前，建大旗書曰「蕭知府兵」，繼見雷龍坐船上，聖仲大呼，有頃不見，以驚死。

宋應龍者，儒生。通兵，出入行陳三十餘年，爲諮議官，寓泰州。德祐二年六月甲寅，大兵至泰州，裨校孫貴、胡惟孝、尹端甫、李遇春開門迎降，應龍與其妻自縊於圃中。

是時，提刑諮議褚一正字粹翁，廬州人，武舉進士，督戰高沙被創，竟沒于水。知興化縣胡拱辰，縣破，亦死之。

鄒㵯字鳳叔，吉水人，後徙永豐。少慷慨有大志，以豪俠鳴。從文天祥勤王，補武資至將軍。益王立，改寺丞，領江西招諭副使。聚兵寧都，得數萬，改授江西安撫副使。復興國、永豐二縣，進兵部侍郎兼江東、西處置副使。及永豐敗，繼從天祥間關嶺道，未幾，復出開督府，分司永豐、興國境上。北兵驟至，大戰，㵯脫身走至潮州。及天祥被執，㵯自殺。當是時，從天祥勤王死事者，㵯與劉子俊等凡十有九人〔七〕，因次第其名，附見左方。

劉子俊字民章，廬陵人。嘗中漕試。少與文天祥同里閈，相友善。天祥開督府興國，子俊詣府計事，補宣教郎、帶行軍器監簿兼督府機宜。空坑兵敗，子俊收兵保洞源，接應郡縣。尋入廣，與大兵遇，戰潰，復招集散亡，與鄒㵯同趨潮州。天祥兵敗，子俊被執，自詭爲天祥，意使大兵不窮追，天祥可間走也。未幾，別隊執天祥至，相遇於途，各爭眞贋，至大將前，始得其實，乃烹子俊。

劉沐〔八〕字淵伯，廬陵人。文天祥鄰曲也，少相狎暱，天祥好奕，與沐對奕，窮思忘日夜以爲常。及起兵，辟補宣教郎、督府機宜。暨天祥出使，沐領兵還。天祥歸，開府南劍，沐收部曲來會，改授太府寺簿，專將一軍，爲督府親衞。會空坑兵敗，被執至豫章，父子同日死焉。仲子死亂兵，季子復從天祥死嶺南。當時江西忠義皆沐所號召。沐性沈實而圓機，晝夜應酬，亹亹不倦云。

孫㮚字實甫，吉州龍泉人，獻簡公抃之後，天祥長妹壻也。天祥起兵，檄㮚招忠義士，補宣教郎、帶行監官告院、知吉州龍泉縣。天祥擁兵出贛，里人奉㮚復龍泉，拒守不下，尋爲叛者所陷，執至隆興殺之。

彭震龍字雷可，永新人，天祥次妹壻也。性跌蕩喜事，嘗以罪墨。天祥起兵，補宣教郎、帶行太社令、知永新縣。會天祥出使被執，震龍遁歸，吉州已失，乃結峒獠起兵。天祥兵出嶺，震龍接應，復永新。大兵至，震龍爲親黨所執，至帥府，腰斬之，屠永新。

蕭燾夫，永新人，與兄敬夫俱天祥客。燾夫爲詩有豪俊氣。天祥起兵，補從仕郎。及彭震龍謀復其縣，燾夫贊之。縣受屠，兄弟俱死之。

陳繼周字碩卿，寧都人。淳祐三年貢于鄉。以捕盜功行，未奏名，授廉州司法，南豐縣知錄，淮東總領幹官，藤州觀察推官，知吉州永豐縣，改知高安縣、廣東經略司準備差遣、知衡陽縣，辟淮東轉般倉、江東提點刑獄幹辦公事。

未上，會咸淳十年，詔徵勤王，文天祥方守贛州，卽日舉兵，造繼周問計。繼周慨然爲具言閭里豪傑子弟與凡起兵之處，其爲方略甚詳。於是留繼周幕中，晝夜調度，授繼周江西安撫司準備差遣，率贛士以從。繼周雖弱不勝衣，而年德有以服人，士視爲父兄，進止疾徐惟指呼，無敢先後。詔改繼周合入官，帶行監文思院，差充江、浙制置司主管機宜。所部夜襲大兵於南栅門，殺傷相當，質明猶戰，渴赴水死。

張汴字朝宗，一字次山，蜀人。少客丞相吳潛兄弟門，出入荊閫歷年，明習韜略。潛兄弟既罷〔九〕，廢斥者十餘年。繼文天祥起兵，辟爲祕閣修撰，領廣東提舉、督府參謀，左右幕府，知無不爲。空坑兵敗，爲亂兵所殺。處置使鄒渢得其屍葬之。

呂武，太平州步卒也。文天祥出使，武應募從行，偕脫鎮江之難，沿淮東走海道，賴武力爲多。天祥開府南劍，武以武功補官，遣之結約州縣起兵相應。道阻，復崎嶇數千里卽天祥于汀、梅，挺身患難，化賊爲兵。以環衞官將數千人出江西，以遇士大夫無禮，死於横逆，一軍揮涕而葬之。武忠梗出天性，不避彊禦，而好面折人過，多觸忌諱，故及於禍云。

鞏信，安豐軍人。爲荆湖都統，沈勇有謀。本隸蘇劉義部曲，文天祥開督府，劉義以信與王福、張必勝詣天祥。信官至團練使、同督府都統制、江西招討使。初至都府，天祥以義士千人付之，信曰：「此輩徒累人爾。」乃招淮士數千自隨，然常怏怏曰：「有將無兵，其如彼何！」天祥自興國趨永豐，大兵追其後，信戰于方石嶺，中數矢，傷重不能戰，自投厓石而死。士人葬之，顏色如生。贈清遠軍承宣使，立廟旌之。

蕭明哲字元甫，太和人。性剛毅有膽氣〔一〇〕，明大節。少舉進士，天祥開府汀州，辟充督幹架閣監軍。師出嶺，明哲以贛縣民義復萬安，連結諸砦拒守。兵敗，被執不屈，死於隆興。臨刑大罵不絕口，聞者壯之。

杜滸字貴卿，丞相範從子也，少負氣游俠。德祐元年，有詔勤王，滸時宰縣，糾集民兵得四千人。文天祥開閫平江，往附焉。時陳志道等贊天祥出使，滸力爭不可，志道逐之去，已而天祥果見留，志道竊藏逃歸。天祥北行，諸客無敢從者，滸獨慨然請行。特改兵部架閣。從京口，以計賂守夜劉千戶者，得官鐙，脫天祥，偕走淮甸，繇海道以達永嘉。益王即位，授司農卿、廣東提舉、招討副使、督府參謀，尋往溫、台招集兵財。福安陷，與天祥相失，遂趨行朝。蘇劉義疑滸自來，欲殺之，陳宜中、張世傑不可，使人監護之，乃免。久之，奉命復入天祥幕。及空坑兵敗，又與跋涉患難以出。天祥移屯潮州，滸議趨海道，天祥不聽，使護海舟至官富場。滸懼力單，徑趨厓山，兵潰被執，以憂憤感疾卒。

林琦，閩人也。德祐二年，大兵既迫臨安，琦於赭山結集忠義數千人，捍禦海道。以功補宣教郎、督府主管機宜文字，充檢院。文天祥開府南劍，琦佐其幕。琦外文采，內忠實，數涉患難，無怨懟辭。及潮州移屯，琦俱被執，至惠州遁，復執之北行，赴水，爲吏所拔，至建康，以憂憤死。

蕭資，天祥幕下書史也。天祥起兵，資于患難中扶持甚至。空坑兵敗，以全督府印功，升閤門、路鈐轄。資性和厚，臨機應變，輯穆將士，總攝細務，任腹心之寄。潮陽移屯，與大兵遇，死之。

徐臻〔二〕，温州人。父官河南〔三〕，德祐元年春，臻往省，以道阻。會天祥勤王，臻往依之，以筆札典樞密，小心精練。天祥被執，臻脱難復來，願從天祥北行，扶持患難，備殫忠款，至隆興病死。

金應者，性少剛知義。爲天祥職書司，入京補承信郎，官路分。天祥奉使被執，左右皆散，應獨無畔志。及脱走鎮江，至淮東，以憂憤死焉。

何時字了翁，撫州樂安人，天祥同年進士也。調廬陵尉，尋入江西轉運司幕府，還臨江軍司理參軍。郡獄相傳，舊斬一寇，屍能行一里許。衆神之，塐爲肉身臯陶。時至，取故牘閱，此寇嘗掠殺數人，曰：「如此可爲神乎？」命鞭之，湛於水，人服其明。改知興國縣。天祥起兵，辟署帥府機宜、帶行監文思院。天祥入衞，時任留司，分司吉州。鑣運平江，天祥奏時知撫州。吉州下，時脱身歸鄉里。益王立，天祥開府南劍，時起兵趨興國接引，以時帶行卿監〔三〕、江西提刑。時聚兵復崇仁縣，未幾，大軍奄至，兵敗，削髮爲僧，竄迹嶺南，賣卜自給，變姓名，自號堅白道人。

又有陳子敬者，贛州人，以貲雄鄉里，嘗從天祥遊。天祥開閩汀州，子敬募集民兵屯皂口，據贛下流〔四〕。及天祥攻贛，子敬與合謀，忠效甚著。空坑兵敗，復聚兵屯黃塘砦，連結山砦不降。大軍以重兵襲其砦，砦潰，子敬不知所終。

劉士昭，太和人，嘗爲鍼工。與鄉人同謀復太和縣，敗，血指書帛云：「生爲宋民，死爲宋鬼，赤心報國，一死而已。」因以其帛自縊死。

其黨入獄，多乞憐苟免。有王士敏者，獨慷慨不撓，題其裾：「此生無復望生還，一死都歸談笑間，大地盡爲腥血汚，好收吾骨首陽山。」臨刑歎曰：「恨吾病失聲，不能大罵耳。」

同時有趙孟壘者，合州人。登開慶元年第，爲金華尉。臨安降，與從子由鑑懷太皇太后帛書詣益王，擢宗正寺簿、監軍。復明州，戰敗見獲，不屈磔死。

方大軍駐紹興，福王與芮從子曰孟棨，謀舉兵，事泄，被執至臨安。范文虎詰其謀逆，孟棨訴曰：「賊臣負國厚恩，共危社稷，我帝室之胄，欲一刷宗廟之恥，乃更以爲逆乎？」文虎怒，驅出斬之，過宋廟，呼曰：「太祖、太宗列聖之靈在天，何以使孟棨至此？」都人莫不隕淚。既死，雷電晝晦者久之。

校勘記

〔一〕郡守邀其軍　「郡」原作「邵」。按邵州在湖南，而希泊道經廬陵，即江西的吉州，吉州本廬陵郡，如說邵守出邀其軍，於地理上不合。「邵」字當是「郡」字形近之訛，今改。

〔二〕爰書　原作「受書」。按萬斯同宋季忠義錄卷六本傳作「爰書」；「爰書」見史記卷一二二、漢書卷五九張湯傳，爲記錄囚徒口供的文書。據改。

〔三〕裂吏揳　「揳」，上引宋季忠義錄同卷同篇作「楔」，疑是。

〔四〕寧遠軍　原作「定遠軍」，據本書卷四五理宗紀、卷九〇地理志改。

〔五〕侍衞步軍司　「侍」字原脫。按宋代侍衞司分步軍司和馬軍司，據下文「侍衞馬軍行司」例和本書卷一六六職官志官司名稱補。

〔六〕樂安丞　「樂安」二字原倒，按江西無「安樂縣」，據下文「樂安令」和本書卷八八地理志乙正。

〔七〕瀰與劉子俊等凡十有九人　按本卷傳目鄒瀰傳附傳十八人，連鄒瀰共十九人，但其中陳龍復、張鏜、張雲三人有目無文，以下附傳只十五人。

〔八〕劉沐　疑當作「劉洙」，本書卷四一八文天祥傳、文天祥文山先生全集卷一九附鄧光薦文丞相督府忠義傳都作「劉洙」。

〔九〕潛兄弟既罷　「罷」原誤作「失」，據本書卷四一八吳潛傳、宋季三朝政要卷三改。

〔一〇〕性剛毅有膽氣　「毅」字原脫，據文山先生全集卷一六蕭架閣第一百二十四、卷一九文丞相督府忠義傳補。

〔一一〕徐臻　疑當作「徐榛」，見同上書同卷徐榛第一百三十四、卷一九文丞相督府忠義傳。

〔一二〕父官河南　同上書徐榛第一百三十四：「其父官湖北，榛往省，迷失道。」按河南久不屬宋，此處「河南」疑爲「湖北」之誤。

〔一三〕帶行卿監　「卿」字原脫，據同上書卷一九文丞相督府忠義傳補。

〔一四〕據贛下流　「贛」字原脫，據同上書同卷同篇補。

宋史卷四百五十五

列傳第二百一十四

忠義十

陳東　歐陽澈　馬伸　呂祖儉　呂祖泰　楊宏中　華岳
鄧若水　僧眞寶　莫謙之　徐道明

陳東字少陽，鎭江丹陽人。早有儁聲，俶儻負氣，不戚戚於貧賤。蔡京、王黼方用事，人莫敢指言，獨東無所隱諱。所至宴集，坐客懼爲己累，稍引去。以貢入太學。欽宗卽位，率其徒伏闕上書，論：「今日之事，蔡京壞亂於前，梁師成陰謀於後，李彥結怨於西北，朱勔結怨於東南，王黼、童貫又結怨於遼、金，創開邊隙。宜誅六賊，傳首四方，以謝天下。」言極憤切。明年春，貫等挾徽宗東行，東獨上書請追貫還正典刑，別選忠信之人往侍左右。金人迫京師，又請誅六賊。時師成尙留禁中，東發其前後姦謀，乃謫死。

李邦彥議與金和，李綱及种師道主戰，邦彥因小失利罷綱而割三鎮，東復率諸生伏宣德門下上書曰：

在廷之臣，奮勇不顧，以身任天下之重者，李綱是也，所謂社稷之臣也。其庸繆不才、忌疾賢能、動爲身謀、不恤國計者，李邦彥、白時中、張邦昌、趙野、王孝迪、蔡懋、李梲之徒是也，所謂社稷之賊也。

陛下拔綱列卿之中，不一二日爲執政，中外相慶，知陛下之能任賢矣。斥時中而不用，知陛下之能去邪矣。然綱任而未專〔一〕，時中斥而未去，復相邦彥，又相邦昌，自餘又皆擢用，何陛下任賢猶未能勿貳，去邪猶未能勿疑乎？今又聞罷綱職事〔二〕，臣等驚疑，莫知所以。

綱起自庶官，獨任大事，邦彥等疾如仇讎，恐其成功，因用兵小不利，遂得乘間投隙，歸罪於綱。夫一勝一負，兵家常勢，豈可遽以此傾動任事之臣。竊聞邦彥、時中等盡勸陛下他幸，京城騷動，若非綱爲陛下建言〔三〕，則乘輿播遷，宗廟社稷已爲丘墟，生靈已遭魚肉。賴聰明不惑，特從其請，宜邦彥等讒嫉無所不至。陛下若聽其言，斥綱不用，宗社存亡，未可知也。邦彥等執議割地，蓋河北實朝廷根本，無三關四鎮，是棄河北，朝廷能復都大梁乎〔四〕？則不知割太原、中山、河間以北之後，邦彥等能使金人不復敗盟乎？

一進一退，在綱爲甚輕，朝廷爲甚重。幸陛下即反前命，復綱舊職，以安中外之心，付种師道以閫外之事。陛下不信臣言，請徧問諸國人，必皆曰綱可用，邦彥等可斥也。用舍之際，可不審諸！

軍民從者數萬。書聞，傳旨慰諭者旁午，衆莫肯去，方舁登聞鼓撾壞之，喧呼震地。有中人出，衆臠而磔之。於是亟詔綱入，復領行營，遣撫諭，乃稍引去。

金人既解去，學官觀望，時宰議屏伏闕之士，先自東始。京尹王時雍欲盡致諸生於獄，人人惴恐。朝廷用楊時爲祭酒，復東職，遣聶山詣學撫諭，然後定。吳敏欲弭謗，議奏補東官，賜第，除太學錄。東又請誅蔡氏，且力辭官以歸，前後書五上。既歸，復預鄉薦。

高宗即位五日，相李綱，又五日召東至。未得對，會綱去，乃上書乞留綱而罷黃潛善、汪伯彥。不報。請親征以還二聖，治諸將不進兵之罪，以作士氣；車駕歸京師，勿幸金陵。又不報。潛善輩方揭示綱幸金陵舊奏，東言綱在中途，不知事體，宜以後說爲正，必速罷潛善輩。

會布衣歐陽澈亦上書言事，潛善遽以語激怒高宗，言不亟誅，將復鼓衆伏闕。書獨下潛善所。府尹孟庾召東議事，東請食而行，手書區處家事，字畫如平時，已乃授其從者曰：

「我死，爾歸致此於吾親。」食已如廁，吏有難色，東笑曰：「我陳東也，畏死卽不敢言，已言肯逃死乎？」吏曰：「吾亦知公，安敢相迫。」頃之，東具冠帶出，別同邸，乃與澈同斬於市。四明李猷贖其尸瘞之。東初未識綱，特以國故，至爲之死，識與不識皆爲流涕。時年四十有二。

潛善既殺二人，明日府尹白事，獨詰其何以不先關白，徵示愠色，以明非己意。越三年，高宗感悟，追贈東、澈承事郎。東無子，官有服親一人，澈一子，令州縣撫其家。及駕過鎭江，遣守臣祭東墓，賜緡錢五百。紹興四年，並加朝奉郎、祕閣修撰，官其後二人，賜田十頃。

歐陽澈字德明，撫州崇仁人。年少美須眉，善談世事，尚氣大言，慷慨不少屈，而憂國閔時，出於天性。靖康初，應制條斂政，陳安邊禦敵十策，州未許發，退而復采朝廷之闕失，政令之乖違，可以爲保邦御俗之方、去蠹國殘民之賊者十事，復爲書，幷上聞。已而復論列十事，言：「臣所進三書實爲切要，然而觸權臣者有之，迕天聽者有之，或結怨富貴之門，或遺怒臺諫之官，臣非不知，而敢抗言者，願以身而安天下也。」所上書爲三巨軸，厩置卒辭不能舉，州將爲選力士荷之以行。

會金人大入，要盟城下而去，澈聞，輒語人曰：「我能口伐金人，強於百萬之師，願殺身以安社稷。有如上不見信，請質子女於朝，身使穹廬，御親王以歸。」鄉人每笑其狂，止之不可，乃徒步走行在。高宗卽位南京，伏闕上封事，極詆用事大臣，遂見殺，見陳東傳。死時年三十七。

許翰在政府，罷朝，問潛善處分何人，曰：「斬陳東、歐陽澈耳。」翰驚失色，因究其書何以不下政府，曰：「獨下潛善，故不得以相視。」遂力求罷。爲東、澈著哀詞。澈所著飄然集六卷，會稽胡衍既刻之，豐城范應鈴爲立祠學中。

馬伸字時中，東平人。紹聖四年進士。不樂馳騖，每調官，未嘗擇便利。爲成都郫縣丞，守委受成都租。前受輸者率以食色玩好蠱誘而敗，伸請絕宿弊。民爭先輸，至沿途假寐以達旦，常平使者孫俟早行，怪問之，皆應曰：「今年馬縣丞受納，不病我也。」俟薦于朝。崇寧初，范致虛攻程頤爲邪說，下河南府盡逐學徒。伸註西京法曹，欲依頤門以學，因張繹求見，十反愈恭，頤固辭之。伸欲休官而來，頤曰：「時論方異，恐貽子累，子能棄官，則官不必棄也。」曰：「使仲得聞道，死何憾，況未必死乎？」頤歎其有志，進之。自是公暇雖風雨必日一造，忌娼者飛語中傷之，弗顧，卒受中庸以歸。

靖康初，孫傅以卓行薦召，御史中丞秦檜迎辟之，擢監察御史。及汴京陷，金人立張邦昌，集百官，環以兵脅之，俾推戴。衆唯唯，仲獨奮曰：「吾職諫爭，忍坐視乎！」乃與御史吳給約秦檜共爲議狀，乞存趙氏，復嗣君位。會統制官吳革起義，募兵圖復二帝，仲預其謀。邦昌既僭立，賊臣多從臾之，仲首具書請邦昌速迎奉元帥康王。同院無肯連名者，仲獨持以往，而銀臺司視書不稱臣，辭不受。仲投袂叱之曰：「吾今日不愛一死，正爲此耳，爾欲吾稱臣邪？」卽繳申尙書省，以示邦昌。其書略曰：

相公服事累朝，爲宋輔臣，比不幸迫於強敵，使當僞號，變出非常，相公此時豈以義爲可犯，君爲可忘，宗社神靈爲可昧邪？所以忍須臾死而詭聽之者，其心若曰：與其虛遜於人而實亡趙氏之宗，孰若虛受於己而實存以歸之耳。忠臣義士未卽就死，闔城民庶未卽生變者，亦以相公必能立趙孤也。

今金人北還，相公義當憂懼，自列于朝。康王在外，國統有屬，獄訟謳歌，人皆歸往。宜卽發使通問，掃清宮室，率羣臣共迎而立之。相公易服退處，省中庶事皆稟命太后，其赦書施恩惠、收人心等事，日下拘收，俟康王御極施行。然後相公北面引咎，以明身爲人臣，昧於防患，遭寇讎脅汙，當時不能卽死，以待陛下，今復何面目事君，請歸死司寇，爲人臣失節之戒，伏闕下俟命。如此，則明主必能察相公忠實存國，義非苟生，且棄過而錄功矣。

今乃謀不出此，時日已多，肆然尙當非據，偃寢禁闥，若固有之。羣心狐疑，道路混澒，謂相公方挾強金，使人遊說康王，姑令南遁，爲久假不歸之計。上天難欺，下民可畏。相公若以愚言粗知覺悟，及此改圖，猶可轉禍爲福於匪朝伊夕之間。過此以往，則相公包藏已深，志慮轉異，外飾事端，愒日待期，而陰結寇讎，合從爲亂，九廟在天，萬無成理，伸必不能輔相公爲宋朝叛臣也。請先伏死都市，以明此心。」

邦昌得書，氣沮謀喪。明日，議迎哲宗后孟氏垂簾，追還僞赦，乃遣馮澥、李回等迎康王。時王及之等猶請籍龍德宮寶貨，斥賣靈沼魚藕，以資官用。伸復慨然引義檄之曰：「古者人臣去國，三年不反，然後收其田里。君之禮臣如此，臣之報君宜如何？今二聖遠狩，猶未出境，天下之人方且北首，欲追挽而還之。君之府藏燕遊，忍一朝而毀乎？爾等逆節甚矣！」力爭乃止。

高宗卽位，伸拜章以城陷不能救，主遷不能死，請就竄削。上知其有忠力於國，擢殿中侍御史，撫諭荊湖、廣南，以誅邦昌及其黨王時雍等。所過州縣，諏察吏之賢否與民利疚，以次列上于朝。

仲自湖、廣將入奏黃潛善、汪伯彥不法凡十有七事，草疏已具，朝廷方召孫覿、謝克家，乃先奏：「覿、克家趨操不正，在靖康間與王時雍、王及之等七人結爲死黨，附耿南仲倡爲和議，助成賊謀，有不主和議者，則欲執送金人。覿受金人女樂，草表媚之，極其筆力，乃負國之賊，宜加遠竄。」不報。仲又進疏曰：

陛下得黃潛善、汪伯彥以爲輔相，委任不復疑。然自入相以來，處事未嘗愜當物情，遂使女眞日強，盜賊日熾，國本日蹙，威權日削。且三鎭未服，汴都方危，前日遽下還都之詔，至今鑾輿未能順動。其不謹詔命如此。草茅對策不如式，考官罰金可矣，一日黜三舍人，乃取沈晦、孫覿、黃哲輩諸羣小以掌誥命。其黜陟不公如此。吳給、張闇以言事被逐，邵成章緣上言遠竄。其壅塞言路如此。祖宗舊制，諫官御史有闕，御史中丞、翰林學士具名以進，三省不敢預，厥有深旨。近擬用臺諫，多取親舊，不過欲爲己助。其毀法自恣如此。張愨、宗澤、許景衡公忠有才，皆可任重，潛善、伯彥忌之，沮抑至死。其妨功害能如此。或責以救焚拯溺之事，則曰難言，蓋謂陛下制之不得施設也。或問陳東之死，則曰不知，蓋謂其事繇於陛下也。其過則稱君、善則稱己如此。呂源狂橫，陛下逐去，不數月由郡守升發運。其彊狠自專如此。御營使雖主兵權，凡行在諸軍皆其所統，潛善、伯彥別置親兵一千人，請給居處，優於衆兵。其務收軍情如此。廣市私恩，則多復祠官之闕；同惡相濟，則力庇王安中之罪。撫其所爲，豈不辜陛下倚任之重哉？

陛下隱忍不肯斥逐，塗炭遺民固已絕望，二聖還期在何時邪？臣每念此，不如無生。歲月如流，時幾易失，望速罷潛善、伯彥政柄，別選賢者，共圖大事。

疏入，留中。明日，改衞尉少卿。伸以論事不行，辭不拜，錄其疏申御史臺，且疊上章言：「臣言可采，卽乞施行，若臣言非是，合坐誣罔之罪。」移疾待命。旬日，詔伸言事不實，送吏部責濮州監酒稅。時用事者恚甚，必欲殺之，以濮迫寇境，故有是命。趣使上道，伸怡然襆被而行，死道中。或曰王淵在濮，潛善密嗾其不利於伸。天下識與不識皆寃痛之。

明年，金人陷廣陵，伸言始驗，潛善、伯彥始以誤國竄殛，於是臺臣奏伸嘗論潛善等罪，乃復以衞尉少卿召，實未知其存亡也。尋加直龍圖閣。

紹興初，胡安國上時政論，有曰：「伸言潛善、伯彥措置乖方，條其罪狀，凡舉一事，必立一證，皆衆所共知共見，不敢以無爲有，以是爲非。而當時曾不從用，反以爲言事不實而重責之，是罰沮忠讜，邪說何由而息，公道何由而明乎？伸既遠貶，雖有詔命，邈無來期，君子閔焉。賁以龍圖，猶未盡褒勸之典。乞重加追奬，及其子孫，以承天意。」詔贈諫議大夫。

伸天資純確，學問有原委，勇於爲義，而所蘊深厚，恥以自名。建炎初，右正言鄧肅嘗論朝士臣邦昌者，例貶二秩，伸不辨也。凡有建明，輒削其稿，人罕知之。居官，晨興必整衣端坐，讀中庸一遍，然後出涖事。每曰：「吾志在行道。以富貴爲心，則爲富貴所累；以妻子爲念，則爲妻子所奪，道不可行也。」故在廣陵，行篋一檐，圖書半之。山東已擾，家尙留于鄆。常稱：「孔子言：『志士不忘在溝壑〔五〕，勇士不忘喪其元。』今日何日，溝壑乃吾死所也。」

有何兌者，昭武人，受學於伸。伸沒，兌嘗輯其事狀。紹興中，爲辰州通判，覩郵報，秦檜自陳其存趙之功，謂它人莫預。兌徑取所輯事狀達尙書省，檜大怒，下兌荆南詔獄，獄辭皆出吏手，兌坐削官竄眞陽。檜死始放還，復其官。尋卒。

呂祖儉字子約，祖謙之弟也，受業祖謙如諸生。監明州倉，將上，會祖謙卒。部法半年不上者爲違年，祖儉必欲終朞喪，朝廷從之，詔違年者以一年爲限，自祖儉始。

終更赴銓，丞相周必大語尙書尤袤招之，祖儉已調衢州法曹而後往見。潘時經略廣東〔六〕，欲辟爲屬，祖儉辭。尋以侍從鄭僑、張杓、羅點、諸葛庭瑞薦，召除籍田令。

中丞何澹所生父繼室周氏死，澹欲服伯母服，下太常百官雜議。祖儉貽書宰相曰：「禮曰：『爲伋也妻者，是爲白也母。』今周氏非中丞父之妻乎？將不謂之母而謂之何？中丞爲風憲首，而以不孝令，百僚何觀焉。」除司農簿，已而乞補外，通判台州。寧宗即位，除太府丞。

時韓侂胄寖用事，正言李沐論右相趙汝愚罷之。祖儉奏：「汝愚亦不得無過，然未至如言者所云。」侂胄怒曰：「呂寺丞乃預我事邪？」會祭酒李祥、博士楊簡皆上書訟汝愚，沐皆劾罷之。祖儉乃上封事曰：「陛下初政清明，登用忠良，然曾未踰時，朱熹老儒也，有所論列，則亟使之去；彭龜年舊學也，有所論列，亦亟許之去；至於李祥老成篤實，非有偏比，蓋衆聽所共孚者，今又終於斥逐。臣恐自是天下有當言之事，必將相視以爲戒，鉗口結舌之風一成而未易反，是豈國家之利邪？」

又曰：「今之能言之士，其所難非在於得罪君父，而在忤意權勢。姑以臣所知者言之，難莫難於論災異，然言之而不諱者，以其事不關於權勢也。若乃御筆之降，廟堂不敢重違，臺諫不敢深論，給、舍不敢固執，蓋以其事關貴倖，深慮乘間激發而重得罪也。故凡勸導人主事從中出者，蓋欲假人主之聲勢，以漸竊威權耳。比者聞之道路，左右暬御，於黜陟廢置之際，間得聞者，車馬輻湊，其門如市，恃權怙寵，搖撼外庭。臣恐事勢浸淫，政歸倖門，不在公室，凡所薦進皆其所私，凡所傾陷皆其所惡，豈但側目憚畏，莫敢指言，而阿比順從，內外表裏之患，必將形見。臣因李祥獲罪而深及此者，是豈矯激自取罪戾哉？實以士氣頹靡之中，稍忤權臣，則去不旋踵。私憂過計，深慮陛下之勢孤，而相與維持宗社者寖寡也。」

疏既上，束檐待罪。有旨：呂祖儉朋比罔上，安置韶州。中書舍人鄧馹繳奏，祖儉罪不至貶。御筆：「祖儉意在無君，罪當誅，竄逐已爲寬恩。」會樓鑰進讀呂公著元祐初所上十事，因進曰：「如公著社稷臣，猶將十世宥之，前日太府寺丞呂祖儉以言事得罪者，其孫也。今投之嶺外，萬一即死，聖朝有殺言者之名，臣竊爲陛下惜之。」上問：「祖儉所言何事？」然後知前日之行不出上意。侂冑謂人曰：「復有救祖儉者，當處以新州矣。」衆莫敢出口。有謂侂冑曰：「自趙丞相去，天下已切齒，今又投祖儉瘴鄉，不幸或死，則怨益重，曷若少徙內地。」侂冑亦悟。祖儉至廬陵，將趨嶺，得旨改送吉州。遇赦，量移高安。二年卒，詔令歸葬。

祖儉之謫也，朱熹與書曰：「熹以官則高於子約，以上之顧遇恩禮則深於子約，然坐視羣小之爲，不能一言以報効，乃令子約獨舒憤懣，觸羣小而蹈禍機，其愧歎深矣。」祖儉報書曰：「在朝行聞時事，如在水火中，不可一朝居。使處鄉閭，理亂不知，又何以多言爲哉？」在謫所，讀書窮理，賣藥以自給。每出，必草屨徒步，爲踰嶺之備。嘗言：「因世變有所摧折，失其素履者，固不足言矣；因世變而意氣有所加者，亦私心也。」所爲文有大愚集。祖儉從弟祖泰。

祖泰字泰然，夷簡六世孫〔七〕，寓常之宜興。性疏達，尚氣誼，學問該洽。徧遊江、淮，交當世知名士，得錢或分挈以去，無吝色。飲酒至數斗不醉，論世事無所忌諱，聞者或掩耳而走。

慶元初，祖儉以言事安置韶州，既移瑞州，祖泰徒步往省之，留月餘，語其友王深厚曰：「自吾兄之貶，諸人箝口，我雖無位，義必以言報國，當少須之，今未敢以累吾兄也。」及祖儉沒貶所，嘉泰元年，周必大降少保致仕，祖泰憤之，乃詣登聞鼓院上書〔八〕，論侂胄有無君之心，請誅之以防禍亂。其略曰：「道學，自古所恃以爲國也。丞相汝愚，今之有大勳勞者也。立僞學之禁，逐汝愚之黨，是將空陛下之國，而陛下不知悟邪？陳自強，侂胄童孺之師，躐致宰輔。陛下舊學之臣，若彭龜年等，今安在邪？蘇師旦，平江之吏胥，以潛邸而得節鉞；

周筠〔九〕，韓氏之廝役，以皇后親屬得大官。不識陛下在潛邸時果識師旦乎？椒房之親果有筠乎？凡侂胄之徒，自尊大而卑朝廷，一至於此也！願亟誅侂胄及師旦、周筠〔一〇〕，而罷逐自強之徒。獨周必大可用，宜以代之，不然，事將不測。」書出，中外大駭。

有旨：「呂祖泰挾私上書，語言狂妄，拘管連州。」右諫議大夫程松與祖泰狎友，懼曰：「人知我素與遊，其謂預聞乎？」乃獨奏言：「祖泰有當誅之罪，且其上書必有教之者，今縱不殺，猶當杖黥竄遠方。」殿中侍御史陳讜亦以爲言。乃杖之百，配欽州牢城收管。

初，監察御史林采言僞習之成，造端自必大，故有少保之命。祖泰知必死，冀以身悟朝廷，無懼色。既至府廷，尹爲好語誘之曰：「誰教汝共爲章？汝試言之，吾且寬汝。」祖泰笑曰：「公何問之愚也。吾固知必死，而可受教於人，且與人議之乎？」尹曰：「汝病風喪心邪？」祖泰曰：「以吾觀之，若今之附韓氏得美官者，乃病風喪心耳。」

祖泰既貶，道出潭州，錢文子爲醴陵令，私贐其行。侂胄使人迹其所在，祖泰乃匿襄、郢間。侂胄誅，朝廷訪得祖泰所在，詔雪其寃，特補上州文學，改授迪功郎、監南嶽廟。喪母無以葬，至都謀於諸公，得寒疾，索紙書曰：「吾與吾兄共攻權臣，今權臣誅，吾死不憾。獨吾生還無以報國，且未能葬吾母，爲可憾耳。」乃卒。尹王柟爲具棺斂歸葬焉。

楊宏中字充甫，福州人。弱冠補國子生。孝宗崩，光宗以疾不能執喪。時趙汝愚知樞密院，奏請太皇太后迎立寧宗于嘉邸，以成喪禮，朝野晏然。遂命汝愚爲右丞相，登進耆德及一時知名之士，有意慶曆、元祐之治。韓侂胄竊弄國柄，引將作監李沐爲右正言，首論罷汝愚，中丞何澹、御史胡紘章繼上，竄汝愚永州。國子祭酒李祥、博士楊簡連疏救爭，俱被斥。宏中曰：「師儒能辨大臣之寃，而諸生不能留師儒之去，於誼安乎？」衆莫應，獨林仲麟、徐範、張衟、蔣傅、周端朝五人願預其議。遂上書曰：

自古國家禍亂之由，初非一道，惟小人中傷君子，其禍尤慘。君子登庸，杜絕邪枉，要其處心實在於愛君憂國。小人得志，仇視正人，必欲空其朋類，然後可以肆行而無忌。於是人主孤立，而社稷危矣。黨錮獘漢，朋黨亂唐，大率由此。元祐以來，邪正交攻，卒成靖康之變，臣子所不忍言，而陛下所不忍聞也。

臣竊見近者諫臣李沐論前宰相趙汝愚數談夢兆，擅權植黨，將不利於陛下。以此加誣，實不其然。汝愚乞去，中外咨憤，而言者以爲父老懽呼，蒙蔽天聽，一至於此。章穎力辨其非，首遭斥逐，聞者已駭，既而祭酒李祥、博士楊簡相繼抗論，毅然求去，告假幾月，善類皇皇。一旦有外補之命，言者惡其扶植正論，極力詆排，同日報罷，六館之士爲之憤惋涕泣。今李沭自知邪正之不兩立，而公議之不直己也，乃欲盡去正人以便其私，於是託朋黨以罔陛下之聽。臣謂二人之去若未足惜，殆恐君子小人消長之機於此一判，則靖康已然之監，豈堪復見於今日邪？陛下厲精圖政，方將正三綱以維人心，采羣議以定國是，遽聽奸回，槪疑善類，此臣等之所未諭也。

臣願陛下鑒漢、唐之禍，懲靖康之變，精加宸慮，特奮睿斷。念汝愚之忠勤，察祥、簡之非黨，灼李沭之回邪，明示好惡，旌別淑慝，竄李沭以謝天下，還祥、簡以收士心，臣雖身膏鼎鑊，實所不辭。

書奏不報，則繳副封于臺諫、侍從。侂胄大怒，坐以不合上書之罪，六人皆編置，以宏中爲首，將竄之嶺南。中書舍人鄧馹上書救之，不聽。右丞相余端禮拜於榻前至數十，丐免遠徙。上惻然許之，乃送太平州編管。天下號爲「六君子」。

明年，移福州聽讀。嘉泰三年，寧宗幸學，持旨放參。開禧元年，宏中登進士第，教授南劍州。太守余嶸，故相端禮子，與之相得甚懽。侂胄誅，先以言得罪者悉加褒錄。嘉定元年，特遷宏中一秩，亦不拜。六年，以嶸與汪逵、趙彥橚薦，授戶部架閣，俄遷太學正。八年夏旱，上封事，指切無隱。遷武學博士，改宣教郎。

時諫官應武論一學官，宏中季試策士及其故，武聞而銜之。秋戊祀武成王，祭酒行事。

故事，博士攝亞獻，至是不命宏中，宏中白于祭酒。於是武劾宏中與同列競，且謂其激矯不自愛，遂通判潭州。以親老請祠，差知武岡軍，未受卒，年五十三。

端朝字子靜，嘉定三年試禮部第一〔二〕，終刑部侍郎兼侍講。衢字用叟，以父任補官，有二子，與端朝同登進士第。仲麟字景仲，傅字象夫，久居學校，忠鯁有聞，咸以不偶死。範自有傳。

華岳字子西，爲武學生，輕財好俠。韓侂胄當國，岳上書曰：

旬月以來，都城士民彷徨四顧，若將喪其室家；諸軍妻子隱哭含悲，若將驅之水火。闤闠籍籍，欲語復噤，駭於傳聞，莫曉所謂。臣徐考之，則侍衞之兵日月潛發〔三〕，樞機之遞星火交馳，戎作之役倍於平時，郵傳之程兼於疇昔，乃知陛下將有事於北征也。

侂胄以后族之親，位居極品，專執權柄，公取賄賂，畜養無籍吏僕，委以腹心，賣名器，私爵賞，睥睨神器，窺覘宗社，日益炎炎，不敢嚮爾。此外患之居吾腹心者也。

朝臣有以庸瑣之資，請嫺師旦，驟入政府者；有以諛佞之資，附阿侂胄，致身顯貴者。陳自強老不知恥，貪不知止，私植黨與，陰結門第，凡見諸行事，惟知侂胄，不知君父。此外患之居吾股肱者也。

爽、奕、汝翼諸李之貪懦無謀，倪、僎、倬、杲諸郭之膏粱無用，諸吳之恃寵專僭，諸彭之庸孱不肖，皇甫斌、魏友諒〔三〕、毛致通、秦世輔之彫瘵軍心、瘡痍士氣，以致陳孝慶、夏興祖、商榮、田俊邁之徒，皆以一卒之材，各得把麾專制，平日剜膏刻血，包苴侂胄，以致通顯，饑寒之士咸願食其肉而不可得。萬一陛下付以大事，彼之首領自不可保，奚暇爲陛下計哉？此外患之居吾爪牙者也。

程松之納妾求知，或以售妹入府，或以獻妻入閤，魯誼之貢子爲郎，富宮之庸駑充位。此外患之居吾耳目者也。

蘇師旦以穢吏冒節鉞，牙儈名爵；周筠以隸卒冒戎鈐，市易將相。此外患之扼吾咽喉者也。彼之所謂外患者實未足憂，而此之外患蓋已周吾一身之間矣。

「禮樂征伐，自天子出」。所貴乎中國者，皆聽命於陛下也。今也與奪之命、黜陟之權，又不出於陛下，而出於侂胄。是吾有二中國也。命又不出於侂胄，而出於蘇師旦、周筠。是吾有三中國也。女眞以區區之地，猶能逼我淮、漢，曾謂外患之居吾腹心、股肱、耳目、爪牙及吾咽喉，而不憑陵吾之宗廟社稷乎？曾謂一家之中自爲秦、越，一舟之中自爲敵國，而能制遠人乎？比年軍皆掊克，而士卒自仇其將佐；民皆侵漁，而百姓自畔其守令，家自爲戰。此又啓吾中國億萬之仇敵也。今不務去吾腹心、股肱、爪牙、耳目、咽喉與夫億萬之仇敵，而欲空國之師，竭國之財，而與遠人相從於血刃相塗之地，顧不外用其心歟？

臣嘗推演兵書，自去歲上元甲子，五福太一初度吳分，四神直符對臨荆、楚，始擊蜚符旁臨甌、粵，青門直使交次于幽、冀，黑殺黃道正按于燕、趙。考之成法，主算最長，客算最短。兵以先發爲客，後發爲主。自太歲乙丑至庚午六年之間，皆不利於先舉。儻其畔盟犯義，撓我疆埸，至於事不獲已，然後應之，則反主爲客，猶曰庶幾。萬一國家首事倡謀，則將帥內睽，士卒外畔，肝腦萬民，血刃千里。此天數之不利於先舉也。矧將帥庸愚，軍民怨懟，馬政不講，騎士不熟，豪傑不出，英雄不收，餽糧不豐，形便不固，山砦不修，堡壘不設，吾雖帶甲百萬，餫餉千里，而師出無功，不戰自敗。此人事之不利於先舉也。

臣願陛下除吾一身之外患。吾國中之外患既已除〔四〕，然後公道開明，正人登用，法令自行，紀綱自正，豪傑自歸，英雄自附，侵疆自還，中原自復，天下自底於和平，四海自躋於仁壽，何俟乎兵革哉？不然，則亂臣賊子毀冕裂冠，哦九錫隆恩之詩，恃貴不可侔之相，私妾內姬，陰臣將相，魚肉軍士，塗炭生靈，墜百世之遠圖，虧十廟之遺業。陛下此時雖欲不與之偕亡，則禍迫於身，權出於人，俛首待終，何臍可噬。事之未然，難以取信，臣願以身屬之廷尉，待其軍行用師，勞還奏凱，則梟臣之首風遞四方，以爲天下欺君罔上者之戒。儻或干戈相尋，敗亡相繼，强敵外攻，姦臣內畔，與臣所言盡相符契，然後令臣歸老田里，永爲不齒之民。」書奏，侂胄大怒，下大理，貶建寧圜土中。郡守傅伯成憐之，命獄卒使出入毋繫。伯成去，又迕守李大異，復置獄。

侂胄誅，放還，復入學登第，爲殿前司官屬，鬱不得志。謀去丞相史彌遠，事覺，下臨安獄。獄具，坐議大臣當死。寧宗知岳名，欲生之，彌遠曰：「是欲殺臣者。」竟杖死東市。

鄧若水字平仲，隆州井研人。博通經史，爲文章有氣骨。吳曦叛，州縣莫敢抗，若水方爲布衣，憤甚，將殺縣令，起兵討之。夜刲雞盟其僕曰：「我明日謁知縣，汝密懷刃以從，我顧汝，卽殺之。」僕佯許諾，至期三顧不發。歸責其僕以背盟，僕曰：「平人尙不可殺，況知縣乎？此何等事，而使我爲之。」若水乃仗劍徒步如武興，欲手刃曦，中道聞曦死，乃還。人皆笑其狂，而壯其志。

登嘉定十三年進士第。時史彌遠柄國久，若水對策極論其姦，請罷之，更命賢相，否則必爲宗社憂。考官置之末甲。策語播行，都士爭誦之。彌遠怒，諭府尹使逆旅主人幾其出入，將置之罪，或爲之解，乃已。

理宗卽位，應詔上封事曰：

> 行大義然後可以弭大謗，收大權然後可以固大位，除大姦然後可以息大難。
>
> 寧宗皇帝晏駕，濟王當繼大位者也，廢黜不聞於先帝，過失不聞於天下。史彌遠不利濟王之立，夜矯先帝之命，棄逐濟王，幷殺皇孫，而奉迎陛下。曾未半年，濟王竟不幸於湖州，揆以春秋之法，非弑乎？非簒乎？非攘奪乎？當悖逆之初，天下皆歸罪彌遠而不敢歸過於陛下者，何也？天下皆知倉卒之間，非陛下所得知，亦諒陛下必無是心也，亦料陛下必能掃清妖氛，以雪先帝、濟王父子終天之憤。今踰年矣，而乾剛不決，威斷不行，無以大慰天下之望。昔之信陛下之必無者，今或疑其有。昔之信陛下不知者，今或疑其知。陛下何以忍淸明天日，而以此身受此汙辱也？盍亦求明是心於天下，而俾有辭於千古乎？爲陛下之計，莫若遵泰伯之至德，伯夷之淸名，季子之高節，而後陛下之本心明于天下，此臣所謂行大義以弭大謗，策之上也。

自古人君之失大權，鮮有不自廢立之際而盡失之。當其廢立之間，威動天下，既立則眇視人主，是故強臣挾恩以陵上，小人怙強以無上，久則內外相爲一體，爲上者喑默以聽其所爲，日朘月削，殆有人臣之所不忍言者。威權一去，人主雖欲固其位，保其身，有不可得。宣繒、薛極，彌遠之肺腑也；王愈，其耳目也；盛章、李知孝，其鷹犬也；馮榯，其爪牙也。彌遠之欲行某事，害某人，則此數人者相與謀之，曷嘗有陛下之意行乎其間哉？臣以爲不除此數凶，陛下非惟不足以弭謗，亦未可以必安其位，然則陛下何憚久而不爲哉？此臣所以謂收大權以定大位，策之次也。

次而不行，又有一焉，曰：除大姦然後可以弭大難。李全，一流民耳，寓食於我，兵非加多，土地非加廣，勢力非特盛也。賈涉爲帥，庸人耳，全不敢妄動，何也？名正而言順也。自陛下卽位，乃敢倔彊，何也？彼有辭以用其衆也。其意必曰：「濟王，先皇帝之子也，而彌遠放弑之。皇孫，先皇帝之孫也，而彌遠戕害之。」其辭直，其勢壯，是以沿淮數十萬之師而不敢睥睨其鋒。雖曰今暫無事，未也，安知其不一日羽檄飛馳，以濟王爲辭，以討君側之惡爲名？彌遠之徒，死有餘罪，不可復惜，宗社生靈何辜焉？陛下今日而誅彌遠之徒，則全無辭以用其衆矣。上而不得，則思其次，次而不得，則思其下，悲夫！

制置司不敢爲附驛，卻還之。以格當改官，奏上，彌遠取筆横抹之而罷。

嘉熙間，召爲太學博士，當對，草奏數千言，略曰：「寧宗不豫，彌遠急欲成其詐，此其心豈復願先帝之生哉？先帝不得正其終，陛下不得正其始，臣請發冢斲棺，取其屍斬之，以謝在天之靈。往年臣嘗上封事，請禪位近屬，以洗不義之汚，無路自達，今其書尚在，謹昧死以聞。」

將對前一日，假筆吏於所親潘允恭，允恭素知若水好危言，諭筆吏使竊錄之。允恭見之，懼幷及禍，走告丞相喬行簡，亦大駭。翼日早朝，奏出若水通判寧國府。退朝，召閤門舍人問曰：「今日有輪對官乎？」舍人以若水對，行簡曰：「已得旨補外矣，可格班。」若水袖其書待廡下，舍人諭使去，若水怏怏而退。自知不爲時所容，到官數月，以言罷，遂不復仕，隱太湖之洞庭山。

賈似道在京湖，聞其名，辟參軍事。若水雅思其鄉，乃起從其招，因西歸蜀。居山中，有盜夜刼之，若水危坐不動，盜擊其首，流血被面，亦不動，乃舍去。若水爲學務躬行，恥爲空言。削木爲主，大書曰「自古以來忠臣孝子義夫節婦之位」，歲時祀之。有一子，膂力絕人，築山砦，以兵捍衞鄉井。砦破，舉家遇害。

僧眞寶，代州人，爲五臺山僧正。學佛，能外死生。靖康之擾，與其徒習武事於山中。欽宗召對便殿，眷賚隆縟。眞寶還山，益聚兵助討。州不守，敵衆大至，晝夜拒之，力不敵，寺舍盡焚。酋下令生致眞寶，至則抗詞無撓，酋異之，不忍殺也，使郡守劉騊誘勸百方，終不顧，且曰：「吾法中有口四之罪〔二五〕，吾旣許宋皇帝以死，豈當妄言也？」怡然受戮。北人聞見者嘆異焉。

莫謙之，常州宜興僧人也。德祐元年，糾合義士捍禦鄉閭，詔爲溧陽尉。是冬，沒于戰陳，贈武功大夫。

時萬安僧亦起兵，舉旗曰「降魔」，又曰：「時危聊作將，事定復爲僧。」旋亦敗死。

徐道明，常州天慶觀道士也。爲管轄，賜紫。德祐元年，北兵圍城，道明謁郡守姚訔請曰：「事急矣，君侯計將安出？」訔曰：「內無食，外無援，死守而已。」道明亟還，慨然告其徒曰：「姚公誓與城俱亡，吾屬亦不失爲義士。」迺取觀之文籍置石函，藏坎中。兵屠城，道明危坐焫香，讀老子書。兵使之拜，不顧，誦聲琅然；以刃脅之，不爲動，遂死焉。

校勘記

〔一〕然綱任而未專　「然」原作「矣」，據北盟會編卷三四、陳東陳修撰集卷二、靖康要錄卷二改。

〔二〕今又聞罷綱職事　「今又」原作「金人」，據北盟會編卷三四、陳修撰集卷二改。

〔三〕爲陛下建言　「言」原作「立」，據北盟會編卷三四、陳修撰集卷二、靖康要錄卷二改。

〔四〕朝廷能復都大梁乎　「乎」字原脫，據同上三書同卷補。

〔五〕志士不忘在溝壑　「在」字原脫，據孟子滕文公下補。

〔六〕潘時經略廣東　按朱熹朱文公文集卷九四直顯謨閣潘公墓誌，「潘時」作「潘畤」，並說到他知廣州事；吳大燮南宋制撫年表也載潘時於淳熙十三年知廣州。疑作「潘畤」是。

〔七〕夷簡六世孫　「六」原作「五」。按宋史全文卷二九上作「祖泰，元祐戶部尚書公孺之五世孫也。」公孺是夷簡之子，宋史全文所載世次，和本書卷三三六呂公著傳、卷三六二呂好問傳所載輩行相合。據改。

〔八〕乃詣登聞鼓院上書　按本書卷三七寧宗紀、卷四七四韓侂胄傳，又宋史全文卷二九上、兩朝綱目備要卷六都繫此事於慶元六年。此處作嘉泰元年，疑誤。

〔九〕周筠　原作「周均」，據本卷華岳傳、宋史全文卷二九上改。

〔一〇〕顧亟誅侂胄及師旦周筠　「周筠」二字原脫，據宋史全文卷二九上、兩朝綱目備要卷六補。

〔一一〕嘉定三年試禮部第一　按本書卷三九寧宗紀，嘉定三年無科舉記載，嘉定四年賜禮部進士四百六十五人及第出身；通考卷三二選舉考記嘉定四年省元周端朝。此處「三年」疑是「四年」之誤。

〔一二〕日月潛發　按華岳翠微南征錄卷一、莊仲芳南宋文範卷二四華岳上寧宗皇帝諫北伐書作「日夜潛發」，此處「月」字疑是「夜」字之誤。

〔一三〕魏友諒　「友」原作「文」，據本書卷三八寧宗紀、宋史全文卷二九下改。

〔一四〕國中　二字原倒，據翠微南征錄卷一、南宋文範卷二四華岳上寧宗皇帝諫北伐書乙正。

〔一五〕吾法中有口四之罪　「四」原作「回」，查四十二章經，佛法十惡行有所謂口四者，即兩舌、惡口、妄言、綺語，與本文「豈當妄言也」意合。據改。

宋史卷四百五十六

列傳第二百一十五

孝義

李璘 甄婆兒　徐承珪　劉孝忠　呂昇 王翰　羅居通 黃德輿

齊得一　李罕澄　邢神留 沈正　許祚 李琳等　胡仲堯 仲容

陳兢　洪文撫　易延慶　董道明　郭琮 畢贇　顧忻 李瓊　朱泰

成象　陳思道　方綱　龐天祐　劉斌　樊景溫 榮恕旻　祁暐

何保之　李玭　侯義　王光濟 李祚等　江白　裘承詢 孫浦等

常眞 子晏 王洤等　杜誼　姚宗明　鄧中和　毛安輿　李訪

朱壽昌　侯可　申積中　郝戭　支漸　鄧宗古　沈宣　蘇慶文

臺亨　仰忻　趙伯深　彭瑜　毛洵 李籌　楊芾　楊慶　陳宗

郭義　申世寧　荀與齡　王珠　顏詡　張伯威　蔡定　鄭綺

鮑宗巖附

冠冕百行莫大於孝，範防百爲莫大於義。先王興孝以教民厚，民用不薄；興義以教民睦，民用不爭。率天下而由孝義，非履信思順之世乎。太祖、太宗以來，子有復父仇而殺人者，壯而釋之；刲股割肝，咸見褒賞；至於數世同居，輒復其家。一百餘年，孝義所感，醴泉、甘露、芝草、異木之瑞，史不絕書，宋之教化有足觀者矣。作孝義傳。

李璘，瀛州河間人。晉開運末，契丹犯邊，有陳友者乘亂殺璘父及家屬三人。乾德初，璘隸殿前散祗候，友爲軍小校，相遇於京師寶積坊北，璘手刃殺友而不遁去，自言復父讎，案鞫得實，太祖壯而釋之。

雍熙中，又有京兆鄠縣民甄婆兒，母劉與同里人董知政忿競，知政擊殺劉氏。婆兒始十歲，妹方襁褓，託鄰人張氏乳養。婆兒避仇，徙居赦村，後數年稍長大，念母爲知政所殺，又念其妹寄張氏，與兄課兒同詣張氏求見妹，張氏拒之，不得見。婆兒憤怒悲泣，謂兄曰：

「我母爲人所殺，妹流寄他姓，大讎不報，何用生爲！」時方寒食，具酒殽詣母墳慟哭，歸取條桑斧置袖中，往見知政。知政方與小兒戲，婆兒出其後，以斧斫其腦殺之。有司以其事上請，太宗嘉其能復母讎，特貸焉。

徐承珪，萊州掖人。幼失父母，與兄弟三人及其族三十口同甘藜藿，衣服相讓，歷四十年不改其操。所居崇善鄉緝俗里，木連理，瓜瓠異蔓同實，州以聞。乾德元年，詔改鄉名義感，里名和順。承珪嘗爲贊皇令。

劉孝忠，并州太原人。母病經三年，孝忠割股肉、斷左乳以食母；母病心痛劇，孝忠然火掌中，代母受痛。母尋愈。後數歲母死，孝忠傭爲富家奴，得錢以葬。富家知其孝行，養爲己子。後養父兩目失明，孝忠爲舐之，經七日復能視。以親故，事佛謹，嘗於像前割雙股肉，注油創中，然燈一晝夜。劉鈞聞而召見，給以衣服、錢帛、銀鞍勒馬，署宣陵副使。開寶二年，太祖親征太原，召見慰諭。

呂昇，萊州人。父權失明，剖腹探肝以救父疾，父復能視而昇不死。冀州南宮人王翰，母喪明，翰自抉右目睛補之，母目明如故。淳化中，並下詔賜粟帛。

羅居通，益州成都人。母死，廬墓三年，有甘露降墳樹，芝草生其旁。開寶四年，長吏以聞，詔以居通爲延長主簿。

大中祥符初，資州人黃德輿葬父母，負土成墳，甘泉湧其側，降詔旌表。

齊得一，密州諸城人。幼嗜學，及長，能讀五經，善於教授鄉里。士大夫子弟不遠百里，皆就之肄業焉。晉末，皇甫暉爲密州防禦使，得一父爲客將。及暉叛歸淮南，屢率衆剽劫於故郡，民之牛羊犬豕悉取以犒士卒，得一之家被略殆盡。後王萬敢爲防禦使，性貪暴，執鄉民十八家，責其嘗以牛酒餽賊，盡殺之而取其資產，得一親屬死者十餘人，唯得一與兄脫身獲免。明年詣闕上訴，朝廷遣使按鞫之得實，萬敢削官，判官胡轍坐死。得一乃歸鄉里，布衣蔬食，不樂仕進。開寶中，詔郡國舉廉退孝悌之士，本郡卽以得一應詔。至闕，策試中選，授章丘主簿。

李罕澄，冀州阜城人也，七世同居。漢乾祐三年，詔改鄉里名及旌其門閭。太平興國六年，長吏以漢所賜詔書來上，復旌表之。

邢神留，深州陸澤人。父超，逋官租，里胥督租，與超鬥，超歐里胥死。神留年十六，詣吏求代父死。州以聞，特詔減死，賜里胥家萬錢爲棺斂具。

端拱初，泰州海陵人沈正父爲屯田院衙官，凶暴無賴，使酒毆平人死，正中塗見，父恐懼，述其故，正卽號呼褫衣，就毆其屍。巡警者捕送官，獄具，怡然就死，聞者悲之。

許祚，江州德化人。八世同居，長幼七百八十一口。太平興國七年，旌其門閭。淳化二年，本州言祚家春夏常乏食，詔歲貸米千斛。

又有信州李琳十五世同居，貝州田祚、京兆惠從順十世同居，廬州趙廣、順安軍鄭彥圭、信州俞雋八世同居，陝州張文裕六世同居，襄州張巨源劉芳、潭州瞿景鴻、溫州陳侶、江陵褚彥逢五世同居，徐州彭程四世同居，皆賜詔旌表門閭。巨源素習法律，太平興國五年，賜明法及第。芳淳化四年來賀壽寧節，賜進士出身。侶事母至孝，賜其母粟帛。彥逢兄弟五人皆年七十餘，至道元年，轉運使表其事，詔補彥逢教練使。

胡仲堯，洪州奉新人。累世聚居，至數百口。構學舍于華林山別墅，聚書萬卷，大設廚廩，以延四方游學之士。南唐李煜時嘗授寺丞。雍熙二年，詔旌其門閭。仲堯詣闕謝恩，賜白金器二百兩。淳化中，州境旱歉，仲堯發廩減市直以振饑民，又以私財造南津橋。太宗嘉之，除本州助教，許每歲以香稻時果貢于內東門。五年，遣弟仲容來賀壽寧節。召見仲容，特授試校書郎，賜袍笏犀帶，又以御書賜之。公卿多賦詩稱美。仲堯稍遷國子監主簿，致仕，卒。

仲容字咸和，咸平三年，復至闕貢土物，改大理評事，屢被賜賚。仲容建本縣孔子廟，頗爲宏敞。後遷光祿丞致仕，天禧中，特賜緋魚。卒，年七十九。以弟之子用訥爲後，試校書郎。仲容弟克順，端拱二年進士，至都官員外郎、三司戶部判官。仲容子用之洎從子用莊、用舟，並進士及第。

陳兢，江州德安人，陳宜都王叔明之後。叔明五世孫兼，唐右補闕。兼生京，祕書少監、集賢院學士，無子，以從子襃爲嗣，襃至鹽官令。襃生灌，高安丞。灌孫伯宣，避難泉州，與馬總善，注司馬遷史記行於世；後遊廬山，因居德安，嘗以著作佐郎召，不起，大順初卒。伯宣子崇爲江州長史，益置田園，爲家法戒子孫，擇羣從掌其事，建書堂教誨之。僖宗時嘗詔旌其門，南唐又爲立義門，免其徭役。崇子袞，江州司戶。袞子昉，試奉禮郎。昉家十三世同居，長幼七百口，不畜僕妾，上下姻睦，人無間言。每食，必羣坐廣堂，未成人者別爲一席。有犬百餘，亦置一槽共食，一犬不至，羣犬亦皆不食。建書樓於別墅，延四方之士，肄業者多依焉。鄉里率化，爭訟稀少。開寶初，平江南，知州張齊上請仍舊免其徭役，從之。昉弟之子鴻。太平興國七年，江南轉運使張齊賢又奏免雜科。兢即鴻之弟。淳化元年，知州康戩又上言兢家常苦食不足，詔本州每歲貸粟二千石。

後兢死，其從父弟旭每歲止受貸粟之半，云省嗇而食，可以及秋成。屬歲儉穀貴，或勸其全受而糶之，可邀善價，旭曰：「朝廷以旭家羣從千口，軫其乏食，貸以公粟，豈可見利忘義，爲罔上之事乎？」至道初，遣內侍裴愈就賜御書，還，言旭家孝友儉讓，近於淳古。太宗嘗對近臣言之，參知政事張洎對曰：「旭宗族千餘口，世守家法，孝謹不衰，閨門之內，肅於公府。」且言及旭受貸事。上以遠民義聚，復能固廉節，爲之嘆息。大中祥符四年，以旭爲江州助教。旭卒，弟蘊主家事。天聖元年，又以蘊繼爲助教。蘊卒，弟泰主之。泰弟度，太子中舍致仕。從子延賞、可，並舉進士。延賞職方員外郎。

洪文撫，南康建昌人，本姓犯宣祖偏諱，改焉。曾祖諤，唐虔州司倉參軍，子孫衆多，以孝悌著稱。六世義居，室無異爨。就所居雷湖北創書舍，招來學者。至道中，本軍以聞，遣內侍裴愈齎御書百軸賜其家。文撫遣弟文舉詣闕貢土物爲謝，太宗飛白一軸曰「義居人」以賜之，命文舉爲江州助教。三年八月，又詔表其門閭。自是每歲遣子弟入貢，必厚賜答之。文撫兄子待用，登咸平三年進士第，至都官員外郎。

易延慶字餘慶，筠州上高人。父贇，以勇力仕南唐至雄州刺史。延慶幼聰慧，涉獵經史，尤長聲律，以父蔭爲奉禮郎。顯德四年，周師克淮南，贇歸朝，授道州刺史；延慶亦授大名府兵曹參軍，後爲大理評事，知臨淮縣。乾德末，贇卒，葬臨淮。延慶居喪摧毀，廬於墓側，手植松柏數百本，旦出守墓，夕歸侍母。紫芝生於墓之西北，數年又生玉芝十八莖。本州將表其事，延慶懇辭。或畫其芝來京師，朝士多爲詩賦，稱其孝感。

服闋，延慶以母老稱疾不就官。母卒後，藁殯數年，延慶出爲大理寺丞。嘗司建安市征，及母葬有期，私歸營葬，掩壙而返。知軍扈繼昇言其擅去職，坐免所居官，復廬墓側數年。母平生嗜栗，延慶樹二栗樹墓側，二樹連理，蘇易簡、朱台符爲贊美之。後知端州，卒。子綸，大中祥符元年，進士及第。

董道明，蔡州褒信人。母死出葬，道明潛匿墓中，人瘞之，經三日，家人發冢取之，道明無恙，終身廬於墓側。

郭琮，台州黃巖人。幼喪父，事母極恭順。娶妻有子，移居母室。凡母之所欲，必親奉之。居常不過中食，絕飲酒茹葷者三十年，以祈母壽。母年百歲，耳目不衰，飲食不減，鄉里異之。至道三年，詔書存恤孝悌，鄉老陳贊率同里四十人狀琮事于轉運使以聞，有詔旌表門閭，除其徭役。明年，母無疾而終。琮哀號幾乎滅性，鄉閭率金帛以助葬。

又有越州應天寺僧者，幼貧無以養母，剃髮乞食以給晨夕。母年一百五歲而終。

潭州長沙人畢贊，仕郡爲引贊吏，性至孝，父母皆年八十餘。轉運使表其事，詔贊解職終養。

顧忻，泰州泰興人。十歲喪父，以母病，葷辛不入口者十載。鷄初鳴，具冠帶率妻子詣母之室，問其所欲，如此五十年，未嘗離母左右。母老，目不能覩物，忻日夜號泣祈天，刺血寫佛經數卷。母目忽明，燭下能縫紝，九十餘無疾而終。

又有杭州仁和人李瓊，以鬻繒爲業，事母孝，夜常十餘起省母。母喜食時新，瓊百方求市，得必十倍酬其直。

朱泰，湖州武康人。家貧，鬻薪養母，常適數十里外易甘旨以奉母。泰服食麤糲，戒妻子常候母色。一日，鷄初鳴入山，及明，憩于山足，遇虎搏攫負之而去。泰已瞑眩，行百餘步，忽稍醒，厲聲曰：「虎爲暴食我，所恨母無託爾！」虎忽棄泰於地，走不顧，如人疾驅狀。泰匍匐而歸。母扶持以泣，泰亦彊舉動，不踰月如故。鄉里聞其孝感，率金帛遺之，里人目爲朱虎殘。

成象，渠州流江人。以詩書訓授里中，事父母以孝聞。母病，割股肉食之，詔賜束帛醪酒。淳化中，李順盜據郡縣，象父母驚悸而死，燼骨寄浮圖舍，象號泣營葬。賊平，鄉里率錢三百萬贈之。象廬於墓側，以衰服襟袂篩土於墳上，日三斗。每慟，聞者戚愴。未嘗食肉衣帛，或贈之亦不受。虎豹環廬而臥，象無畏色。鷰百餘集廬中，禾生墓側吐九穗。服終猶未還家，知禮者爲書以諭之，遂歸教授，遠近目爲成孝子。

陳思道，江陰人。喪父，事母兄以孝悌聞。鬻醯市側，以給晨夕，買物不酬價，如所索與之。母病，思道衣不解帶者數月，雙目瘡爛，飲食隨母多少。洎母喪，水漿不入口七日。既葬，哀鬻醯之利，得錢十萬，奉其兄。結廬墓側，日夜悲慟，其妻時攜兒女詣之，拒不與見。夏日種瓜，以待過客。晝則白兔馴狎，夜則虎豹環其廬而臥。咸平元年，知軍上其事，詔賜束帛，旌其門。

方綱，池州青陽人。八世同爨，家屬七百口，居室六百區，每旦鳴鼓會食。嘗出稻五千斛振貸貧民。景德二年，轉運使馮亮以聞，詔旌其門。天禧中，侍御史韓億安撫江南，使還，言綱家稅籍錢四百餘千，米二千五百斛，同居四百年，而本縣科率一無寬假，望蠲其戶雜科，詔從之。

龐天祐，江陵人，以經籍教授里中。父疾，天祐割股肉食之；疾愈，又復病目喪明，天祐號泣祈天舐之。父年八十餘，大中祥符四年卒，天祐負土封墳，結廬其側，晝夜號不絕聲。知府陳堯咨親往致奠，上其事，詔旌表門閭。天祐家無儋石儲，居委巷中，堯咨爲徙里門之右，築闕表之。

劉斌，定州人。父加友，端拱中爲從弟志元所殺。斌兄弟皆幼，隨母改適人，母嘗戒之曰：「爾等長，必復父仇。」景德中，斌兄弟挾刀伺志元於道，刺之不殊，即詣吏自陳。州具獄上請，詔志元黥面配隸汝州，釋斌等罪。

樊景溫，陝州芮城人；榮恕旻，雄州歸信人。兄弟異居積年。大中祥符中，景溫樗樹五枝并爲一，恕旻家楡樹兩本自合，兩家感其異，復義聚，鄉人稱雍睦。

祁暐字坦之，萊州膠水人。淳化三年進士，歷度支員外郎、直集賢院。天禧中，出知濰州，母卒，葬于州城之南。暐既解官，就墳側構小室，號泣守護，蔬食，經六冬，墮足二指。有白烏白兔馴擾墳側，州人異之，以狀聞。有詔旌美，賜帛三十匹、粟三十石，令長吏每月存問。

何保之，梓州通泉人。業進士，有至行。母卒，負土成墳，廬於其側。日有羣烏飛集墳上，哀鳴不去，又嘗有兔馴於坐隅，人稱異焉。大中祥符降詔旌恤。

李玭，大名宗城人。性篤孝，力耕以事母。母卒，讓田與其弟堅，遂廬於葬所，晝夜號泣，負土築墳高丈餘。又以二代及諸族父母藁葬者盡禮築之，凡三年成六墳，皆丈餘。不食肉衣帛，不預人事，遑遑然唯恐築之不及，墳成，復留守墳三年。常令兄之子賣藥以自給。年六十餘，足未嘗入縣門。鄉人目爲李孝子。天禧中，知府張知白以狀聞，詔賜粟帛，令府縣安存之。里中有母在而析產者聞玭被旌，兄弟慚懼，復相率同居。

侯義，應天府楚丘人。貧無產，傭田以事母。里人有葬其親而遽返者，義母過其冢，泣謂義曰：「我死，其若是乎！」義乃感激自誓而不欲言，但慰其母曰：「勿悲，義必不爾。」咸平中，母卒，義力自辦葬，不掩墳壙，晝則負土築墳，夜則慟哭柩側。妻子困匱不給，田主曹氏哀憐之，資以餱糧。踰年，墳間瓜異蔕、木連理，又有巨蛇遶其側不暴物，野鵠飛而不去。嘗遇盜劫其衣服，既而知是義物，悉還之。

王光濟，廬州人。喪母，因刻像日夕奉事如平生，孝道純篤。咸平二年，本州以孝聞，有詔旌之。

時又有徐州豐人李祚，親喪，廬墓側凡二十七年，家人百計勉諭，不聽。兗州雙流人周善敏，喪父，廬於墓側。母病，又割股肉以啖之，遂愈。大中祥符九年，特詔旌表祚，賜善敏粟帛存慰之。

江白，建昌人，景德二年進士。父禹錫，有節義，高年不仕，躬自教授，大中祥符初，獻東封詩十五篇，有詔嘉美，賜以粟帛，歲時遣使存問，五年，卒。白自鄞尉罷還，負土營葬，廬於墓側，蓼虆芒屩，晝夜號泣，將終制猶然。轉運使以其狀聞，詔賜帛二十匹，粟麥二十石，醪酒十缸。

裘承詢，越州會稽人。居雲門山前，十九世無異爨。子弟習弦誦，鄉里稱其敦睦。州以聞，詔旌其門閭。

咸平後，又有保定軍孫浦、襄州常元紹、蔡州王美、解州董孝章並十世同居，莫州高珪、永定軍朱仁貴、潞州邢濬、相州趙祚八世同居，麟州楊榮、隰州趙友、開封李居正、潁州張可象、衞州張珪、滄州崔諒七世同居，邢州王覺、趙州曹遵六世同居，兗州童升、陳州樊可行、京兆元守全、平定軍段德五世同居，開封張仁遇、亳州王子上、建昌軍瞿肅四世同居。肅家百五十口，長幼孝悌，鄉人化之。又河陰王世及、大名李宗祜、陳州劉閏、宣州汪政、潭州李耕，或聚居至七百口，累數十百年。並所在請加旌表，詔從之，仍蠲其課調。

大中祥符初，東封泰山，判兗州王欽若言曲阜東野宜、乾封甯益合居五六世，有節行。四年，祀汾陰，考制度使馬起言陝州張化基、閻用和、楊忠義聚族累世，孝悌可稱。並卽行在所降詔褒美，各優賜粟帛。

常眞，陳州項城人。父母死，廬墓終喪，負土成墳，不茹葷血。周廣順中，詔旌其門閭。開寶七年，本州以聞，詔再加旌表。眞妻病，子晏割股肉以養母，及死，次子守規徒跣，日一食，廬墓三年。太平興國八年，詔旌表之。

又有齊州王洤、河南李繼成、滄州胡元興，並母死負土成墳，晝夜哭不絕聲。州郡繼以聞，皆降詔旌其門閭，賜以粟帛。

杜誼字漢臣，台州黃巖人。事父母至孝。父剛嚴，誼獨失愛，惴惴不自容，伺顏色而後進。繼喪父母，號慟晝夜不絕，勺水不入口者累日。卜葬，徒跣負土爲墳，往來十餘里，日渡塘澗，泥水沒骭，雖大雨雪未嘗少止。手足皸裂血流，以滲塗之。每覆一畚，必三遶墳號而後去。既葬，遂茇舍墓旁，負土終喪，人往視之，輒遣去。日一飯，不葷。雖虎狼交於墓側，誼泰然無所畏。明年，吳越大水，山皆發洚，推巨石走十數里。台州山最高而水又夜至，旁山之民，居廬、墓田、畜牧漂壞者甚衆，而獨不及誼。邑人狀其事以聞，詔書嘉獎。

事族父衍甚謹，衍愛之均諸子。以祖垂象廕入官，至贊善大夫。嘗知永城縣，歲捐奉錢三十萬，以收瘞汴渠之溺死者凡四十餘。又出奉錢率其下新文宣王廟，兩旁爲學舍數十區，旦夕講學於其堂。永城父老稱誼之政爲不可及。

誼生平敦厚，尚信義，有大志，家貧，不恤有無，常推以濟親友。後通判梓州，卒。子揆纔十六歲，哭誼墓旁卒。

姚宗明，河中永樂人也。其十世祖栖雲，當唐貞元中，調卒戍邊，栖雲之父語其兄曰：「兄嗣未立，可無往。某幸有子，請代兄行。」遂戰沒塞上。時栖雲方三歲，其母再嫁，栖雲養於伯母。既長，事伯母如其母，伯母亡，栖雲葬之。又招魂葬其父，痛其父死於邊，乃廬於墓次，終身哀慕不衰。縣令蘇轍以俸錢買地，開阡刻石表之。河中尹渾瑊上其事，詔加優賜，表其門，名其鄉曰孝悌，社曰節義，里曰敬愛。

棲雲生岳，岳生君儒，君儒生師正。自岳至師正，四世廬墓。五世孫曰厚，六世曰雅，七世曰文，八世曰敬眞，九世曰直，十世曰宗明。當慶曆初，有司以姚氏十世同居聞于朝，仁宗詔復其家。十一世孫用和，十二世孫士明，十三世孫德。自宗明至德又三世，自慶曆以後又五十餘年，而其家孝睦不替。

姚氏世爲農，無爲學者。家不甚富，有田數十頃，聚族百餘人。子孫躬事農桑，僅給衣食，歷三百餘年無異辭者。經唐末、五代，兵戈亂離，而子孫保守墳墓，骨肉不相離散，求之天下，未或有焉。

鄧中和字祖德，開封長垣人。舉三禮。景祐、慶曆間喪親，廬墓終其喪，定省往來如事生者二十年，負土累墳高三丈。

毛安輿，嘉州洪雅人。年九歲父死，負土爲墳，廬於其側三年。知益州張方平聞之，遺以酒饌，狀其事以聞。

李訪，韶州人，業進士。廬父母墓，有虎暴傷旁人而不近訪，又有白烏集墓上。

朱壽昌字康叔，揚州天長人。以父巽蔭守將作監主簿，累調州縣，通判陝州、荆南，權知岳州。州濱重湖，多水盜。壽昌籍民船，刻著名氏，使相伺察，出入必以告。盜發，驗船所向窮討之，盜爲少弭，旁郡取以爲法。

富弼、韓琦爲相，遣使四出寬恤民力，擇壽昌使湖南。或言邵州可置冶采金者，有詔興作。壽昌言州近蠻，金冶若大發，蠻必爭，自此邊境恐多事，且廢良田數百頃，非敦本抑末之道也。詔亟罷之。

知閬州，大姓雍子良屢殺人，挾財與勢得不死。至是，又殺人而賂其里民出就吏。獄具，壽昌覺其姦，引囚詰之曰：「吾聞子良與汝錢十萬，許納汝女爲婦，且婿汝子，故汝代其命，有之乎？」囚色動，則又擿之曰：「汝且死，書券抑汝女爲婢，指錢爲顧直，又不婿汝子，將奈何？」因悟，泣涕覆面，曰：「因幾慄死。」以實對。立取子良正諸法。郡稱爲神，蜀人至今傳之。

知廣德軍。壽昌母劉氏，巽妾也。巽守京兆，劉氏方娠而出。壽昌生數歲始歸父家，母子不相聞五十年。行四方求之不置，飲食罕御酒肉，言輒流涕。用浮屠法灼背燒頂，刺血書佛經，力所可致，無不爲者。熙寧初，與家人辭訣，棄官入秦，曰：「不見母，吾不反矣。」遂得之於同州。劉時年七十餘矣，嫁党氏有數子，悉迎以歸。京兆錢明逸以其事聞，詔還就官，由是以孝聞天下。自王安石、蘇頌、蘇軾以下，士大夫爭爲詩美之。壽昌以養母故，求通判河中府。數歲母卒，壽昌居喪幾喪明。既葬，有白烏集墓上。拊同母弟妹益篤。

又知鄂州，提舉崇禧觀，累官司農少卿，易朝議大夫，遷中散大夫，卒，年七十。壽昌勇於義，周人之急無所愛，嫁兄弟兩孤女，葬其不能葬者十餘喪，天性如此。

侯可字無可，華州華陰人。少倜儻不羈，以氣節自許。既壯，盡易前好，篤志爲學。隨計入京，里中醵金贐行。比還，悉散其餘與同舉者，曰：「此金，鄉里所以資應詔者也，不可以爲他利。」且行，聞鄉人病，念曰：「吾歸，則彼死矣！」遂留不去。病者瘉，輟己馬載之，徒步而歸。

孫沔征儂傜，請參軍事，奏功得官，知巴州化城縣。巴俗尚鬼而廢醫，唯巫言是用，娶婦必責財，貧人女至老不得嫁。可爲約束，立制度，違者有罪，幾變其習。再調華原主簿。富人有不占田籍而質人田劵至萬畝，歲責其租。可晨馳至富家，發櫝出劵歸其主。郡吏趙至誠貪狡凶橫，持守以下短長，前後莫能去。可暴其罪，荷校置獄，言於大府誅之，聞者快服。

簽書儀州判官。西夏寇邊，使者使可按視，即以數十騎涉夏境，猝與之遇，亟分其騎爲三四，令之曰：「建爾旗幟，旋山徐行。」夏人循環間見，疑以爲誘騎不敢擊。韓琦鎮長安，薦知涇陽縣。說渭源羌酋輸地八千頃，因城熟羊以撫之。琦上其功。又議復鄭白渠，得召對，旋以微罪罷。官至殿中丞，卒于家，年七十二。

可輕財樂義，急人之急，憂人之憂。與田顏爲友。顏病重，千里求醫，未歸而顏死，目不瞑。人曰：「其待侯君乎？」且斂而可至，拊之乃瞑。顏無子，不克葬，可辛勤百營，鬻衣相役，卒葬之。方天寒，單衣以居，有饋白金者，顧顏之妹處室，舉以佐其匳具。一日自遠歸，家以窶告，適友人郭行扣門曰：「吾父病，醫邀錢百千，賣吾廬而不售。」可惻然，計橐中裝略當其數，盡與之。關中稱其賢。

申積中，成都人。襁褓中，楊繪從其父起求之爲子。及長，知非楊氏而絕口不言。年十九，登進士第。事所養父母，盡孝終身。有二弟一妹，爲畢婚娶，始歸本族，復爲申氏，蜀人以純孝歸之。政和六年，以奉議郎通判德順軍。翰林學士許光凝嘗守成都，得其事薦諸朝，召赴京師，擢提舉永興軍學事，道卒。光凝復與宣和殿學士薛嗣昌、中書舍人宇文黃中表其操行，詔予一子官。

初，光凝所同薦者三人：其一河陽故大理丞陳芳，一門十四世，同居三百年；一鄧州王襄，經術登科，年未六十，請老，事孀嫂如母，養孤甥如子，敎誨後進，賙恤鄉里貧民，以學行稱。乞加獎異。詔表芳門閭，賜襄號「處士」。

郝戩字伯牙，石州定胡人。家貧，竭力營養。或憐傷之，貸以錢數百萬，使取息自贍，戩重謝，留錢五六年不用，復返之。舉進士，調宛丘尉、舞陽主簿、通山令。時年未五十，以父樵老不第，上書請致仕，爲父求官。執政諭使赴官而後請，曰：「如是，則可升朝籍，遇恩及親矣。」於是留妻子於家，獨奉父行，踰歲竟謝事。上官以其治縣有績，惜其去，固留之；耆老拜庭遮道，皆不能止。得太子中允以歸，未至鄉里而樵卒。自畚土造冢，人有助之者，使置土冢上，去則隨撤之。服除，州以狀聞，詔賜粟帛。

治平末，以翰林學士呂公著薦，起爲奉寧軍推官，涇原經略使亦奏辟幕府。戩曰：「向所以未老致仕，欲官及親也。既不能及，尚庶幾以恩得贈，今則無及矣！」姻族語其妻聶氏，使勸戩仕，曰：「吾不德，無以助君子，矧敢強其所不欲以累其高哉。」聶事舅姑亦以孝義著。戩忠信自將，篤行苦節，不仕而卒。司馬光爲銘其墓。

支漸，資州資陽人。年七十，持母喪，既葬，廬墓側，負土成墳，蓬首垢面，三時號泣，哀毀瘠甚。白蛇貍兔擾其旁，白雀白烏日集于壠木，五色雀至萬餘，回翔悲鳴若助哀者。鄉人句文鼎自娶婦即與父母離居，覩漸至行，深自悔責，號慟而歸，孝養盡志。鄉閭觀感而化者甚衆。

鄧宗古，簡州陽安人。父死，自培土爲墳，廬其側，晨夕號慟，甘露降于墓木。里中號爲鄧孝子。

沈宣，汝州梁人。母亡，既葬，不塞墓門三十有六月，晝負土，夜拊棺而臥，爲墳廣百尺。妻高氏亦有孝行。漸以下三人，元豐中，皆褒賜粟帛。

蘇慶文、臺亨，皆夏縣人。慶文事父母以孝聞。母少寡，慶文懼其妻不能敬事，每戒之曰：「汝事吾母，少不謹必逐汝。」妻奉教，母得安其室終身。亨工畫，元豐中，朝廷修景靈宮，調天下畫工詣京師，選試其優者待詔翰林，畀以官祿，亨名第一。以父老固辭歸養，閭里賢之。

仰忻字天貺，溫州永嘉人。力學，以篤行稱。年五十餘，執母喪盡孝禮。躬自負土，廬于墓側，有慈烏白竹之瑞。紹聖中，郡守楊蟠表其里「孝廉坊」。大觀二年，以行取士〔一〕，郡以忻應詔。未幾卒，特贈將仕郎。

趙伯深字逢原。父子佪，宣和間爲棣州兵官屬。會兵動燕雲，子佪被檄往塞上。伯深時尚幼，與其母張留居棣州。既而金人渡河，伯深母子相失。子佪亦隔絕，建炎二年，始得南歸。子佪卒，伯深訪尋其母二十餘年。一旦聞在瀘南，伯深徒步入蜀，間關累年。紹興二十一年，乃得其母，相持號泣，哀感行路。會慥在夔州，賦詩以美其孝。

彭瑜字君玉，吉之安福人。熙寧間失其母，瑜朝夕焚香祈天，願知母所在，如是十餘年。俄有人言母爲泰和倪氏婦，瑜竟迎以歸。

毛洵字子仁，吉州吉水人。天聖二年進士，又中拔萃科。性至孝，凡守四官，再以親疾解任，執藥調膳，嘗而後進，三月不之寢室。父應佺通判太平州，卒官，母高繼卒于池陽舟次。持鍤荷土以爲墳，手胝面黔，親友不能識，廬於墓凡二十一月，朝夕哭踊，食裁脫粟。諸生請問經義，對之流涕，未嘗言文。抱疾歸，數日而卒。郡以孝聞，賜其家帛五十匹、米五十斛。兄溥，字文祖，亦以哀毀卒于舟中。

李籌者，洵同縣人，字彥良，與弟衡字平國生同乳，二歲喪母，十歲喪父，兄弟每以不逮事親爲恨。政和中，改葬其母於楊山，負土成墳，廬于墓左。未幾，廬所產木一本兩幹，高丈許復合于一，至其末乃分兩幹五枝，鄉人以爲瑞。

有楊芾者，亦同縣人，字文卿，性至孝，歸必市酒肉以奉二親，未嘗及妻子。紹興五年大饑，爲親負米百里外，遇盜奪之不與，盜欲兵之，芾慟哭曰：「吾爲親負米，不食三日矣。幸哀我。」盜義而釋之。

楊慶，鄞人。父病，貧不能召醫，迺刲股肉啖之，良已。其後母病不能食，慶取右乳焚之，以灰和藥進焉，入口遂差，久之乳復生。宣和三年，守樓异名其坊曰「崇孝」。紹興七年，守仇悆爲之請。十二年，詔表其門，復之。悆曰：「韓退之作鄠人對，以毀傷支體爲害義。而匹夫單人，身膏草莽，軌訓之理未宏，汲引之徒多闕，而乃行成于內，情發自天。使稍知詩書禮義之說，推其所存，出身事主，臨難伏節死義，豈減介之推、安金藏哉！」

陳宗，永嘉人。年十六，母蔡病篤，刲股爲餌，病愈。已而復病不救，宗一慟而絕。郡守陸德輿云：「陳宗自毀其體，哀慟傷生，雖非孝道之正，而能爲人所難爲之事，亦天性之至。」官爲合葬，榜曰「陳孝子墓」。

郭義〔二〕，興化軍人。早遊太學，以操尙稱。年四十餘，客錢塘，聞母喪，徒跣奔喪，每一慟輒嘔血。家貧甚，故人有所饋，不受。聚土爲墳，手蒔松竹，而廬于其旁。甘露降于墓上，烏鵲馴集。郡上其事，詔旌表其閭，於所居前安綽楔，左右建土臺，高一丈二尺，方正，下廣上狹，飾白，間以赤，仍植所宜木。

申世寧，信州鉛山人。紹興六年，潘逵兵襲鉛山，父愈年七十，未及出戶遇賊，賊意其有藏金，欲殺之。世寧年未冠，亟引頸願代父死，賊感其孝，兩全之。

苟與齡字壽隆，滁州來安人。志尙高潔，事其親，生養死葬，力竭而禮盡，鄉黨稱之。母歿，廬墓側，有芝十九莖生于墓亭。郡縣以事聞，旌其門。

王珠字仲淵，吉州龍泉人，以孝謹聞。建炎間，居父憂，芝數本生墓側，倒植竹以爲杙，復生柯葉。紹興間，再罹母喪，復有雙竹靈芝之祥。

顏詡，唐太師眞卿之後。眞卿嘗謫廬陵，故詡爲吉州永新人。詡少孤，兄弟數人，事繼母以孝聞。一門千指，家法嚴肅，男女異序，少長輯睦，匜架無主，廚饌不異。義居數十年，終日怡愉，家人不見其喜慍。年七十餘卒。

張伯威，大安軍人，武翼大夫、御前前軍正將祥之子。紹熙元年，武舉進士。調神泉尉。大母黃，年九十八，不忍之官。黃得血痢疾瀕殆，伯威刲左臂肉食之，遂愈。繼母楊因姑病篤，驚而成疾，伯威復刲臂肉作粥以進，其疾亦愈。伯威妹嫁崔均，其姑王疾，妹亦刲左臂肉作粥以進，疾且卽愈。知大安軍羅植卽伯威所居立純孝坊，崔均所居立孝婦坊。事聞，詔伯威與升擢，倍賜其妹束帛。

蔡定字元應，越州會稽人。家世微且貧。父革，依郡獄吏傭書以生，資定使學，遊鄉校，稍稍有稱。郡獄吏一日坐舞文法被繫，革以詿誤，年七十餘矣，法當免繫。鞫胥任澤削其籍年而入之，罪且與獄吏等。案具，府奏上之。方待命于朝，故俱久囚，而革不得獨決。定切痛念父當耆年，以非辜墮圄犴，誓將身贖。數詣府號愬，請代坐獄，弗許；請效命于戎行，弗許；請隸五符爲兵，又弗許。定知父終不可贖也，仰而呼曰：「天乎！將使定坐視父纏徽纆乎！父老耄，不應連繫；傭書，罪不應與獄吏等。理明矣，而無所云愬。父老而刑，定之生其何益乎？定圖死矣，庶有司哀憐而釋父，則雖死無憾矣！」於是預爲志銘其墓，又爲狀若詣府者結置袂間，皆敍陳致死之由，冀其父之必免也。以建炎元年十二月甲申，自赴河死。府帥聞之，驚曰「眞孝」，立命出革，厚爲定具棺斂事，而撫周其家。

鄭綺，婺州浦江人。善讀書，通春秋穀梁學。以肅睦治家，九世不異爨。四世孫德珪、德璋，孝友天至，晝則聯几案，夜則同衾寢。德璋素剛直，與物多迕，宋亡，仇家遂陷以死罪，當會逮揚州。德珪哀弟之見誣，乃陽謂曰：「彼欲害吾也，何預爾事？我往則姦狀白，爾去得不死乎！」卽治行。德璋追至諸暨道中，兄弟相持頓足哭，爭欲就死。德珪默計沮其行，遂紿以無往，夜將半，從間道逸去。德璋復追至廣陵，德珪已斃於獄。德璋聞之，慟絕者數四，負骨歸葬。廬墓再期，每一悲號，烏鳥皆翔集不食。德珪之子文嗣，幼病僂，德璋鞠之如己子。

有鮑宗巖者，字傳叔，徽州歙人。子壽孫字子壽。宋末，盜起里中。宗巖避地山谷間，爲賊所得，縛宗巖樹上，將殺之。壽孫拜前願代父死，宗巖曰：「吾老矣，僅一子奉先祀，豈可殺之？吾願自死。」盜兩釋之。

校勘記

〔一〕大觀二年以行取士　據宋會要選舉一二之三四、長編紀事本末卷一二六，大觀元年，以「孝、悌、睦、婣、任、恤、忠、和」八行取士，同年十二月，詔「八行」之士，「所在皆得以名聞」。此處「行」上疑脫「八」字。

〔二〕郭義　按繫年要錄卷一四九、宋會要禮六一之一一有興化軍莆田縣國學進士郭義重，主要事蹟和本傳所載相同，疑與此爲同一人。

宋史卷四百五十七

列傳第二百一十六

隱逸上

戚同文　陳摶　种放　萬適　李瀆　魏野　邢敦　林逋　高懌

徐復　孔旼　何羣

中古聖人之作易也，於遯之上九曰「肥遯，無不利」，蠱之上九曰「不事王侯，高尚其事」。二爻以陽德處高地，而皆以隱逸當之。然則隱德之高於當世，其來也遠矣。巢、由雖不見於經，其可誣哉。五季之亂，避世宜多。宋興，巖穴弓旌之招，疊見於史，然而高蹈遠引若陳摶者，終莫得而致之，豈非二卦之上九者乎。种放之徒，召對大廷，亹亹獻替，使其人出處，果有合于艮之君子時止時行，人何譏焉。作隱逸傳。

戚同文字同文〔一〕，宋之楚丘人。世爲儒。幼孤，祖母攜育於外氏，奉養以孝聞。祖母卒，晝夜哀號，不食數日，鄉里爲之感動。

始，聞邑人楊慤教授生徒，日過其學舍，因授禮記，隨即成誦，日諷一卷，慤異而留之。不終歲畢誦五經，慤卽妻以女弟。自是彌益勤勵讀書，累年不解帶。時晉末喪亂，絕意祿仕，且思見混一，遂以「同文」爲名字。慤嘗勉之仕，同文曰：「長者不仕，同文亦不仕。」慤依將軍趙直家，遇疾不起，以家事託同文，卽爲葬三世數喪。直復厚加禮待，爲築室聚徒，請益之人不遠千里而至。登第者五六十人，宗度、許驤、陳象輿、高象先、郭成範、王礪、滕涉皆踐臺閣。

同文純質尚信義，人有喪者力拯濟之，宗族閭里貧乏者周給之，冬月，多解衣裘與寒者。不積財，不營居室，或勉之，輒曰：「人生以行義爲貴，焉用此爲！」由是深爲鄉里推服。有不循孝悌者，同文必諭以善道。頗有知人鑒，所與遊皆一時名士。樂聞人善，未嘗言人短。與宗翼、張昉、滕知白爲友。生平不至京師。長子維任隨州書記，迎同文就養，卒於漢東，年七十三。好爲詩，有孟諸集二十卷。楊徽之嘗因使至郡，一見相善，多與酬唱。徽之嘗云陶隱居號堅白先生，先生純粹質直，以道義自富，遂與其門人追號堅素先生。

二子維、綸。維，建隆二年，以屯田員外郎爲曹王府翊善，累官職方郎中，致仕，卒，年八十一。綸自有傳。

大中祥符二年，府民曹城即同文舊居旁造舍百餘區，聚書數千卷，延生徒講習甚盛。詔賜額爲本府書院，命綸子奉禮郎舜賓主之，署誠府助教，委本府幕官提舉之。

楊愨者，虞城人。力學勤志，不求聞達。

宗翼者，蔡州上蔡人。父爲虞城主簿，因家焉。篤孝恭謹，負米養母。好學彊記，經籍一見即能默寫。歐陽、虞、柳書皆得其楷法。能屬文。隱而不仕，家無斗粟，怡怡如也，未嘗以貧寠干人。市物不評價，市人知而不欺。嘗言「晝夜者，昏曉之辨也」，故既暝未曙，皆不出戶。見隣里小兒，待之如成人，未嘗欺紿。同文嘗謂翼曰：「子勞謙有古人風，眞吾友也。」卒，年八十餘。子度，舉進士，至侍御史，歷京西轉運使，預修太祖實錄。

張昉有史材，歷知雜御史、省郎，至殿中少監致仕。子信，自有傳。

滕知白善爲詩，至刑部員外郎、河北轉運使。子涉，爲給事中。

高象先父凝祐，刑部郎中，以彊幹稱。象先，淳化中三司戶部副使，卒于光祿少卿。

郭成範最有文，爲倉部員外郎，掌安定公書記，辭疾，以司封員外郎致仕，卒。

王礪事母甚謹，太平興國五年進士，至屯田郎中。子渙、濆、淵、沖、泳〔三〕。渙子稷臣，瀆子堯臣，并進士及第。渙子夢臣，進士出身。

陳摶字圖南，亳州眞源人。始四五歲，戲渦水岸側，有青衣媪乳之，自是聰悟日益。及長，讀經史百家之言，一見成誦，悉無遺忘，頗以詩名。後唐長興中，舉進士不第，遂不求祿仕，以山水爲樂。自言嘗遇孫君仿、麞皮處士二人者，高尙之人也，語摶曰：「武當山九室巖可以隱居。」摶往棲焉。因服氣辟穀歷二十餘年，但日飮酒數杯。移居華山雲臺觀，又止少華石室。每寢處，多百餘日不起。

周世宗好黃白術，有以摶名聞者，顯德三年，命華州送至闕下。留止禁中月餘，從容問其術，摶對曰：「陛下爲四海之主，當以致治爲念，奈何留意黃白之事乎？」世宗不之責，命爲諫議大夫，固辭不受。既知其無他術，放還所止，詔本州長吏歲時存問。五年，成州刺史朱憲陛辭赴任，世宗令齎帛五十匹、茶三十斤賜摶。

太平興國中來朝，太宗待之甚厚。九年復來朝，上益加禮重，謂宰相宋琪等曰：「摶獨善其身，不干勢利，所謂方外之士也。摶居華山已四十餘年，度其年近百歲。自言經承五代離亂，幸天下太平，故來朝覲。與之語，甚可聽。」因遣中使送至中書，琪等從容問曰：「先生得玄默修養之道，可以教人乎？」對曰：「摶山野之人，於時無用，亦不知神仙黃白之事、吐納養生之理，非有方術可傳。假令白日沖天，亦何益於世？今聖上龍顏秀異，有天人之表，博達古今，深究治亂，眞有道仁聖之主也。正君臣協心同德、興化致治之秋，勤行修煉，無出於此。」琪等稱善，以其語白上。上益重之，下詔賜號希夷先生，仍賜紫衣一襲，留摶闕下，令有司增葺所止雲臺觀。上屢與之屬和詩賦，數月放還山。

端拱初，忽謂弟子賈德昇曰：「汝可於張超谷鑿石爲室，吾將憩焉。」二年秋七月，石室成，摶手書數百言爲表，其略曰：「臣摶大數有終，聖朝難戀，已於今月二十二日化形於蓮花峯下張超谷中。」如期而卒，經七日支體猶温。有五色雲蔽塞洞口，彌月不散。

摶好讀易，手不釋卷。常自號扶搖子，著指玄篇八十一章，言導養及還丹之事。宰相王溥亦著八十一章以箋其指。摶又有三峯寓言及高陽集、釣潭集，詩六百餘首。

能逆知人意，齋中有大瓢挂壁上，道士賈休復心欲之，摶已知其意，謂休復曰：「子來非有他，蓋欲吾瓢爾。」呼侍者取以與之，休復大驚，以爲神。有郭沆者，少居華陰，夜宿雲臺觀。摶中夜呼令趣歸，沆未決；有頃，復曰：「可勿歸矣。」明日，沆還家，果中夜母暴得心痛幾死，食頃而愈。

華陰隱士李琪，自言唐開元中郎官，已數百歲，人罕見者；關西逸人呂洞賓有劍術，百餘歲而童顏，步履輕疾，頃刻數百里，世以爲神仙；皆數來摶齋中，人咸異之。大中祥符四年，眞宗幸華陰，至雲臺觀，閱摶畫像，除其觀田租。

又有許瓊者，開封鄢陵人。開寶五年，子永罷盧縣〔三〕尉，詣匭上言：「臣年七十五，父瓊年九十九，長兄年八十一，次兄年七十九，欲乞近地一官，以就榮養。」上覽奏，召永訊之，卽命迎其父赴闕。瓊得對于講武殿，上顧問久之，悉能奏對，而詞氣不衰，言唐末以來事，歷歷可聽。上悅其父子俱享遐壽，賜襲衣、犀帶、銀鞍勒馬、帛三十匹、茶二十斤，授永鄢城〔四〕令。是時，澶密齊沂萊江吉萬州、江陰梁山軍，各奏八十已上呂繼美等二十九人，並賜爵公士。眞宗時，凡老人年百歲已上者，州縣以名聞，皆詔賜衣帛、米麥，長吏存撫之。

种放字明逸〔五〕，河南洛陽人也。父詡，吏部令史，調補長安主簿。放沉默好學，七歲能屬文，不與羣兒戲。父嘗令舉進士，放辭以業未成，不可妄動。每往來嵩、華間，慨然有山林意。未幾父卒，數兄皆干進，獨放與母俱隱終南豹林谷之東明峯，結草爲廬，僅庇風雨。以講習爲業，從學者衆，得束脩以養母，母亦樂道，薄滋味。

放得辟穀術，別爲堂於峯頂，盡日望雲危坐。每山水暴漲，道路阻隔，糧糗乏絕，止食芋栗。性嗜酒，嘗種秫自釀，每日空山清寂，聊以養和，因號雲溪醉侯。幅巾短褐，負琴攜壺，泝長溪，坐磐石，採山藥以助飲，往往終日。值月夕或至宵分，自豹林抵州郭七十里，徒步與樵人往返。性不喜浮圖氏，嘗裂佛經以製帷帳。所著蒙書十卷及嗣禹說、表孟子上下篇、太一祠錄，人頗稱之。多爲歌詩，自稱「退士」，嘗作傳以述其志。

淳化三年，陝西轉運宋惟幹言其才行，詔使召之。其母恚曰：「常勸汝勿聚徒講學。身既隱矣，何用文爲？果爲人知而不得安處，我將棄汝深入窮山矣。」放稱疾不起。其母盡取其筆硯焚之，與放轉居窮僻，人跡罕至。太宗嘉其節，詔京兆賜以緡錢使養母，不奪其志，有司歲時存問。咸平元年母卒，水漿不入口三日，廬於墓側。翰林學士宋湜、集賢院學士錢若水、知制誥〔六〕王禹偁言其貧不克葬，詔賜錢三萬、帛三十匹、米三十斛以助其喪。

四年，兵部尚書張齊賢言放隱居三十年，不遊城市十五載，孝行純至，可勵風俗，簡朴退靜，無謝古人。復詔本府遣官詣山，以禮發遣赴闕，賚裝錢五萬，放辭不起。明年，齊賢出守京兆，復條陳放操行，請加旌賁。卽賜詔曰：「汝隱居丘園，博通今古，孝悌之行，鄉里所推，慕古人之遺榮，挹君子之常道。屢覽守藩之奏，彌彰遁世之風，載渴來儀，副予延佇。今遣供奉官周旺齎詔，召汝赴闕，賜帛百匹、錢十萬。」九月，放至，對崇政殿，以幅巾見，命坐與語，詢以民政邊事。放曰：「明王之治，愛民而已，惟徐而化之。」餘皆謙讓不對。卽日授左司諫、直昭文館，賜巾服簡帶，館于都亭驛，大官供膳。翌日，表辭恩命。上知放舊與陳堯叟游，令堯叟諭意；又謂宰相曰：「朕求茂異，以廣視聽，資治道。如放終未樂仕，亦可遂其請也。」中書傳詔，放曰：「病居山林，天恩累加禮聘，嚴猿溪鳥之性，固不敢以祿仕爲意。然主上虛懷待士，旰食憂人之心，亦不敢以羈束爲念。」遂詔不聽其讓。數日，復召見，賜緋衣、象簡、犀帶、銀魚，御製五言詩寵之，賜昭慶坊第一區，加帷帳什物，銀器五百兩，錢三十萬。中謝日，賜食學士院，自是屢得召對。六年春，再表謝暫歸故山，詔許其請。將行，又遷起居舍人，命館閣官宴餞于瓊林苑，上賜七言詩三章，在席皆賦。十月，遣使就山撫問，圖其林泉居處以獻，優詔趣其入覲，放以疾未平爲請。

景德元年十月，來朝，言歸山之久，請計月不受奉，詔特給之。嘗因觀書賦詩，上曰：「放體格高古。聞其歸，私居終日，默坐一室。山水之樂，亦天性也。每所詢問，皆據經以對，頗多裨益。朕優待之，蓋以激浮競也。」放每至京師，秦雍生徒多就而受業。二年，擢爲右諫議大夫。表乞嵩少養疾，許之，令河南府檢校。召對資政殿，曲宴學士院，王欽若泊當直學士、舍人、待制悉預。既罷，又賜宴于欽若直廬。表乞免都門置餞之禮。屢遣中使勞問，賜以茶藥。是冬，復來朝。三年，以兄喪請告歸終南營葬，復召宴賜詩。

放山居草舍五六區，啖野蔬喬麥。表求太宗御書及經史音疏，悉給焉。十月，復至，上謂宰相曰：「放比來高尙其事，每所詢問，頗有可采。朝廷雖加爵秩，而未能大用，卽物議未厭，所慮放卷而懷之。」卽遣內侍任文慶齎詔諭之曰：「朕臨御寰區，憂勤旰昃，詳延茂異，物色隱淪，思訪話言，用熙庶績。以卿棲心巖竇，屛跡囂塵，躡綺皓之遐蹤，有曾、顏之至行，特擧賁園之典，果符前席之心〔七〕。每所諮詢，備詳理道，載觀敷納，蔚有材謀，深簡朕懷，頗思大用。然以羣情未悉，成命是稽。今四隩來同，萬區思乂，方崇政本，庶厚時風。卿必能酌斟化源，丹青王度，恢富國彊兵之術，陳制禮作樂之規，返樸還淳，措刑息訟，輔予不逮，馴至太平，登用機衡，弼成寡昧。卿宜體茲眷遇，罄乃誠明，敍經國之大猷，述致君之遠略，盡形奏牘，以沃朕心。副淳德之倚毗，褰外朝之觀聽，乃司樞務，式洽至公。」

放上言曰：「臣讀書業文，實自父師之誨，學古嗜退，本求山水之樂。思率天性以奉至道，豈有意於麋鹿，蓋無心於紱冕。其所幸者，邦家化成，疆埸兵偃，羣黎鼓舞，庶彙胥悅。蒲帛之聘，寵渙巖谷，君命荐及，肅聽祗受。旣朝象魏之下，但愧巖林之賤。奉聖顏於咫尺，聆德音之教論。列迹侍從，褒冠諫諍。雖愚者之慮，竭忠規而屢陳；而大君之明，懼瞽言之無補。今又訪以禮樂之制，詢其刑政之方，且小器徵材，欲加大用。蓋念沿革之攸宜，歷三五而旣異，弛張之體，豈一二而可述。國家謀建皇極，躋納富壽，惟二聖之光宅，總百王之闕漏，豈伊蒭非，敢預論述。方今德義宣明，鸞驥戾止，如臣之才，儼爾駢列。伏望洞知臣之鑒，憐守節之志，俾泛駕無覆壓之害，使爲器免溢蕩之咎，寢此過聽，遂其夙心。況臣首獻納之行，不爲無位；預淸閑之對，不爲疎隔。又安敢碌碌而依違，嘿嘿而曠素？願且齒於諫署，庶少覩於朝制，斯亦否能有適，名器無假。唯茲保全之惠，仰繫仁聖之賜。」

時先俾陳堯叟諭旨，堯叟手筆審其意，放云：「自被聘召，及遷諫垣，無所補報，爲幸多矣。今主上聖明，朝無闕政，處之顯位，則是重增其過。」及覽表，上曰：「放能守分懇讓，益可嘉也。」大中祥符元年，命判集賢院，從封泰山，拜給事中。二年四月，求歸山，宴餞于龍圖閣，命學士即席賦詩，製序。上作詩，卒章云：「我心虛佇日，無復醉山中。」初，放作詩嘗有「溪上醉眠都不知」之句，故及之。三年正月，復召赴闕，表乞賜告，手詔優答之。作歌賜之，乃齎衣服、器幣，令京兆府每季遣幕職就山存問。四年正月，復來朝，從祠汾陰，拜工部侍郎。

放屢至闕下，俄復還山，人有詒書嘲其出處之迹，且勸以棄位居巖谷，放不答。放終身不娶，尤惡囂雜，故京城賜第爲擇僻處。然祿賜既優，晚節頗飾輿服。于長安廣置良田，歲利甚博，亦有彊市者，遂致爭訟，門人族屬依倚恣橫。王嗣宗守京兆，放嘗乘醉慢罵之。嗣宗屢遣人責放不法，仍條上其事。詔工部郎中施護推究，會赦恩而止。四月，求歸山，又賜宴遣之。所居山林，細民多縱樵採，特詔禁止。放遂表徙居嵩山天封觀側，遣內侍就輿唐觀基起第賜之。假踰百日，續給其奉。然猶往來終南，按視田畝。每行必給驛乘，在道或親詬驛吏，規算糧具之直。時議浸薄之。

嘗曲宴令羣臣賦詩，杜鎬以素不屬辭，誦北山移文以譏之。上嘗語近臣曰：「放爲朕言事甚衆，但外廷無知者。」因出所上時議十三篇，其目曰：議道、議德、議刑、議器、議文武、議制度、議教化、議賞罰、議官司、議軍政、議獄訟、議征賦、議邪正。

八年十一月乙丑，晨興，忽取前後章疏稿悉焚之，服道士衣，召諸生會飲於次，酒數行而卒。訃聞，上甚嗟悼，親製文遣內侍朱允中致祭。歸葬終南，贈工部尙書，錄其姪世雍同學究出身。

萬適字縱之，陳州宛丘人，自號遺玄子。六七歲卽爲詩。及長，喜學問，精於道德經。與高錫族子冕及韓伾交遊，酬唱多有警句。不求仕進，專以著述爲務，有狂簡集百卷、雅書三卷、志苑三卷、雍熙詩二百首、經籍擿科討論計四十卷。

淳化中，伾任翰林學士，因召對，上問曰：「卿早在嵩陽，當時輩流頗有遺逸否？」伾以適及楊璞、田誥爲對，上悉令召至闕下。詔書下而誥卒。璞既至，對於便殿，不願仕進，上賜以束帛，與一子出身，遣還故郡。適最後至，特授愼縣主簿。適素康強無疾，詔下日已病，猶勉強赴朝謝，舉止山野，人皆笑之，後數日卒。

田誥者，歷城人。好著述，聚學徒數百人，舉進士至顯達者接踵，以故聞名於朝，宋惟翰、許衮皆其弟子也。誥著作百餘篇傳於世，大率迂闊。每構思必匿深草中，絕不聞人聲，俄自草中躍出，即一篇成矣。

楊璞字契玄，鄭州新鄭人。善歌詩，士大夫多傳誦。與畢士安尤相善，每乘牛往來郭店，自稱東里遺民。嘗杖策入嵩山窮絕處，構思爲歌詩，凡數年得百餘篇。璞既被召，還，作歸耕賦以見志。眞宗朝諸陵，道出鄭州，遣使以茶帛賜之。卒，年七十八。

李瀆，河南洛陽人也。六世祖坦，馮翊令。坦生仲芳，大理司直。仲芳生玄初，福建觀察推官。玄初生鄠，卽瀆之曾祖也，字堯封，仕梁，歷滑、魏、宋三鎭留後，拜崇政使、禮部尙書，後唐天成中，以太子少傅致仕，卒，贈太保。祖延昭，殿中丞。父瑩字正白，善詞賦，廣順進士，蒲帥張鐸辟爲記室，因家河中。乾德初，右補闕蘇德祥薦爲殿中侍御史、度支判官。使江南，坐受李從善賂遺，責授右贊善大夫，卒。

初，瑩禱河祠而生瀆，故名瀆字河神，後改字長源。淳澹好古，博覽經史。十六丁外艱，服闋，杜門不復仕進。家世多聚書畫，頗有奇妙。王祜典河中，深加禮待，自是多聞於時。往來中條山中，不親產業，所居木石幽勝。談唐室已來衣冠人物，歷歷可聽。罕著文。前後州將皆厚遇之。王旦、李宗諤與之世舊，每勸其仕，瀆皆不答。所乘馬，嘗爲宗人借，憇于廛間。人有見者以語瀆，瀆卽鬻之，其惡囂如此。州閭化其儉德。

眞宗祀汾陰，直史館孫冕言其隱操，請加搜采，陳堯叟復薦之。命使召見，辭足疾不起。遣內侍勞問，令長吏歲時存撫。明年，又遣使存問，瀆自陳世本儒墨習靜避世之意。素嗜酒，人或勉之，答曰：「扶羸養疾，捨此莫可。從吾所好，以盡餘年，不亦樂乎！」嘗語諸子曰：「山水足以娛情，苟遇醉而卒，吾之願也。吾將與爾永訣，爾輩當常在左右。」卽設外寢，與諸子同處。一日，忽曰：「適有人至牀下，誦詩云：『行到水窮處，未知天盡時。』言訖不見，吾當逝矣。」亟取瑩集七十編洎書畫付諸子，促家人置酒。頃之，卒。時天禧三年十二月三日也，年六十三。

四年春，詔曰：「故河中府處士李瀆，簪纓傳緒，儒雅踐方，曠逸自居，恬智交養。迨茲晚節，彌劭清猷，奄及淪亡，良深軫惻。特行賁典，式慰營魂。惟蓬閣之司文，乃儒林之美秩。仍示歸生之賻，兼推給復之恩。申飭守臣，優卹其後。豈獨旌於泉壤，亦足厚於民風。」

可特贈秘書省著作佐郎〔八〕，賜其家帛二十匹，米三十斛，州縣常加存卹，二稅外蠲其差役。」

魏野字仲先，陝州陝人也。世爲農。母嘗夢引袂於月中承兔得之，因有娠，遂生野。及長，嗜吟詠，不求聞達。居州之東郊，手植竹樹，清泉環遶，旁對雲山，景趣幽絕。鑿土袤丈，曰樂天洞，前爲草堂，彈琴其中，好事者多載酒肴從之遊，嘯詠終日。前後郡守，雖武臣舊相，皆所禮遇，或親造謁。趙昌言性尤倨傲，特署賓次，戒閽吏野至卽報。野不喜巾幘，無貴賤，皆紗帽白衣以見，出則跨白驢。過客名士往來留題會話，累宿而去。野爲詩精苦，有唐人風格，多警策句。所有草堂集十卷，大中祥符初契丹使至，嘗言本國得其上帙，願求全部，詔與之。

祀汾陰歲，與李瀆並被薦，遣陝令王希招之，野上言曰：「陛下告成天地，延聘巖藪，臣實愚戇，資性慵拙，幸逢聖世，獲安故里，早樂吟詠，實匪風騷，豈意天慈，曲垂搜引。但以嘗嬰心疾，尤疎禮節，麋鹿之性，頓纓則狂，豈可瞻對殿墀，仰奉清燕。望回過聽，許令愚守，則畎畝之間，永荷帝力。」詔州縣長吏常加存撫，又遣使圖其所居觀之。五年四月，復遣內侍存問。天禧三年十二月，無疾而卒，年六十。州上其狀。

四年正月，詔曰：「國家舉旌賞之命，以輝丘園，申卹贈之恩，用慰泉壤，所以褒逸民而厚風俗也。故陜州處士魏野，服膺儒素，刻意篇章，顧詞格之清新，爲士流之推許，而能篤淳古之行，慕肥遯之風。頃屬時巡，嘗加聘召，懇陳誠志，願遂考槃。及此淪亡，載深嗟悼！蘭臺清秩，追飾幽扃，厚其賻助之資，寬以復除之命。諒惟優禮，式顯令名。魂而有知，歆此殊渥。可特贈秘書省著作郎，賻其家帛二十四，米三十斛，州縣常加存卹，二稅外免其差徭。」

瀆卽野中表兄也。瀆卒訃至，野哭之慟，謂其子曰：「吾不可去，去必不至。」第遣其子赴之，裁六日而野亦卒，時甚異焉。

邢敦字君雅，不知何許人，家於雍丘，與宋準、趙昌言交遊甚厚。太平興國初，嘗舉進士不第，慨然有隱遯意。性介僻，不妄交友。耽玩經史，精於術數，工繪畫，頗嗜酒。或遊市廛，過客詢以休咎者，多不之語。里中號邢夫子。大中祥符七年，眞宗幸亳回，邑人列上其事，王曾爲考制度使，以名聞。詔曰：「敦早預詞場，勤脩天爵，超然處退，亦旣累年。

屬覽公車之言，俾參郡學之職，用精儒業，以寵耆年。可許州助教。」敦讓而不受。乾興元年，無疾而卒，年七十四。

林逋字君復，杭州錢塘人。少孤，力學，不爲章句。性恬淡好古，弗趨榮利，家貧衣食不足，晏如也。初放遊江、淮間，久之歸杭州，結廬西湖之孤山，二十年足不及城市。眞宗聞其名，賜粟帛，詔長吏歲時勞問。薛映、李及在杭州，每造其廬，淸談終日而去。嘗自爲墓於其廬側。臨終爲詩，有「茂陵他日求遺稿，猶喜曾無封禪書」之句。既卒，州爲上聞，仁宗嗟悼，賜謚和靖先生，賻粟帛。

逋善行書，喜爲詩，其詞澄浹峭特，多奇句。既就稿，隨輒棄之。或謂：「何不錄以示後世？」逋曰：「吾方晦迹林壑，且不欲以詩名一時，况後世乎！」然好事者往往竊記之，今所傳尙三百餘篇。

逋嘗客臨江，時李諮方舉進士，未有知者，逋謂人曰：「此公輔器也。」及逋卒，諮適罷三司使爲州守，爲素服，與其門人臨七日，葬之，刻遺句內壙中。

逋不娶，無子，敎兄子宥，登進士甲科。宥子大年，頗介潔自喜，英宗時，爲侍御史，連被臺移出治獄，拒不肯行，爲中丞唐介所奏，降知蘄州，卒于官。

高懌字文悅，荆南高季興四世孫。幼孤，養于外家。十三歲能屬文，通經史百家之書。聞种放隱終南山，乃築室豹林谷，從放受業。放奇之，不敢處以弟子行。與同時張蕘、許勃號「南山三友」。

會詔舉沈淪草澤，知長安寇準聞其名薦之，辭不起。景祐中，錄國初侯王後，懌推其弟忻得官。及范雍建京兆府學，召懌講授諸生，席間常數十百人。杜衍嘗請賜處士號，乃命爲大理評事，懌固辭。仁宗嘉其守，號安素處士。詔州縣歲時禮遇之，給良田五百畝。文彥博表其經術該通，有高世之行，可以勵風俗，詔賜第一區。嘉祐中，就除光祿寺丞，復固辭。夢道士持素書聘爲白鹿洞主，卒。

有韓退者，稷山人。亦師事种放。母死，負土成墳，徒跣終喪，去隱嵩山。吳遵路、石延年論其高節。詔賜粟帛，號安逸處士，以壽終。

徐復字復之，建州人。初遊京師，舉進士不中。退而學易，通流衍卦氣法，自筮知無祿，遂亡進取意。遊學淮、浙間數年，益通陰陽、天文、地理、遁甲、占射諸家之說。他日聽其鄉人林鴻範說詩，且言詩之所以用於樂者，忽若有得。因以聲器求之，遂悟大樂，於七音、十二律清濁次序及鐘磬侈弇、匏竹高下制度皆洞達。方仁宗留意於樂，詔天下求知樂者，大臣薦胡瑗，瑗作鐘磬，大變古法。復笑曰：「聖人寓器以聲，今不先求其聲而更其器，其可用乎！」後瑗制作皆不効。

范仲淹過潤州，見復問曰：「今以衍卦占之，四夷無變異乎？」復剋西方當用兵，推其月日，後無少差。慶曆初，與布衣郭京俱召見，帝問天時人事，復對曰：「以京房易卦推之，今年所配年月日時，當小過也。剛失位而不中，其在彊君德乎？」帝又問：「明年主何卦？」復曰：「乾卦用事。」說至九五盡而止。帝又問：「前年京師黑風，何所應？」復曰：「其兆在內，豫王喪其應也。」明日，命爲大理評事，固以疾辭，乃賜號沖晦處士，補其子發試秘書省校書郎。復性高潔，而處世未嘗自異，後居杭州十數年卒。

郭京者，少任俠，不事家產，平居好言兵。范仲淹、滕宗諒數薦之。

孔旼字寧極，孔子四十六代孫。隱居汝州龍興縣龍山之滍陽城。性孤潔，喜讀書。有田數百畝，賦稅常爲鄉里先。遇歲饑，分所餘賙不足者，未嘗計有無。聞人之善若出于己，動止必依禮法。環所居百餘里，人皆愛慕之，見旼于路，輒斂袵以避。葬其父，廬墓三年，臥破棺中，日食米一溢。墓間生紫芝數十本。州以行義聞，賜粟帛，又給復其家。近臣列薦，授秘書省校書郎致仕。居數年，召爲國子監直講，辭不赴，卽遷光祿寺丞。頃之，起知龍興縣，復辭。卒，贈太常丞。

盜嘗入旼家，發其廩粟，旼避之，縱其所取。嘗逢羸弱者爲盜掠奪其貲，旼追盜與語，責之以義，解金畀之，使歸所掠。居山未嘗逢毒蛇虎豹，或謂之曰：「子毋夜行，此亦可畏。」旼曰：「無心則無所畏。」晚年惟玩周易、老子，他書亦不復讀。爲太玄圖張壁上，外列方州部家，而規其中心，空之無所書。曰：「易所謂寂然不動者，與此無異也。」

何羣字通夫，果州西充人。嗜古學，喜激揚論議，雖業進士，非其好也。慶曆中，石介在太學，四方諸生來學者數千人，羣亦自蜀至。方講官會諸生講，介曰：「生等知何羣乎？羣日思爲仁義而已，不知饑寒之切己也。」衆皆注仰之。介因館羣于其家，使弟子推以爲學長。羣愈自克厲，著書數十篇，與人言未嘗下意曲從，同舍目羣爲「白衣御史」。

羣嘗言：「今之士，語言說易，舉止惰肆者，其衣冠不如古之嚴也。」因請復古衣冠。又上書言：「三代取士，皆舉於鄉里而先行義。後世專以文辭就，文辭中害道者莫甚於賦，請罷去。」介贊美其說。會諫官御史亦言以賦取士無益治道，下兩制議，皆以爲進士科始隋歷唐數百年，將相多出此，不爲不得人，且祖宗行之已久，不可廢也。羣聞其說不行，乃慟哭，取平生所爲賦八百餘篇焚之。講官視羣賦既多且工，以爲不情，絀出太學。羣徑歸，遂不復舉進士。

嘉祐中，龍圖閣直學士何郯表其行義，賜號安逸處士。羣既死，趙抃守益州，奏羣遺稿有益時政，願詔果州錄上之，云：「非若茂陵書起天子侈心也。」寢不下。

校勘記

〔一〕字同文　按本書卷三〇六、東都事略卷四七、隆平集卷一三戚綸傳都作「字文約」；曾鞏元豐類稿卷四二戚元魯墓誌銘說「戚綸父名同文」。據其「以『同文』爲名字」之意，疑先字「文約」，後改「同文」。

〔二〕泳　考異卷八二：「『泳』當是『洙』字之譌」，按歐陽修歐陽文忠公文集卷三一王洙墓誌銘說

「父諱礪」；本書卷二九四王洙傳說「兄子堯臣」，和此處所敍世次相合。疑以作「洙」爲是。

〔三〕盧縣　原作「盧氏縣」，據本書卷三太祖紀、長編卷一三改。

〔四〕鄢城　原作「郾城」。按本書卷三太祖紀作「鄢陵」，長編卷一三作「鄢城」。「鄢城」即「鄢陵」，尋許永「乞近地一官」之意，「郾」當爲「鄢」之訛。據改。

〔五〕明逸　原作「名逸」，據隆平集卷一三、東都事略卷一一八本傳改。

〔六〕知制誥　原作「知制詔」，據本書卷二九三本傳、長編卷四三改。

〔七〕果符前席之心　原作「果無前習之心」，據宋大詔令集卷一五八遣中使召种放詔改。

〔八〕秘書省著作佐郎　按宋大詔令集卷二二〇贈李瀆官賜其家粟帛詔作「秘書省校書郎」。據長編卷九四、宋會要選舉三四之三三：李瀆和魏野都於天禧四年贈秘書省著作郎，本卷下文魏野傳正作「秘書省著作郎」，「佐」字或爲衍文。

宋史卷四百五十八

列傳第二百一十七

隱逸中

王樵　張愈　黄晞　周啓明　代淵　陳烈　孫侔　劉易　姜潛
連庶　章詧　俞汝尚　陽孝本　鄧考甫　宇文之邵　吳瑛
松江漁翁　杜生　順昌山人　南安翁　張𡌴

王樵字肩望，淄州淄川人，居縣北梓桐山。博通羣書，不治章句，尤善考易。與賈同、李冠齊名，學者多從之。咸平中，契丹遊騎度河，舉家被掠。樵卽棄妻，挺身入契丹訪父母，累年不獲，還東山，刻木招魂以葬，立祠畫像，事之如生，服喪六年，哀動行路。又爲屬之尊者次第成服，北望嘆曰：「身世如此，自比於人可乎！」遂與俗絕，自稱贅世翁，唯以論兵擊劍爲事。一驢負裝，徒步千里，晚年屢遊塞下。畫策干何承矩、耿望，求滅遼復讎，不用。

乃於城東南隅累甓自環，謂之「繭室」。銘其門曰：「天生王樵，薄命寡智，材不濟時，道號『贅世』。生而爲室，以備不虞，死則藏形，不虞乃備。」病革，入室自掩戶卒。治平末，職方郎中向宗道知淄州，訪繭室，已搆屋爲民居。得樵甥牟氏子，乃知改葬。因而卽其地復作繭室及祠堂，刻石以記之。

張愈字少愚，益州郫人，其先自河東徙。愈儁偉有大志，遊學四方，屢舉不第。寶元初，上書言邊事，請使契丹，令外夷相攻，以完中國之勢，其論甚壯。用使者薦，除試秘書省校書郎，願以授父顯忠而隱於家。文彥博治蜀，爲置青城山白雲谿杜光庭故居以處之。丁內艱，鹽酪不入口。再朞，植所持柳杖於墓，忽生枝葉，後合抱。六召不應。喜奕棋。樂山水，遇有興，雖數千里輒盡室往。遂浮湘、沅，觀浙江，升羅浮，入九疑，買石載鶴以歸。杜門著書，未就，卒。

妻蒲氏名芝，賢而有文，爲之誄曰：「高視往古，哲士實殷，施及秦、漢，餘烈氛氳。挺生英傑，卓爾逸羣，孰謂今世，亦有其人。其人伊何？白雲隱君。嘗曰丈夫，趨世不偶，仕非其志，祿不可苟，營營末途，非吾所守。吾生有涯，少實多艱，窮亦自固，困亦不顚。不貴人爵，知命樂天，脫簪散髮，眠雲聽泉。有峯千仞，有溪數曲，廣成遺趾，吳興高躅。疏石通逕，依林架屋，麋鹿同羣，晝遊夜息。嶺月破雲，秋霖洒竹，清意何窮，眞心自得，放言遺慮，何榮何辱？孟春感疾，閉戶不出，豈期遂往，英標永隔。抒詞哽噎，揮涕汍瀾，人誰無死，惜乎材賢。已矣吾人，嗚呼哀哉！」

黃晞字景微，建安人。少通經，聚書數千卷，學者多從之游，自號聱隅子〔一〕。著歔欷瑣微論十卷，以謂聱隅者枅物之名，歔欷者歎聲，瑣微者述辭也。石介在太學，遣諸生以禮聘召，晞走匿鄰家不出。樞密使韓琦表薦之，以爲太學助教致仕。受命一夕卒。

周啓明字昭回，其先金陵人，後占籍處州。初以書謁翰林學士楊億，億擕以示同列，大見嘆賞，自是知名。四舉進士皆第一。景德中，舉賢良方正科，既召，會東封泰山，言者謂此科本因災異訪直言，非太平事，遂報罷。於是歸，教弟子百餘人，不復有仕進意，里人稱爲處士。轉運使陳堯佐表其行義於朝，賜粟帛。仁宗卽位，除試助教，就加廩給。久之，特還秘書省秘書郎。改太常丞，卒。啓明篤學，藏書數千卷，多手自傳寫，而能口誦之。有古律詩、賦、牋、啓、雜文千六百餘篇。

代淵字蘊之〔三〕，本代州人。唐末，避地導江，家世爲吏，有陰德。淵性簡潔，事親以孝聞。受學于李畋、張達。年四十，鄉人更勸，舉進士甲科，得清水主簿。歎曰：「祿不及親，何所爲耶？」還家教授，坐席常滿。安撫使舉鳳州團練推官，不就。知益州楊日嚴又薦之，遂以太子中允致仕。謝絕諸生，著周易旨要、老佛雜說數十篇。田況上其書，自太常丞改祠部員外郎。晚年日菜食，巾褐山水間，自號虛一子。長吏歲時致問，澹然與對，略不及私。嘉祐二年九月，有疾，召術士擇日，云「丙申吉」，頷之，是日沐浴而絕。

陳烈字季慈，福州候官人。性介僻，篤於孝友。居親喪，勺飲不入于口五日，自壯及老，奉事如生。學行端飭，動遵古禮，平居終日不言，御童僕如對賓客。里中人敬之，冠昏喪祭，請而後行。從學者常數百。賢父兄訓子弟，必舉烈言行以示之。

嘗以鄉薦試京師不利，即罷舉。或勉之求仕，則曰：「伊尹守道，成湯三聘以幣；呂望既老，文王載之俱歸。今天子仁聖好賢，有湯、文之心，豈無先覺如伊、呂者乎？」仁宗屢詔之，不起。人問其故，應曰：「吾學未成也。」公卿大夫、郡守、鄉老交章稱其賢。嘉祐中，以爲本州教授，歐陽脩又言之，召爲國子直講，皆不拜。

已而福建提刑王陶言其爲妻林氏所訟，因詆烈貪詐，乞奪所受恩。司馬光爲諫官，率同列爭曰：「臣等每患士無名檢，故舉烈以厲風俗。烈平生操守，出於誠實，雖有迂闊不合中道，猶爲守節之士，當保而全之。若夫婦不相諧，則聽之離絕，毋使節行之士爲橫辱所挫。」陶說遂不行。

元祐初，部使者申薦之，詔從其尙，以宣德郎致仕。明年，復教授本州。在職不受廩奉，鄉里問遺絲毫無所受；家租有餘，則推以濟貧乏。卒，年七十六。

孫侔字少述，與王安石、曾鞏游，名傾一時。早孤，事母盡孝。志於祿養，故屢舉進士。及母病革，自誓終身不求仕。客居江、淮間，士大夫敬畏之。

劉敞知揚州，言其孝弟忠信，足以扶世矯俗，求之朝廷，呂公著、王安石之流也。詔以爲揚州教授，辭。徙守永興，辟入幕府，亦辭。英宗時，沈遘及王陶、韓維連薦之，授忠武軍推官、常州推官〔三〕，皆不赴。

少與安石友善，安石爲相，過眞州與相見，侔待之如布衣交。卒，年六十六。

初，王回、王令、常秩與侔皆有盛名，回、令不壽，秩爲隱不竟，唯侔以不仕始終。

劉易，忻州人。性介烈，博學好古，喜談兵。韓琦知定州，上其所著春秋論，授太學助教、幷州州學說書。不能屈志仕進，寓居於虢之盧氏，習辟穀術。趙抃復薦其行誼，賜號退安處士。易作詩，琦每爲書之石，或不可其意輒滌去，琦亦再書之。尹洙帥渭，延致尊禮，狄青代洙，遇之亦厚。治平末，卒，琦作文祭之云：「剛介之性，天下能合者有幾？淵源之學，古人不到者甚多。」其敬之如此。熙寧察訪定戶役，詔易家用處士如七品恩，得減半，示優禮云。

姜潛字至之，兗州奉符人。從孫復學春秋。用田況舉召試學士院，爲明州錄事參軍。

以母思鄉求致仕，敕過門下，知封駁司吳奎封還之，而與韓絳共上章以薦，徙兗州錄事參軍。從奎辟鄆州教授，奎升堂拜其母，又薦爲國子直講、韓王宮伴讀。謁宗正允弼，吏引趨庭，潛不答，呼馬欲去，遂以客禮見。

熙寧初，詔舉選人淹滯者與京官凡三十七人，潛在選中。神宗聞其賢，召對延和殿，訪以治道何以致之，對曰：「有堯、舜二典在，顧陛下致之之道何如。」知陳留縣，至數月，青苗令下，潛出錢，榜其令於縣門，已，徙之鄉落，各三日無應者。遂撤榜付吏曰：「民不願矣！」錢以是獨得不散。司農、開封疑潛沮格，各使其屬來驗，皆如令。而條例司劾祥符任散青苗錢，潛知且不免，移疾去，縣人詣府請留之，不得。家居卒，年六十六。

連庶字居錫，安州應山人。舉進士，調商水尉、壽春令。興學，尊禮秀民，以勸其俗；開瀕淮田千頃，縣大治。淮南王舊壘在山間，會大水，州守議取其甓爲城，庶曰：「弓矢舞衣傳百世，藏於王府，非爲必可用，蓋以古之物傳於今，尚有典刑也。」壘因是得存。以母老乞監陳州稅。嘗送客出北門，見日西風塵，而冠蓋憧憧不已，慨然有感，即日求分司歸。久之，翰林學士歐陽脩、龍圖閣直學士祖無擇言庶文學行義，宜在臺閣。以知崑山縣，辭不行。累遷職方員外郎，卒。

庶始與弟庠在鄉里，時宋郊兄弟、歐陽脩皆依之。及二宋貴達，不可其志，退居二十年。守道好修，非其人不交，非其義秋毫不可汚也。庶既死，宋郊之孫義年爲應山令，緣邑人之意，作堂於法興僧舍，繪二宋及庶、庠之像祠事之。庠亦登科，敏於政事，號良吏，終都官郎中。

章詧字隱之，成都雙流人。少孤，鞠於兄嫂，以所事父母事之。博通經學，尤長易、太玄，著發隱三篇，明用蓍索道之法，知以數寓道之用、三摹九據始終之變。蜀守蔣堂、楊察、張方平、何郯、趙抃咸以逸民薦，一賜粟帛，再命州助教，不就。嘉祐中，賜號沖退處士。王素時爲州，因更其所居之鄉曰處士，里曰通儒，坊曰沖退。詧由是益以道自裕，尊生養氣，憂喜、是非亦不以撓其心形。

嘗訪里人范百祿，謂曰：「子辟穀二十餘年，今強力尚足，子亦嘗知以氣治疾之說乎？」百祿因從扣太玄，詧爲解述大旨，再復攡詞曰：「『人之所好而不足者，善也；所醜而有餘者，惡也。君子能強其所不足，而拂其所有餘，太玄之道幾矣。』此子雲仁義之心，予之於太玄也，述斯而已。若苦其思，艱其言，迂溺其所以爲數而忘其仁義之大，是惡足以語夫道哉？」熙寧元年，卒，年七十六。子禩，亦好古學，嘗應行義敦遺詔。仍世有隱德，其所居猶存。

俞汝尚字退翁，湖州烏程人。少時讀書於鄣南之崑山。爲人温温有禮，議論不苟。不可於意，有所不言，言之未嘗妄也。不肯料理生事，不以貧乏撓其懷，澹於勢利。聞人善言善行，記之不忘，時時爲人道之。擢進士第，涉歷州縣，無少營進取之心。嘗知導江縣，新繁令卒，使者使承其乏，將資以公田，辭，不許，至則悉以周舊令之家。熙寧初，簽書劍南西川判官。趙抃守蜀，以簡靜爲治，每旦退坐便齋，諸吏莫敢至，唯汝尚來輒排闥徑入，相對清談竟暮。

王安石當國，患一時故老不同己，或言汝尚清望，可寘之御史，使以次彈擊。驛召詣京師，既知所以薦用意，力辭，章再上得免。親故有責以不能與子孫爲地者，汝尚笑曰：「是乃所以爲其地也。」還家苦貧，未能忘祿養。又從趙抃於青州，遂以屯田郎中致仕。蘇軾、蘇轍、孫覺、李常皆賦詩文歎美之。

優游數年，當六月徂暑，寢室不可居，出舍于門，妻黃就視之，汝尙曰：「人生七十者希，吾與夫人皆過之，可以行矣。」妻應曰：「然則我先去。」後三日卒。汝尙庀其喪，爲作銘，召諸子告曰：「吾亦從此逝矣。」隱几而終，相去纔十日。孫倅，紹興中數文閣直學士。

陽孝本字行先，虔州贛人。學博行高，隱於城西通天巖。蘇頌、蒲宗孟皆以山林特起薦之。蘇軾自海外歸，過而愛焉，號之曰玉巖居士，嘗直造其室，知其不娶，戲以爲元德秀之流。孝本自言爲陽城之裔，故軾詩有云：「衆謂元德秀，自稱陽道州。」嘉之也。隱遯二十年，一時名士多從之游。崇寧中，舉八行，解褐爲國子錄，再轉博士。以直秘閣歸，卒，年八十四。

鄧考甫〔四〕字成之，臨川人。第進士，歷陳留尉、萬載永明令、知上饒縣，積官奉議郎，提點開封府界河渠，坐事去官，遂閉戶著書，不復言仕。

元符末，詔求直言。考甫年八十一，上書云：「亂天下者，新法也，末流之禍，將不可勝言。

今宜以時更化，純法祖宗。」因論熙寧而下，權臣迭起，欺世誤國，歷指其事而枚數其人。蔡京嫉之，謂爲詆訕宗廟，削籍羈筠州。崇寧去黨碑，釋逐臣，同類者五十三人，其五十人得歸，惟考甫與范柔中、封覺民獨否，遂卒於筠。且死，命幼孫名世執筆，口占百餘言，其略曰：「予自謂山中宰相，虛有其才也；自謂文昌先生，虛有其詞也。不得大用於盛世，亦無憾焉，蓋有天命爾。」所論述有卜世大寶龜、伊周素蘊、義命雜著、太平策要等，凡二百五十餘篇。

宇文之邵字公南，漢州綿竹人。舉進士，爲文州曲水令。轉運以輕縑高其價，使縣鬻於民。之邵言：「縣下江上山，地狹人貧，耕者亡幾，方歲儉饑，羌夷數入寇，不可復困之以求利。」運使怒。

會神宗卽位求言，乃上疏曰：「天下一家也。祖宗創業、守成之法具在。陛下方居諒陰，諂諛姦佞之人屏伏未動，正可念五聖之功德，常若左右前後。京師者，諸夏之視傚，俗宜敦厚，而儉薄浮侈是尚。公卿大夫，民之表也，宜以名節自勵，而勢利合雜是先。願以節義廉恥風導之，使人知自重。千里之郡，有利未必興，有害未必除者，轉運使、提點刑獄制之也。

百里之邑，有利未必興，有害未必除者，郡制之也。前日赦令，應在公逋負一切蠲除，而有司操之益急，督之愈甚，使上澤不下流，而細民益困。如擇賢才以爲三司之官，稍假郡縣以權，則民瘼除矣。然後監番、聚、蹶、楀之盛以保安外戚，考棠棣、角弓之義以親睦九族，興墜典，拔滯淹，遠夸毗，來忠讜。凡所建置，必與大臣共議以廣其善，號令威福則專制之。如此，則天下之人思見太平可拱而俟也。」

疏奏不報。喟然曰：「吾不可仕矣。」遂致仕，以太子中允歸，時年未四十。自強于學，不易其志，日與交友爲經史琴酒之樂，退居十五年而終。司馬光曰：「吾聞志不行，顧祿位如錙銖；道不同，視富貴如土芥。今於之邵見之矣。」范鎭亦曰：「之邵位下而言高，學富而行篤，少我二十一歲而先我掛冠，使吾慊然。」其爲兩賢所推尙如此。

吳瑛字德仁，蘄州蘄春人。以父龍圖閣學士遵路任補太廟齋郎，監西京竹木務，簽書淮南判官，通判池州、黃州，知郴州，至虞部員外郎。治平三年，官滿如京師，年四十六，卽上書請致仕。公卿大夫知之者相與出力挽留之，不聽，皆嘆服以爲不可及，相率賦詩飲餞于都門，遂歸。

蘄有田，僅足自給。臨溪築室，種花釀酒，家事一付子弟。賓客至必飲，飲必醉，或困臥花間，客去亦不問。有臧否人物者，不酬一語，但促奴益行酒，人莫不愛其樂易而敬其高。嘗有貴客過之，瑛酒酣而歌，以樂器扣其頭爲節，客亦不以爲忤。視財物如糞土，妹壻輒取家財數十萬貸人，不能償，瑛哀之曰：「是人有母，得無重憂！」召而焚其劵。門生爲治田事歷歲，忽謝去，曰：「聞有言某簿書爲欺者，誼不可留。」瑛命取前後文書示之，蓋未嘗發封也。盜入室，覺而不言，且取其被，乃曰：「他物唯所欲，夜正寒，幸舍吾被。」其眞率曠達類此。

哲宗朝有薦之者，召爲吏部郎中，就知蘄州，皆不起。崇寧三年感疾，即閉閤謝醫藥，至垂絕不亂。卒，年八十四。

松江漁翁者，不知其姓名。每棹小舟游長橋，往來波上，扣舷飲酒，酣歌自得。紹聖中，閩人潘裕自京師調官回，過吳江，遇而異焉，起揖之曰：「予視先生氣貌，固非漁釣之流，願丏緖言，以發蒙陋。」翁瞪視曰：「君不凡，若誠有意，能過小舟語乎？」裕欣然過之。翁曰：「吾厭喧煩，處閒曠，遯迹於此三十年矣。幼喜誦經史百家之言，後觀釋氏書，今皆棄去。唯飽食以嬉，尙何所事？」裕曰：「先生澡身浴德如此。今聖明在上，盍出而仕乎？」笑曰：「君子之道，或出或處，吾雖不能棲隱巖穴，追園、綺之蹤，竊慕老氏曲全之義。且養志者忘形，養形者忘利，致道者忘心，心形俱忘，其視軒冕如糞土耳，與子出處異趣，子勉之。」裕曰：「裕也不才，幸聞先生之高義，敢問舍所在。」曰：「吾姓名且不欲人知，況居室耶！」飲畢，長揖使裕反其所，鼓枻而去。

杜生者，潁昌人。不知其名，縣人呼爲杜五郞。所居去縣三十里，有屋兩間，與其子並居，前有空地丈餘，卽爲籬門，生不出門者三十年。

黎陽尉孫軫往訪之。其人頗洒落，自陳村人無所能，官人何爲見顧。軫問所以不出門之因，笑曰：「以告者過也。」指門外一桑曰：「憶十五年前，亦曾納涼其下，何謂不出？但無用於時，無求於人，偶自不出耳，何足尙哉。」問所以爲生，曰：「昔時居邑之南，有田五十畝，與某兄同耕。迨兄子娶婦，度所耕不足贍，乃盡以與兄，而攜妻子至此，蒙鄉人借屋，遂居之。唯與人擇日，又賣醫藥以給飦粥，亦有時不繼。後子能耕，荷長者見憐，與田三十畝使之耕，尙有餘力，又爲人傭耕，自此食足。鄉人貧，以醫術自業者多。念己食既足，不當更兼他利，』由是擇日賣藥，一切不爲。」問常日何所爲，曰：「端坐耳。」「頗觀書否？」曰：「二十年前，曾有人遺一書策，無題號，其間多說浮名經，當時極愛其議論，今忘之，幷書亦不知所在矣。」時盛寒，布袍草屨，室中枵然，而氣韻閑曠，言詞精簡，蓋有道之士也。問其子之爲人，曰：「村童也，然性質甚淳厚，不妄言，不敢嬉。唯間一至縣買鹽酪，可數行跡以待其歸，徑往徑還，未嘗旁游一步也。」軫嗟嘆，留連久之，乃去。後至延安幕府，爲沈括言之。括時理軍書，迨夜半，疲極未卧，聞軫談及此，乃頓忘其勞。

順昌山人。靖康末，有避亂於順昌山中者，深入得茅舍，主人風裁甚整，即之語，士君子也。怪而問曰：「諸君何事挈妻孥能至是耶？」因語之故。主人曰：「亂何自而起耶？」衆爭爲言，主人嗟惻久之，曰：「我父爲仁宗朝人也，自嘉祐末卜居于此，因不復出。以我所聞，但知有熙寧紀年，亦不知于今幾何年矣。」

南安翁者。漳州陳元忠客居南海日，嘗赴省試過南安，會日暮，投宿野人家，茅茨數椽，竹樹茂密可愛。主翁雖麻衣草屨，而舉止談對宛若士人。几案間有文籍散亂，視之皆經、子也。陳叩之曰：「翁訓子讀書乎？」曰：「種園爲生耳。」「亦入城市乎？」曰：「十五年不出矣。」問：「藏書何用？」曰：「偶有之耳。」因雜以他語。少焉，風雨暴作，其二子歸，拾鉏揖客，人物不類農家子。翁進豆羹享客，不復共談，遲明別去。

陳以事留城中，翌日，見翁倉遑而行，陳追詰之曰：「翁云十五年不出城，何爲到此？」曰：「吾以急事不容不出。」問之，乃大兒於關外鬻果失稅，爲關吏所拘。陳爲謁監征，至則已捕送郡。翁與小兒偕詣庭下，長子當杖，翁懇白郡守曰：「某老鈍無能，全藉此子贍給。若渠不勝杖，則翌日乏食矣。願以身代之。」小兒曰：「大人豈可受杖，某願代兄。」大兒又以罪在己，甘心焉，三人爭不決。小兒來父耳旁語，若將有所請，翁叱之，兒必欲前。郡守疑之，呼問所以，對曰：「大人元係帶職正郎，宣和間累典州郡。」翁急拽其衣使退，曰：「兒狂，妄言。」守詢誥敕在否，兒曰：「見作一束寘甕中，埋於山下。」守立遣吏隨兒發取，果得之，卽延翁上坐，謝而釋其子。次日，枉駕訪之，室已虛矣。

張舉字子厚，常州人。登進士甲科。以無他兄弟，獨養其親，不忍斯須去左右。親友彊之仕，乃調青溪主簿，亦不之官。閉戶讀書四十年，手校數萬卷，無一字舛。窮經著書，至夜分不寐。元豐中，近臣薦其高行。至于元祐，大臣復薦之，起教授潁州，辭不就。於是孫覺、胡宗愈、范祖禹交章言曰：「塈且死草萊，後世必以爲朝廷失士。」蘇軾言之尤切。詔拜秘書省校書郎，敕郡縣致禮敦遣，竟不出。

塈孝弟修於家，忠信行於友，聲名聞於人，蹈中守常，從容不迫，爲當時名流所慕，以不造門爲恥。崇寧四年，卒。明年，詔以塈隱德丘園，聲聞顯著，賜謚曰正素先生。

校勘記

〔一〕聱隅子　「聱」原作「贅」，據宋會要選舉三四之三七、玉海卷五三改。下同。

〔二〕字蘊之　按宋會要選舉三四之三七、隆平集卷一五及東都事略卷一一三本傳都作「字仲顏」。

〔三〕常州推官　「推官」原作「判官」，據宋會要選舉三四之三八、王令廣陵先生文集附錄先生行實改。

〔四〕鄧考甫　原作「鄧孝甫」，宋會要職官六八之一、繫年要錄卷五六都作「鄧考甫」。王昶金石萃編卷一四四元祐黨籍碑也作「考甫」，附考說鄧字成之，「考」有成義，當以碑刻爲是。據改。本卷傳目及下文「考甫」各條同。

宋史卷四百五十九

列傳第二百一十八

隱逸下

徐中行　蘇雲卿　譙定　王忠民　劉勉之　胡憲　郭雍　劉愚
魏掞之　安世通

徐中行，台州臨海人。始知學，聞安定胡瑗講明道學，其徒轉相傳授，將往從焉。至京師，首謁范純仁，純仁賢之，薦于司馬光，光謂斯人神清氣和，可與進道。會福唐劉彝赴闕，得瑗所授經，熟讀精思，攻苦食淡，夏不扇，冬不爐，夜不安枕者踰年。乃歸葺小室，竟日危坐，所造詣人莫測也。父死，跣足廬墓，躬耕養母，推其餘力，葬內外親及州里貧無後者十餘喪。晚年教授學者，自洒掃應對、格物致知達于治國平天下，不失其性，不越其序而後已。

其友羅適持節本路，舉以自代，又率部使者以遺逸薦。崇寧中，郡守李諤又以八行薦。時章、蔡竊國柄，竄逐善類且盡，中行每一聞命輒淚下。一日，去之黃巖，會親友，盡燬其所爲文，幅巾藜杖，往來委羽山中。客有詰以避舉要名者，中行曰：「人而無行，與禽獸等。使吾得以八行應科目，則彼之不被舉者非人類與？吾正欲避此名，非要名也。」客慚而退。陳瓘謫台州，聞名納交，暨其沒，錄其行事，謂與山陽徐積齊名，呼爲「八行先生」。

子三人，庭筠其季也，童丱有志行，事父兄孝友天至。居喪毀甚，既免喪，不忍娶者十餘年。秦檜當國，科場尙諛佞，試題問中興歌頌，庭筠歎曰：「今日豈歌頌時耶！」疏其未足爲中興者五，見者尤之，庭筠曰：「吾欲不妄語，而敢欺君乎？」

黃巖尉鄭伯熊代去，請益，庭筠曰：「富貴易得，名節難守。願安時處順，主張世道。」伯熊受其言，迄爲名臣。有詔舉人嘗五上春官者予岳祠。庭筠適應格，所親咸勸之，庭筠辭曰：「吾嘗草封事，謂岳廟冗祿無用。既心非之，可躬蹈耶？」

其學以誠敬爲主，夜必就榻而後脫巾，且必巾而後起，居無惰容，喜無戲言，不事緣飾，不苟臧否。聞人片善，記其姓名。遇饑凍者，推食解衣不靳。僦屋以居，未嘗戚戚。尤袤爲守，聞其名，遺書禮之。

一日，巾車歷訪舊游，徜徉幾月。歸感微疾，端坐瞑目而逝，年八十有五。鄉人崇敬之，以其父子俱隱遯，稱之曰二徐先生。淳熙間，常平使者朱熹行部，拜墓下，題詩有「道學傳千古，東甌說二徐」之句，且大書以表之曰「有宋高士二徐先生之墓」。

庭筠之兄庭槐、庭蘭，皆有父風。孫日升，苦學有守，於是徐氏詩書不絕六世矣。

蘇雲卿，廣漢人。紹興間，來豫章東湖，結廬獨居，待鄰曲有恩禮，無良賤老稚皆愛敬之，稱曰蘇翁。身長七尺，美須髯，寡言笑，布褐草履，終歲不易，未嘗疾病。披荆畚礫爲圃，藝植耘芟，灌溉培壅，皆有法度。雖隆暑極寒，土焦草凍，圃不絕蔬，滋鬱暢茂，四時之品無闕者。味視他圃尤勝，又不二價，市鬻者利倍而售速，先期輸直。夜織屨，堅韌過革舄，人爭貿之以饋遠。以故薪米不乏，有羨則以周急應貸，假者負償，一不經意。溉園之隙，閉門高臥，或危坐終日，莫測識也。

少與張浚爲布衣交，浚爲相，馳書函金幣屬豫章帥及漕曰：「余鄉人蘇雲卿，管、樂流亞，遁跡湖海有年矣。近聞灌園東湖，其高風偉節，非折簡能屈，幸親造其廬，必爲我致之。」帥、漕密物色，曰：「此獨有灌園蘇翁，無雲卿也。」帥、漕乃屛騎從，更服爲遊士，入其圃，翁運鋤不顧。進而揖之，翁曰：「二客何從來耶？」延入室，土銼竹几，地無纖塵，案上有西漢書一册。二客怳若自失，默計此爲蘇雲卿也。既而汲泉煑茗，意稍款浹，遂扣其鄉里，徐曰：「廣漢。」客曰：「張德遠廣漢人，翁當識之。」曰：「然。」客又問：「德遠何如人？」曰：「賢人也。第長於知君子，短於知小人，德有餘而才不足。」因問：「德遠今何官？」二客曰：「今朝廷起張公，欲了此事。」翁曰：「此恐怕他未便了得在。」二客起而言曰：「張公令某等致公，共濟大業。」因出書函金幣寘几上。雲卿鼻間隱隱作聲，若自咎歎者。二客力請共載，辭不可，期以詰朝上謁。旦遣使迎伺，則扃戶闃然，排闥入，則書幣不啓，家具如故，而翁已遁矣，竟不知所往。

帥、漕復命，浚拊几嘆曰：「求之不早，實懷竊位之羞。」作箴以識之，曰：「雲卿風節，高於傅霖。予期與之，共濟當今。山潛水杳，邈不可尋。弗力弗早，予罪曷鍼。」

譙定字天授，涪陵人。少喜學佛，析其理歸於儒。後學易于郭曩氏，自「見乃謂之象」一語以入。郭曩氏者，世家南平，始祖在漢爲嚴君平之師，世傳易學，蓋象數之學也。定一日至汴，聞伊川程頤講道于洛，潔衣往見，棄其學而學焉。遂得聞精義，造詣愈至，浩然而歸。其後頤貶涪，實定之鄉也，北山有巖，師友游泳其中，涪人名之曰讀易洞。

靖康初，呂好問薦之，欽宗召爲崇政殿說書，以論弗合，辭不就。高宗卽位，定猶在汴，右丞許翰又薦之，詔宗澤津遣詣行在。至惟揚，寓邸舍，窶甚，一中貴人偶與隣，餽之食不受，與之衣亦不受，委金而去，定袖而歸之，其自立之操類此。上將用之，會金兵至，失定所在。復歸蜀，愛青城大面之勝，棲遯其中，蜀人指其地曰譙巖，敬定而不敢名，稱之曰譙夫子，有繪像祀之者，久而不衰。定易學得之程頤，授之胡憲、劉勉之，而馮時行、張行成則得定之餘意者也。定後不知所終，樵夫牧童往往有見之者，世傳其爲仙云。

初，程頤之父珦嘗守廣漢，頤與兄顥皆隨侍，游成都，見治篾箍桶者挾册，就視之則易也，欲擬議致詰，而篾者先曰：「若嘗學此乎？」因指「未濟男之窮」以發問。二程遜而問之，則曰：「三陽皆失位。」兄弟渙然有所省，翌日再過之，則去矣。其後袁滋入洛，問易於頤，頤曰：「易學在蜀耳，盍往求之？」滋入蜀訪問，久無所遇。已而見賣醬薛翁於眉、邛間，與語，大有所得，不知所得何語也。

憲、勉之、滋皆閩人，時行、行成蜀人，郭曩氏及篾叟、醬翁皆蜀之隱君子也。

王忠民，潁陽人，世業醫。忠民幼通經史，自靖康以來，數言邊方利害于朝，累召弗至。高宗渡江，忠民隱居不出，諸鎮翟興等皆重之，弗能致；張浚授以迪功郎，不受。興徙治欒川，忠民避地南下，遇商虢鎮撫使董先于內鄉，留軍中，事以師禮。

時劉豫僭立，忠民作九思圖及定亂四象達之金主，及鏤板印圖散于僞境，以明天下之義。紹興三年，翟琮〔一〕薦其忠節于朝，特授宣教郎，詔董先津遣詣行在。既至，宰相呂頤浩、簽書樞密院事徐俯見之皆拜，舍于政府。忠民上疏辭官，言：「臣憤金人無道，故三上金主書，乞還二帝，本心報國，非冀名祿。」上不許。忠民以誥寘櫝中，藏七寶山下，力懇求去。復依董先軍中，遂不出。

時又有蘇庠者，丹陽人，紳之後，頌之族也。少能詩，蘇軾見其清江曲，大愛之，由是知名。徐俯薦其賢，上特召之，固辭；又命守臣以禮津遣，庠辭疾不至，以壽終。

劉勉之字致中，建州崇安人。自幼強學，日誦數千言。踰冠，以鄉舉詣太學。時蔡京用事，禁止毋得挾元祐書，自是伊、洛之學不行。勉之求得其書，每深夜，同舍生皆寐，乃潛抄而默誦之。譙定至京師，勉之聞其從程頤遊，遂易學，遂師事之。已而厭科舉業，揖諸生歸，見劉安世、楊時，皆請業焉。及至家，卽邑近郊結草爲堂，讀書其中，力耕自給，澹然無求於世。與胡憲、劉子翬相往來，日以講論切磋爲事。

紹興間，中書舍人呂本中疏其行義志業以聞，特召詣闕。秦檜方主和，慮勉之見上持正論，乃不引見，但令策試後省給札而已。勉之知不與檜合，卽謝病歸。杜門十餘年，學者踵至，隨其材品，爲說聖賢敎學之門及前言往行之懿。所居有白水，人號曰白水先生。賢士大夫自趙鼎以下皆敬慕與交。後秦檜益橫，鼎竄死，諸賢禁錮，勉之竟不復出。

勉之一介不妄取。婦家富，無子，謀盡以貲歸于女，勉之不受，以畀族之賢者，命之奉祀。其友朱松卒，屬以後事，且戒其子熹受學。勉之經理其家，而誨熹如子姪。熹之得道，自勉之始。紹興十九年，卒，年五十九。

胡憲字原仲，居建之崇安。生而靜愨，不妄笑語，長從從父胡安國學。平居危坐植立，時然後言，雖倉卒無疾言遽色，人犯之未嘗校。紹興中以鄉貢入太學。會伊、洛學有禁，憲獨陰與劉勉之誦習其說〔三〕。既而學易於譙定，久未有得，定曰：「心爲物漬，故不能有見，唯學乃可明耳。」憲喟然歎曰：「所謂學者，非克己工夫耶？」自是一意下學，不求人知。一旦，揖諸生歸故山，力田賣藥，以奉其親。安國稱其有隱君子之操。從游者日衆，號籍溪先生，賢士大夫亦高仰之。

折彥質、范沖、朱震、劉子羽、呂祉、呂本中共以其行義聞于朝，上特召之，憲辭母老。及彥質入西府，又言於上，趣召愈急，憲力辭。乃賜進士出身，授左迪功郎、添差建州敎授，憲猶不屈。太守魏矼遣行義諸生入里致詔，且爲手書陳大義，開譬甚力，憲不得已就職。日與諸生接，訓以爲己之學。聞者始而笑，中而疑，久而觀其所以修身、事親、接人者，無一不如所言，遂翕然悅服。郡人程元以篤行稱，龔何以廉節著，皆迎致俾參學政，學者自是大化。

因七年不徙官，以母年高不樂居官舍，求監南嶽廟以歸。久之，起爲福建路安撫使司屬官。時帥張宗元榷鹽急，私販者銖兩亦重坐。憲告以爲政大體，宗元不悅，憲復請祠而去。

秦檜方用事，諸賢零落，憲家居不出。檜死，以大理司直召，未行，改秘書正字。既至，次當奏事，而病不能朝，乃草疏言：「金人大治汴京宮室，勢必敗盟。今元臣、宿將惟張浚、劉錡在，識者皆謂金果南牧，非此兩人莫能當。願亟起之，臣死不恨。」時兩人皆爲積毀所傷，未有敢顯言其當用者，憲獨首言之。疏入，卽求去。上嘉其忠，詔改秩與祠歸。

初，憲與劉勉之俱隱，後又與劉子翬、朱松交。松將沒，屬其子熹受學於憲與勉之、子翬。熹自謂從三君子遊，而事籍溪先生爲久。方憲之以館職召也，適秦檜諱言之後，憲與王十朋、馮方、查籥、李浩相繼論事，太學士爲五賢詩以歌之。人始信憲之不苟出，而惜其在位僅半年，不究其底蘊云。紹興三十二年，卒，年七十七。

郭雍字子和，其先洛陽人。父忠孝，官至太中大夫，師事程頤，著易說，號兼山先生，自有傳。雍傳其父學，通世務，隱居峽州，放浪長楊山谷間，號白雲先生。

乾道中，以峽守任清臣、湖北帥張孝祥薦于朝，旌召不起，賜號沖晦處士。孝宗稔知其賢，每對輔臣稱道之，命所在州郡歲時致禮存問。後更封頤正先生，令部使者遣官就問雍所欲言，備錄繳進。於是，雍年八十有三矣。

淳熙初，學者裒集程顥、程頤、張載、游酢、楊時及忠孝、雍凡七家，爲大易粹言行于世。其述雍之說曰：

易貫通三才，包括萬理。伏羲氏之畫，得于天而明天。文王之重，得于人而明人。羲畫爲天，天，君道也，故五之在人爲君。文重爲地，地，臣道也，故二之在人爲臣。以上下二卦別而言之如此。合六爻而言之，則三四皆人道也，故謂之中爻。

乾，元亨利貞，初曰四德。後又曰乾元，始而亨者也。利牝馬貞，利君子貞。是以四德爲二義亦可矣。乾，陽物也。坤，陰物也。由乾一卦論之，則元與亨陽之類，利與貞陰之類也。是猶春夏秋冬雖爲四時，由陰陽觀之，則春夏爲陽，秋冬爲陰也。天之所謂元亨利貞者，如立天之道，陰與陽之類也。地之所謂元亨利貞者，如立地之道，柔與剛之類也。人之所謂元亨利貞者，如立人之道，仁與義之類也。

又坤之六五，坤雖臣道，五實君位，雖以柔德，不害其爲君，猶乾之九二，雖有君德，不害其爲臣。故乾有兩君，德無兩君；坤有兩臣，德無兩臣。六五以柔居尊，下下之君也。江海所以能爲百谷王者，以其善下下也。下下本坤德也。黃，中色也，色之至美也；裳，下服也，是以至美之德而下人也。

其發明精到如此。淳熙十四年。卒。

劉愚字必明，衢州龍游人。幼警敏力學。弱冠入太學，有聲，受業者甚衆。侍御史柴瑾、祭酒顏師魯、博士林光朝深器重之。瑾每奏對稱上意，則曰：「臣客劉愚爲臣言。」師魯嘗奏愚行藝，上記曰：「此向者柴瑾所薦也。」上舍釋褐，居第一。調江陵府教授，早晚爲諸生講說，同僚相率以聽。愚益謙下，與葉適、項安世講論不倦，每以隱居學道爲樂。

歲滿，帥王藺致書剡辟，固辭，貧不能歸。外移安鄉縣令，邑逋賦萬計，愚覈實數，寬限期，民不見吏而賦自足。會歲歉，出常平米振貸，邑佐持不可，愚曰：「有罪不以相累。」出緡錢數千萬，召商糴他郡而收元直，米價頓平，猶積廩數千石以備饑旱。邑有范仲淹讀書地，爲繪像立祠，興學，士競知勸。

諸司交薦，改秩，愚雅不樂仕進，遂致仕。丞相余端禮，鄉人也，與愚有舊，且召堂審，愚竟捨去不顧。結廬城南，頹垣敗壁，蓬蒿蕭然。著書自適，書、禮、語、孟皆有解。年八十三而卒。故友與其門人私謚曰謙靖先生，後更謚曰靖君，鄉郡祠之。

妻徐氏在家時，其母將以嫁姑子之富者，徐泣曰：「爲富人妻，不願也。」遂歸于愚，居破屋中，一事機杼。愚嘗懷白金歸，徐怒曰：「我以子爲賢而若是，亟具歸。」愚出書以示，束修得也，乃已。有梁鴻之風焉。

子克、几、凡。克蚤以詩名，葉適嘗稱其可繼陶、韋。

魏掞之字子實，建州建陽人，初字元履。自幼有大志。師胡憲，與朱熹游。兩以鄉舉試禮部不第。嘗客衢守章傑所。趙鼎以謫死，其子汾將喪過衢。傑雅憾鼎，又希秦檜意，遣尉翁蒙之領卒掩取鼎平時與故舊來往簡牘。蒙之先遣人告汾焚之，逮至一無所得。傑怒，治蒙之，拘汾于兵家所，且以告檜。掞之以書責傑，長揖徑歸。築室讀書，牓以「艮齋」，自是人稱曰艮齋先生。

閩帥汪應辰、建守陳正同知其賢，薦于朝，時相尼之，不果召。乾道中，詔舉遺逸，部刺史芮煇與帥、守共表其行誼，特詔召之，掞之力辭。時宰相陳俊卿，閩人也，雅知掞之，招之甚力。乃以布衣入見，極陳當時之務，大要勸上以修德業、正人心、養士氣爲恢復之本。上嘉納之，賜同進士出身，守太學錄。

先是，學官養望自高，不與諸生接。掞之既就職，日進諸生教誨之，又增葺其舍，人人感勵。將釋菜，掞之請廢王安石父子從祀，追爵程顥、程頤，列于祀典，不報。復言「太學之教宜以德行經術爲先，其次則通習世務。今乃專以空言取人」，又不報。遂丐去。

會福州副總管曾覿秩滿還，在道，掞之累疏以諫，移疾杜門，遺書陳俊卿責其不能捄止，語甚切。遂以迎親請歸，行數日，罷爲台州教授。方掞之之未行也，覿至國門外已久，伺掞之去，乃敢入。掞之在朝不能半歲，既歸，喟然歎曰：「上恩深厚如此，而吾學不足以感悟聖意。」乃日居艮齋，條理舊聞，以求其所未至。

其居家，謹喪祭，重禮法。從父有客于南者，千里迎養，死葬如禮，而字其孤。建俗生子多不舉，爲文以戒，全活者甚衆。又白于官，請督不葬其親者，富與期，貧與財，而無主後者掩之。每遇歲饑，爲粥以食饑者。後依古社倉法，請官米以貸民，至冬取之以納于倉。部使者素敬掞之，捐米千餘斛假之，歲歲斂散如常，民賴以濟。諸鄉社倉自掞之始。

與人交，嘉其善而捄其失，後進以禮來者，苟有寸長，必汲汲推挽成就之。至或訾其近名，則蹙然曰：「使夫人而避此嫌，爲善之路絕矣。」病革，母視之，不巾不見。戒其子「毋以僧巫俗禮浼我」。以書召朱熹至，委以後事而訣。卒，年五十八。

後上思其直諒，將召用之，大臣言已死，乃贈直秘閣。熹平日趣向與掞之同。乾道中，熹亦被召，將行，聞掞之去國，乃止。

青城山道人安世通者，本西人。其父有謀策，爲武官，數以言干當路不用，遂自沈於酒而終。世通亦隱居青城山中不出。

吳曦反，乃獻書於成都帥楊輔曰：「世通在山中，忽聞關外之變，不覺大慟。世通雖方外人，而大人先生亦嘗發以入道之門。竊以爲公初得曦檄，即當還書，誦其家世，激以忠義，聚官屬軍民，素服號慟，因而散金發粟，鼓集忠義，閉劍門，檄䕫、梓，興仗義之師，以順討逆，誰不願從？而士大夫皆酒缸飯囊，不明大義，尚云少屈以保生靈，何其不知輕重如此！夫君乃父也，民乃子也，豈有棄父而抹子之理？此非曦一人之叛，乃舉蜀士大夫之叛也。聞古有叛民無叛官，今曦叛而士大夫皆縮手以聽命，是驅民而爲叛也。且曦雖叛逆，猶有所忌，未敢建正朔、殺士大夫，尚以虛文見招，亦以公之與否卜民之從違也。今悠悠不決，徒爲婦人女子之悲，所謂停四長智，吾恐朝廷之失望也。凡舉大事者，成敗死生皆當付之度外。區區行年五十二矣，古人言：『可以生而生，福也；可以死而死，亦福也。』決不忍汗面戴天，同爲叛民也。」

輔有重名，蜀中士大夫多勸以舉義者，而世通之言尤切至。輔不能決，遂東如江陵，請吳獵舉兵以討曦。未幾，曦敗，獵使蜀，薦士以世通爲首云。

卓行

劉庭式　巢谷　徐積　曾叔卿　劉永一

父子有親，夫婦有別，朋友有信，天下之所共知而共由者也，乃有卓行於斯焉。徐積於其所天，劉庭式於其室家，巢谷於其知己，皆行常人之難。行其所難而安焉，豈非卓乎？曾叔卿之不欺，劉永一之不苟取，皆以一事而人譽之終身，蓋有其所矣，其可忽諸！撰卓行傳。

劉庭式字得之，齊州人，舉進士。蘇軾守密州，庭式爲通判。初，庭式未第時，議娶鄉人之女，既約，未納幣。庭式乃及第，女以病喪明，女家躬耕貧甚，不敢復言。或勸納其幼女，庭式笑曰：「吾心已許之矣，豈可負吾初心哉。」卒娶之。生數子，後死，庭式喪之踰年，不肯復娶。軾問之曰：「哀生於愛，愛生於色。今君愛何從生，哀何從出乎？」庭式曰：「吾知喪吾妻而已。吾若緣色而生愛，緣愛而生哀，色衰愛弛，吾哀亦忘，則凡揚袂倚市，目挑而心招者，皆可以爲妻也耶？」軾深感其言。庭式後監太平觀，老于廬山，絕粒不食，目奕奕有紫光，步上下峻坂如飛，以高壽終。

巢谷，初名穀，字元修，眉州眉山人。父中，谷傳其學，雖朴而博。舉進士京師。谷素多力，見舉武藝者心好之，遂棄其舊學，蓄弓箭，習騎射，久之業成而不中第。聞西邊多驍勇，爲四方冠，去遊秦鳳、涇原間。所至友其秀桀，與韓存寶尤相善，教之兵書。

熙寧中，存寶爲河州將，有功，號熙河名將。會瀘州蠻乞弟擾邊，諸郡不能制，命存寶出兵討之。存寶不習蠻事，邀谷至軍中問焉。及存寶得罪，將就逮，自度必死，謂谷曰：「我涇原武夫，死非所惜。顧妻子不免寒餓，橐中有銀數百兩，非君莫可使遺之者。」谷許諾，即變姓名，懷銀步往授其子，人無知者。存寶死，谷逃避江、淮間，會赦乃出。

蘇軾責黃州，與谷同鄉，幼而識之，因與之遊。及軾與弟轍在朝，谷浮沉里中，未嘗一來相見。紹聖初，軾、轍謫嶺海，平生親舊無復相聞者，谷獨慨然自眉山誦言欲徒步訪兩蘇，聞者皆笑其狂。

元符二年，谷竟往，至梅州遺轍書曰：「我萬里步行見公，不意自全，今至梅矣，不旬日必見，死無恨矣。」轍驚喜曰：「此非今世人，古之人也。」既見，握手相泣，已而道平生，逾月不厭。時谷年七十三，瘦瘠多病，將復見軾於海南，轍愍而止之曰：「君意則善，然循至儋數千里，當復渡海，非老人事也。」谷曰：「我自視未即死也，公無止我。」閱其橐中無數千錢，轍方困乏，亦強資遺之。舟行至新會〔三〕，有蠻隸竊其橐裝以逃，獲於新州，谷從之至新，遂病死。轍聞，哭之失聲，恨不用己言而致死，又奇其不用己言而行其志也。

徐積字仲車，楚州山陽人。孝行出於天稟。三歲父死，旦旦求之甚哀，母使讀孝經，輒淚落不能止。事母至孝，朝夕冠帶定省。從胡翼之學。所居一室，寒一衲裘，啜菽飲水，翼之饋以食，弗受。

應舉入都，不忍捨其親，徒載而西。登進士第，舉首許安國率同年生入拜，且致百金爲壽，謝却之。以父名「石」終身不用石器，行遇石則避而不踐，或問之，積曰：「吾遇之則怵然傷吾心，思吾親，故不忍加足其上爾。」母亡，水漿不入口者七日，悲慟嘔血。廬墓三年，臥苫枕塊，衰絰不去體，雪夜伏墓側，哭不絕音。翰林學士呂溱過其廬適聞之，爲泣下曰：「使鬼神有知，亦垂涕也。」甘露歲降兆域，杏兩枝合爲榦。既終喪，不徹筵几，起居饋獻如平生。

中年有聵疾，屏處窮里，而四方事無不知。客從南越來，積與論嶺表山川險易、鎮戍疎密，口誦手畫，若數一二。客嘆曰：「不出戶而知天下，徐公是也。」自少及老，日作一詩，爲文率用腹稿，口占授其子。嘗借人書策，經宿還之，借者紿言中有金葉，積謝而不辨，賣衣償之。鄉人有爭訟，多就取決。州以行聞，詔賜粟帛。

元祐初，近臣合言：「積養親以孝著，居鄉以廉稱，道義文學，顯於東南。今年過五十，以耳疾不能出仕。朝廷方詔舉中外學官，如積之賢，宜在所表。」乃以揚州司戶參軍爲楚州教授。每升堂，訓諸生曰：「諸君欲爲君子，而勞己之力，費己之財，如此而不爲，猶之可也；不勞己之力，不費己之財，何不爲君子？鄉人賤之，父母惡之，如此而不爲，可也。鄉人榮之，父母欲之，何不爲君子？」又曰：「言其所善，行其所善，思其所善，如此而不爲君子者，未之有也。言其不善，行其不善，思其不善，如此而不爲小人者，未之有也。」聞之者斂衽敬聽。

居數歲，使者又交薦之，轉和州防禦推官，改宣德郎，監中岳廟。卒，年七十六。政和六年，賜謚節孝處士，官其一子。

曾叔卿，建昌南豐人，鞏族兄也。家苦貧，卽心存不欺。嘗買西江陶器，欲貿易於北方，既而不果行。有從之轉售者，與之。既受直矣，問將何之，其人曰：「欲效君前策耳。」叔卿曰：「不可。吾聞北方新有災饉，此物必不時泄，故不以行。余豈宜不告以誤子。」其人卽取錢去。居鄉介潔，非所宜受，一介不取。妻子困於饑寒，而拊庇孤惸，唯恐失其意。起家進士，至著作佐郎。熙寧中，卒。

劉永一，陝州夏縣人。孝友廉謹。熙寧初，巫咸水溢入縣城，民多溺死。永一持竿立門前，見他人物流入者輒擿出之。有僧寓錢數萬於其室，無何而僧死，永一詣縣自言，請以錢歸其弟子。鄉人負債不肯償，立焚其券。行事類此。兄大爲，醫助教。居親喪，不飲酒食肉，終三年。司馬光傳之，以爲今士大夫所難。

校勘記

〔一〕翟琮　原作「翟宗」，據繫年要錄卷六五、宋會要選舉三四之四三改。

〔二〕紹興中以鄉貢入太學會伊洛學有禁憲獨陰與劉勉之誦習其說　按上文劉勉之傳：「以鄉舉詣太學。時蔡京用事，禁止毋得挾元祐書，自是伊、洛之學不行。勉之求得其書，……乃潛抄而默誦之。」是憲入太學及與劉勉之誦習伊、洛學事，都在蔡京用事時。蔡京用事在紹聖以後，此處「紹興」二字當誤。

〔三〕舟行至新會　「至新」二字原脫，據蘇轍欒城集後集卷二四巢谷傳、東都事略卷一一七巢谷傳補。

宋史卷四百六十

列傳第二百一十九

列女

古者天子親耕，教男子力作，皇后親蠶，教女子治生，王道之本，風俗之原，固有在矣。男有塾師，女有師氏，國有其官，家有其訓，然而詩書所稱男女之賢，尙可數也。世道旣降，教典非古，男子之志四方，猶可隆師親友以爲善；女子生長環堵之中，能著美行垂於汗青，豈易得哉。故歷代所傳列女，何可棄也？考宋舊史得列女若干人，作列女傳。

朱娥者，越州上虞朱回女也。母早亡，養于祖媪。娥十歲，里中朱顏與媪競，持刀欲殺媪，一家驚潰，獨娥號呼突前，擁蔽其媪，手挽顏衣，以身下墜顏刀，曰：「寧殺我，毋殺媪也。」媪以娥故得脫。娥連被數十刀，猶手挽顏衣不釋，顏忿恚，斷其喉以死。事聞，賜其家粟帛。其後，會稽令董皆爲娥立像于曹娥廟，歲時配享焉。

張氏，鄂州江夏民婦。里惡少謝師乞過其家，持刀逼欲與爲亂，曰：「從我則全，不從則死。」張大罵曰：「庸奴！可死，不可它也。」至以刃斷其喉，猶能走，擒師乞，以告隣人。既死，朝廷聞之，詔封旌德縣君，表墳曰「列女之墓」，賜酒帛，令郡縣致奠。

彭列女，生洪州分寧農家。從父泰入山伐薪，父遇虎，將不脫，女拔刀斫虎，奪其父而還。事聞，詔賜粟帛，敕州縣歲時存問。

郝節娥，嘉州娼家女。生五歲，母娼苦貧，賣於洪雅良家爲養女。始筓，母奪而歸，欲令世其娼，娥不樂娼，日逼之，娥曰：「少育良家，習織作組紃之事，又輒精巧，粗可以給母朝夕，欲求此身使終爲良，可乎？」母益怒，且箠且罵。

洪雅春時爲蠶叢祠，娼與邑少年期，因蠶叢具酒邀娥。娼與娥徐往，娥見少年，倉皇驚走，母挽捽不使去。不得已留坐中，時時顧酒食輒唾，強飲之，則嘔噦滿地，少年卒不得侵凌。暮歸，過雞鳴渡，娥度他日必不可脫，陽渴求飲，自投于江以死。鄉人謂之「節娥」云。

朱氏，開封民婦也。家貧，賣巾屨簪珥以給其夫。夫日與俠少飲博，不以家爲事，犯法徙武昌。父母欲奪而嫁之，朱曰：「何迫我如是耶？」其夫將行，一夕自經死，且曰：「及吾夫未去，使知我不爲不義屈也。」吳充時爲開封府判官，作阿朱詩以道其事。

崔氏，合淝包繶妻。繶，樞密副使拯之子，早亡，惟一稚兒。拯夫婦意崔不能守也，使左右嘗其心。崔蓬垢涕泣出堂下，見拯曰：「翁，天下名公也。婦得齒賤獲，執瀚滌之事幸矣，況敢汙家乎！生爲包婦，死爲包鬼，誓無它也。」

其後，稚兒亦卒。母呂自荊州來，誘崔欲嫁其族人，因謂曰：「喪夫守子，子死孰守？」

崔曰：「昔之留也，非以子也，舅姑故也。今舅歿，姑老矣，將舍而去乎？」呂怒，詛罵曰：「我寧死此，決不獨歸，須爾同往也。」崔泣曰：「母遠來，義不當使母獨還。然到荆州儻以不義見迫，必絕於尺組之下，願以屍還包氏。」遂偕去。母見其誓必死，卒還包氏。

趙氏，貝州人。父嘗舉學究。王則反，聞趙氏有殊色，使人刼致之，欲納爲妻。趙日號哭慢罵求死，賊愛其色不殺，多使人守之。趙知不脫，乃紿曰：「必欲妻我，宜擇日以禮聘。」賊信之，使歸其家。家人懼其自殞，得禍于賊，益使人守視。賊具聘帛，盛輿從來迎。趙與家人訣曰：「吾不復歸此矣。」問其故，答曰：「豈有爲賊汚辱至此，而尙有生理乎！」家人曰：「汝忍不爲家族計？」趙曰：「第亡患。」遂涕泣登輿而去。至州廨，舉簾視之，已自縊輿中死矣。尙書屯田員外郎張寅有趙女詩。

張晉卿妻丁氏，鄭州新鄭人，參知政事度五世孫也。靖康中，與晉卿避金兵於大隗山。金兵入山，爲所得，挾之鞍上。丁自投于地，戟手大駡，連呼曰：「我死即死耳，誓不受辱於爾輩。」復挾上馬，再三駡不已。卒乃忿然舉梃縱擊，遂死杖下。

項氏，吉州吉水人。居永昌里，適同里孫氏。宣和七年，爲里胥所逮，至中途欲侵凌之，項引刀自刺而死。郡以聞，詔贈孺人，旌表其廬。

王氏二婦，汝州人。建炎初，金人至汝州，二婦爲所掠，擁置舟中，遂投漢江以死。屍皆浮出不壞，人爲收葬之城外江上，爲雙塚以表之。

徐氏，和州人。閎中女也，適同郡張弼。建炎三年春，金人犯惟揚，官軍望風奔潰，多肆虜掠，執徐欲汙之。徐瞋目大駡曰：「朝廷蓄汝輩以備緩急，今敵犯行在，既不能赴難，又乘時爲盜，我恨一女子不能引劍斷汝頭，以快衆憤，肯爲汝辱以苟活耶！第速殺我。」賊慙恚，以刃刺殺之，投江中而去。

榮氏，薿女弟也。自幼如成人，讀論語、孝經，能通大義，事父母孝。歸將作監主簿馬元穎。建炎二年，賊張遇寇儀眞，榮與其姑及二女走惟揚，姑素羸，榮扶掖不忍舍。俄賊至，脅之不從，賊殺其女，脅之益急，榮厲聲詬駡，遂遇害。

何氏，吳人。吳永年之妻也。建炎四年春，金兵道三吳，官兵遁去，城中人死者五十餘萬。永年與其姊及其妻何奉母而逃。母老，待挾持而行，卒爲賊所得，將縶其姊及何，何紿謂賊曰：「諸君何不武耶！婦人東西惟命爾。」賊信之。行次水濱，謂其夫曰：「我不負君。」遂投于河，其姊繼之。

董氏，沂州滕縣人，許適劉氏子。建炎元年，盜李昱攻剽滕縣，悅其色，欲亂之，誘諭再三，曰：「汝不我從，當剉汝萬段。」女終不屈，遂斷其首。劉氏子聞女死狀，大慟曰：「列女也。」葬之，爲立祠。

三年春，盜馬進掠臨淮縣，王宣要其妻曹氏避之，曹曰：「我聞婦人死不出閨房。」賊至，宣避之，曹堅臥不起。衆賊舁持之，大駡不屈，爲所害。

四年，盜祝友聚衆於滁州龔家城，掠人爲糧。東安縣民丁國兵者及其妻爲友所掠，妻泣曰：「丁氏族流亡已盡，乞存夫以續其祀。」賊遂釋夫而害之。

同時，叛卒楊勍〔一〕寇南劍州，道出小常村，掠一民婦，欲與亂，婦毅然誓死不受汚，遂遇害，棄屍道傍。賊退，人爲收瘞。屍所枕藉處，跡宛然不滅。每雨則乾，晴則濕，或削去即復見。覆以他土，其迹愈明。

譚氏，英州眞陽縣人，曲江村士人吳琪妻也。紹興五年，英州饑，觀音山盜起，攻剽鄉落。琪竄去，譚不能俱，與其女被執。譚有姿色，盜欲妻之，譚怒罵曰：「爾輩賊也。我良家女，豈若偶耶？」賊度無可奈何，害之。

同時，有南雄李科妻謝氏，保昌故村人，囚於虔盜中，數日，有欲犯之，謝唾其面曰：「寧萬段我，不汝徇也。」盜怒，剉之而去。

劉氏，海州朐山人，適同里陳公緒。紹興末，金人犯山東，郡縣震響，公緒倡義來歸，偶劉歸寧，倉卒不得與偕，惟挈其子庚以行，宋授以八品官，後累功至正使。劉留北方，音問不通。或語之曰：「人言『貴易交，富易妻』。今陳已貴，必他娶矣，盍改適？」曰：「吾知守吾志而已，皇卹乎他？」公緒亦不他娶。子庚浸長，輒思念涕泣，傾家貲，結任俠，奔走淮甸，險阻備嘗。如是者十餘年，遂得迎母以歸。劉在北二十五年，嘗緯蕭以自給。

張氏，羅江士人女。其母楊氏寡居。一日，親黨有婚會，母女偕往，其典庫雍乙者從行。既就坐，乙先歸。會罷，楊氏歸，則乙死于庫，莫知殺者主名。提點成都府路刑獄張文饒疑楊有私，懼爲人知，殺乙以滅口，遂命石泉軍劾治。楊言與女同榻，實無他。遂逮其女，考掠無實。吏乃掘地爲坑，縛母于其內，旁列熾火，間以水沃之，絕而復蘇者屢，辭終不服。一日，女謂獄吏曰：「我不勝苦毒，將死矣，願一見母而絕。」吏憐而許之。既見，謂母曰：「母以清潔聞，奈何受此汚辱。寧死箠楚，不可自誣。女今死，死將訟冤于天。」言終而絕。於是石泉連三日地大震，有聲如雷，天雨雪，屋瓦皆落，邦人震恐。

勘官李志寧疑其獄，夕具衣冠禱于天。俄假寐坐廳事，恍有猿墜前，驚寤，呼吏卒索之，不見。志寧自念夢兆：「非殺人者袁姓乎？」有門卒忽言張氏饋食之夫曰袁大，明日袁至，使吏執之，曰：「殺人者汝也。」袁色動，遽曰：「吾憐之久矣，願就死。」問之，云：「適盜庫金，會雍歸，遂殺之。」楊乃得免。時女死才數日也。獄上，郡牓其所居曰孝感坊。

師氏，彭州永豐人。父驥，政和二年省試第一。宣和中，爲右正言十餘日，凡七八疏，論權倖及廉訪使者之害而去。女適范世雍子孝純。建炎初，還蜀，至唐州方城縣，會賊朱顯終掠方城，孝純先被害，賊執師氏欲強之，許以不死。師罵曰：「我中朝言官女，豈可受賊辱！吾夫已死，宜速殺我。」賊知不可屈，遂害之。

陳堂前，漢州雒縣王氏女。節操行義，爲鄉人所敬，但呼曰「堂前」，猶私家尊其母也。堂前年十八，歸同郡陳安節，歲餘夫卒，僅有一子。舅姑無生事，堂前斂泣告曰：「人之有子，在奉親克家爾。今已無可奈何，婦願幹蠱，如子在日。」舅姑曰：「若然，吾子不亡矣。」既葬其夫，事親治家有法，舅姑安之。子日新，年稍長，延名儒訓導，既冠，入太學，年三十卒。二孫曰綱曰紱，咸篤學有聞。

初，堂前歸陳，夫之妹尚幼，堂前教育之，及笄，以厚禮嫁遣。舅姑亡，妹求分財產，堂前盡遺室中所有，無靳色。不五年，妹所得財爲夫所罄，乃歸悔。堂前爲買田置屋，撫育諸甥無異己子。親屬有貧窶不能自存者，收養婚嫁至三四十人，自後宗族無慮百數。里有故家甘氏，貧而質其季女於酒家，堂前出金贖之，俾有所歸。子孫遵其遺訓，五世同居，並以孝友儒業著聞。乾道九年，詔旌表其門閭云。

廖氏，臨江軍貢士歐陽希文之妻也。紹興三年春，盜起建昌，號「白氈笠」，過臨江，希文與妻共挾其母傅走山中，爲賊所追。廖以身蔽姑，使希文負之逃。賊執廖氏，廖正色叱之。賊知不可屈，揮刃斷其耳與臂，廖猶謂賊曰：「爾輩叛逆至此，我即死，爾輩亦不久屠戮。」語絕而仆。鄉人義而葬之，號「廖節婦墓」。

是年，盜彭友犯吉州龍泉，李生妻梁氏義不受辱，赴水而死。

王氏，利州路提舉常平司幹辦公事劉當可之母也。紹定三年，就養興元。大元兵破蜀，提刑龐授檄當可詣行司議事。當可捧檄白母，王氏毅然勉之曰：「汝食君祿，豈可辭難。」當可行，大元軍屠興元，王氏義不辱，大罵投江而死。其婦杜氏及婢僕五人，咸及于難。當可聞變，奔赴江滸，得母喪以歸。詔贈和義郡太夫人。

曾氏婦晏，汀州寧化人。夫死，守幼子不嫁。紹定間，寇破寧化縣，令佐俱逃，將樂縣宰黃垺令土豪王萬全、王倫結約諸砦以拒賊，晏首助兵給糧，多所殺獲。賊忿其敗，結集愈衆，諸砦不能禦，晏乃依黃牛山傍，自爲一砦。

一日，賊遣數十人來索婦女金帛，晏召其田丁諭曰：「汝曹衣食我家，賊求婦女，意實在我。汝念主母，各當用命，不勝即殺我。」因解首飾悉與田丁，田丁感激思奮。晏自搥鼓，使諸婢鳴金，以作其勇。賊復退敗。鄰鄉知其可依，挈家依黃牛山避難者甚衆。有不能自給者，晏悉以家糧助之。於是聚衆日廣，復與倫、萬全共措置，析黃牛山爲五砦，選少壯爲義丁，有急則互相應援以爲掎角，賊屢攻弗克。所活老幼數萬人。

知南劍州陳韡遣人遺以金帛，晏悉散給其下；又遺楮幣以勞五砦之義丁，且借補其子，名其砦曰萬安。事聞，詔特封晏爲恭人，仍賜冠帔，其子特與補承信郎。

王袤妻趙氏，饒州樂平人。建炎中，袤監上高酒稅，金兵犯筠，袤棄官逃去，趙從之行。遇金人，縛以去，繫袤夫婦於劉氏門，而入剽掠劉室。趙宛轉解縛，并解袤，謂袤曰：「君速去。」俄而金人出，問袤安往，趙他指以誤之。金人追之不得，怒趙欺己，殺之。袤方伏叢薄間，望之悲痛，歸刻趙像以葬。袤後仕至孝順監鎮。

涂端友妻陳氏，撫州臨川人。紹興九年，盜起，被驅入黃山寺，賊逼之不從，以刃加其頸，叱曰：「汝輩鼠竊，命若蜉蝣，我良家子，義豈爾辱！縱殺我，官兵卽至，爾其免乎？」賊知不可屈，乃幽之屋壁。居數日，族黨有得釋者，咸齎金帛以贖其孥。賊引端友妻令歸，曰：「吾聞貞女不出閨閤，今吾被驅至此，何面目登涂氏堂！」復駡賊不絕，竟死之。

詹氏女，蕪湖人。紹興初，年十七，淮寇號「一窠蜂」倏破縣，女歎曰：「父子無俱生理，我計決矣。」頃之賊至，欲殺其父兄，女趨而前拜曰：「妾雖窶陋，願執巾帚以事將軍，贖父兄命。不然，父子併命，無益也。」賊釋父兄縛，女麾手使亟去：「無顧我，我得侍將軍，何所憾哉。」遂隨賊。行數里，過市東橋，躍身入水死。賊相顧駭歎而去。

劉生妻歐陽氏，吉州安福人。生居新樂鄉，以事出，惡少來欲侵凌之，歐陽不受辱而死。邑人劉寬作詩以弔之，時紹興十年也。

同縣有朱雲孫妻劉氏，姑病，雲孫刲股肉作糜以進而愈。姑復病，劉亦刲股以進，又愈。尚書謝諤爲賦孝婦詩。

謝泌妻侯氏，南豐人。始笄，家貧，事姑孝謹。盜起，焚里舍殺人，遠近逃避。姑疾篤不能去，侯號泣姑側。盜逼之，侯曰：「寧死不從。」盜刃之，仆溝中。賊退，漸蘇，見一篋在側，發之皆金珠，族婦以爲己物，侯悉歸之，婦分其一以謝，侯辭曰：「非我有，不願也。」後夫與姑俱亡，子幼，父母欲更嫁之，侯曰：「兒以賤婦人，得歸隱居賢者之門已幸矣，忍去而使謝氏無後乎？寧貧以養其子，雖餓死亦命也。」

同縣有樂氏女，父以鬻果爲業。紹定二年，盜入境，其父買舟挈家走建昌。盜掠其舟，將逼二女，俱不從，一赴水死，一見殺。

謝枋得妻李氏，饒州安仁人也。色美而慧，通女訓諸書。嫁枋得，事舅姑、奉祭、待賓皆有禮。枋得起兵守安仁，兵敗逃入閩中。武萬戶以枋得豪傑，恐其扇變，購捕之，根及其家人。李氏攜二子匿貴溪山荆棘中，採草木而食。至元十四年冬，信兵蹤跡至山中，令曰：「苟不獲李氏，屠而墟！」李聞之，曰：「豈可以我故累人，吾出，事塞矣。」遂就俘。明年，徙囚建康。或指李言曰：「明當沒入矣。」李聞之，撫二子，凄然而泣。左右曰：「雖沒入，將不失爲官人妻，何泣也？」李曰：「吾豈可嫁二夫耶！」顧謂二子曰：「若幸生還，善事吾姑，吾不得終養矣。」是夕，解裙帶自經獄中死。枋得母桂氏尤賢達，自枋得逋播，婦與孫幽遠方，處之泰然，無一怨語。人問之，曰：「義所當然也。」人稱爲賢母云。

王貞婦，夫家臨海人也。德祐二年冬，大元兵入浙東，婦與其舅、姑、夫皆被執。既而舅、姑與夫皆死，主將見婦皙美，欲內之，婦號慟欲自殺，爲奪挽不得死。夜令俘囚婦人雜守之。婦乃陽謂主將曰：「若以吾爲妻妾者，欲令終身善事主君也。吾舅、姑與夫死，而我不爲之衰，是不天也。不天之人，若將焉用之！願請爲服期，即惟命。苟不聽我，我終死耳，不能爲若妻也。」主將恐其誠死，許之，然防守益嚴。

明年春，師還，挈行至嵊青楓嶺，下臨絕壑，婦待守者少懈，嚙指出血，書字山石上，南望慟哭，自投崖下而死。後其血皆漬入石間，盡化爲石。天且陰雨，卽墳起如始書時。至治中，朝廷旌之曰「貞婦」，郡守立石祠嶺上，易名曰淸風嶺。

趙淮妾，長沙人也，逸其姓名。德祐中，從淮戍銀樹壩。淮兵敗，俱執至瓜州。元帥阿朮使淮招李庭芝，淮陽諾，至揚城下，乃大呼曰：「李庭芝，男子死耳，毋降也。」元帥怒，殺之，棄其尸江濱。妾俘一軍校帳中，乃解衣中金遺其左右，且告之曰：「妾夙事趙運使，今其死不葬，妾誠不能忘情。願因公言使掩埋之，當終身事相公無憾矣。」軍校憐其言，使數兵輿如江上。妾聚薪焚淮骨置瓦缶中，自抱持，操小舟至急流，仰天慟哭，躍水而死。

譚氏婦趙，吉州永新人。至元十四年，江南既內附，永新復嬰城自守。天兵破城，趙氏抱嬰兒隨其舅、姑同匿邑校中，爲悍卒所獲，殺其舅、姑，執趙欲汙之，不可，臨之以刃曰：「從我則生，不從則死。」趙罵曰：「吾舅死於汝，吾姑又死於汝，吾與其不義而生，寧從吾舅、姑以死耳。」遂與嬰兒同遇害。血漬於禮殿兩楹之間，入甎爲婦人與嬰兒狀，久而宛然如新。或訝之，磨以沙石不滅，又煨以熾炭，其狀益顯。

吳中孚妻，隆興之進賢人，少寡。景定元年，兵亂，攜孤女自沈于縣之染步，曰：「義不辱吾夫。」

呂仲洙女，名良子，泉州晉江人。父得疾瀕殆，女焚香祝天，請以身代，刲股爲粥以進。時夜中，羣鵲遶屋飛噪，仰視空中，大星煒煜如月者三。越翼日，父瘳。女弟細良亦相從拜禱，良子卻之，細良恚曰：「豈姊能之，兒不能耶！」守眞德秀嘉之，表其居曰「懿孝」。

林老女，永春人，及笄未婚。紹定三年夏，寇犯邑，入山避之。猝遇寇，欲汙之，不從。度不得脫，紿曰：「有金帛埋於家，盍同取之？」甫入門，大呼曰：「吾寧死於家，決不辱吾身。」賊怒殺之，越三日面如生。

童八娜，鄞之通遠鄉建奧人。虎銜其大母，女手拽虎尾，祈以身代。虎爲釋其大母，銜女以去。始，林栗侍親官其地，嘗目睹之。已而爲守，以聞于朝，祠祀之。

韓氏女，字希孟，巴陵人，或曰丞相琦之裔。少明慧，知讀書。開慶元年，大元兵至岳陽，女年十有八，爲卒所掠，將挾以獻其主將。女知必不免，竟赴水死。越三日得其尸，於練裙帶有詩曰：「我質本瑚璉，宗廟供蘋蘩。一朝嬰禍難，失身戎馬間。寧當血刃死，不作衽席完。漢上有王猛，江南無謝安。長號赴洪流，激烈摧心肝。」

王氏婦梁，臨川人。歸夫家才數月，會大元兵至，一夕，與夫約曰：「吾遇兵必死，義不受汙辱。若後娶，當告我。」頃之，夫婦被掠。有軍千戶強使從己，婦紿曰：「夫在，伉儷之情有所不忍，乞歸之而後可。」千戶以所得金帛與其夫而歸之，并與一矢，以却後兵。約行十餘里，千戶卽之，婦拒且罵曰：「斫頭奴！吾與夫誓，天地鬼神寔臨之，此身寧死不可得也。」因奮搏之，乃被殺。有同掠脫歸者道其事。越數年，夫以無嗣謀更娶，議輒不諧，因告其故妻，夜夢妻曰：「我死後生某氏家，今十歲矣。後七年，當復爲君婦。」明日遣人聘之，一言而合。詢其生，與婦死年月同云。

劉仝子妻林氏，福州福清人。其父公遇，知名士。仝子爲福建招撫使起義兵，事見林同傳〔二〕。全子亡命自經死，有司執其妻具反狀，林叱曰：「林、劉一族，世爲宋臣，欲以忠義報國，事不成，天也，何爲反乎！汝知去歲有以血書壁而死者乎？是吾兄也。吾與兄，忠義之心則一也，死且求治汝於地下，可生爲汝等凌辱耶！」遂遇害。

毛惜惜者，高郵妓女也。端平二年，別將榮全率衆據城以畔，制置使遣人以武翼郎招之。全僞降，欲殺使者，方與同黨王安等宴飲，惜惜恥於供給，安斥責之，惜惜曰：「初謂太尉降，爲太尉更生賀。今乃閉門不納使者，縱酒不法，乃畔逆耳。妾雖賤妓，不能事畔臣。」全怒，遂殺之。越三日，李虎破關，禽全斬之，幷其妻子及王安以下預畔者百有餘人悉傳以法。

校勘記

〔一〕楊劬　原作「楊就」，據本書卷二六高宗紀和繫年要錄卷三二、三三、三五改。

〔二〕事見林同傳　按本書無「林同傳」，本書卷四五二林空齋傳所敍劉全祖起義及林空齋以血書壁而死事，與此處所敍基本相同。